"十三五"国家重点出版物出版规划项目
城市治理实践与创新系列丛书

城市社区治理理论与实践

原　珂　著

中国建筑工业出版社
中国城市出版社

图书在版编目（CIP）数据

城市社区治理理论与实践／原珂著. —北京：中国城市出版社，2020.5

（城市治理实践与创新系列丛书）

ISBN 978-7-5074-3265-7

Ⅰ.①城… Ⅱ.①原… Ⅲ.①城市—社区管理—研究—中国 Ⅳ.① D669.3

中国版本图书馆 CIP 数据核字（2020）第 041415 号

本书分为两个部分。第一部分为城市社区治理概论，主要包括六章。前三章分别对社区、城市社区、城市社区治理的概念内涵、构成要素、基本特征、作用功能、类型划分及其政策变迁进行概述，重点分析新时期社区治理的新变化、新特征、新趋势。后三章主要对城市社区治理的多元主体、社区治理模式、社区治理体系进行系统探究，重点探究新时期不同主体的新定位、新作用及其在现代城市社区治理体系中的功效。

第二部分为新时期城市社区治理与服务创新，主要从社区协商、社区营造、社区基金会、"三社"联动、社区养老与社区照护、社区时间银行、智慧社区及学习型社区八个方面对新时期我国城市社区治理与服务创新实践进行概述，并结合典型代表性案例进行论证，以期为理论与实务工作者提供借鉴，使其紧跟新时代社区治理创新与时俱进的新要求。

责任编辑：封　毅　毕凤鸣
责任校对：刘梦然

城市治理实践与创新系列丛书
城市社区治理理论与实践
原　珂　著

*

中国建筑工业出版社、中国城市出版社出版、发行（北京海淀三里河路 9 号）
各地新华书店、建筑书店经销
北京建筑工业印刷厂制版
北京圣夫亚美印刷有限公司印刷

*

开本：787 毫米 ×960 毫米　1/16　印张：14¾　字数：230 千字
2020 年 11 月第一版　　2020 年 11 月第一次印刷
定价：**45.00** 元
ISBN 978 - 7 - 5074 - 3265 - 7
　　　　（904257）

十九大报告明确指出：全面深化改革总目标是完善和发展中国特色社会主义制度、推进国家治理体系和治理能力现代化。报告提出，要打造共建共治共享的社会治理格局。

为了践行十九大精神，我社于2017年12月出版了汪碧刚博士的专著《城市的温度与厚度——青岛市市北区城市治理现代化的实践与创新》，并在青岛举办了首发式。该书甫一问世，引发社会各界高度关注，"城市的温度与厚度"一词成为热搜，互联网上共有1510万个相关结果，这足以证明社会各界对城市治理的关切热度。

城市治理是政府治理、市场治理和社会治理的交叉点，在国家治理体系中有着特殊的重要性，从一定意义上说，推进城市治理的创新就是推进国家治理的现代化。基于此，我社成立了城市治理专家委员会，并汇集专家智慧策划了"城市治理实践与创新系列丛书"，旨在总结探索国内外相关经验和做法，提高城市治理社会化、法治化、智能化、专业化水平，从而为行业管理、领导决策、政策研究提供参考。本套丛书也获得中宣部的高度重视，2018年被列入"十三五"国家重点出版物出版规划项目。

三年来，我社组织了数十位专家学者、党政干部和实务界人士，召开了多次研讨会，聚焦当前城市治理中的重点、难点、焦点问题，进行深入的研究和探讨，力求使丛书既有理论高度，又贴近实际应用。丛书关注城市和社区治理，就如何实现城市治理现代化、精细化、法治化、科技化，提升服务群众的能力等问题提出了很多建设性的观点和建议。丛书作者也一直致力于城市治理的研究，他们有的拥有多年政府部门相关管理经验，有的从事政策研究或教学科研工作，有的活跃在城市治理的一线化解矛盾纠纷，既有理论水平又有实践指导能力。

除首本《城市的温度与厚度——青岛市市北区城市治理现代化的实践与创新》外，丛书还包括如下7个分册：《城市综合管理》（翟宝辉、张有坤著）、《城市精细化管理理论与实践》（杨雪锋著）、《城市社区治理理论与实践》（原珂著）、《大数据与城市治理——以青岛市市北区为例》（汪碧刚、于德湖著）、《智慧社区与城市治理》（汪碧刚著）、《城镇老旧小区改造——扩大内需新动能》（王健、孙光波著）、《城市治理纠纷的预防与处理》（王才亮著）。

丛书开篇于十九大召开之际，付梓于"十三五"收官之年，我们热忱期待社会各界持续给予关注与支持。十九届四中全会指出，要完善党委领导、政府负责、民主协商、社会协同、公众参与、法治保障、科技支撑的社会治理体系，建设人人有责、人人尽责、人人享有的社会治理共同体。刚刚结束的十九届五中全会明确提出实施城市更新行动，提高城市治理水平。丛书一直紧密围绕这一主题，学思践悟，符合国家和行业发展的需求。我们有理由相信，随着共建共治共享的城市治理格局的形成，城市治理体系和治理能力现代化一定能够早日实现。

"城市治理实践与创新系列丛书"的顺利出版得益于专家学者的共同努力。在此特别感谢在丛书研讨、论证、审稿过程中给予大力支持和提出宝贵意见的各级领导、专家和学者们！我们也以丛书出版为契机，希望更多城市管理者、研究者以及有识之士积极参与城市治理，汇集资源，凝聚力量，共同打造"政、产、学、研、金、服、用"全链条全生命周期的城市治理发展格局！

中国建筑工业出版社

中国城市出版社

2020年11月25日

本书的缘起是近七八年来本人对城市社区从"管理"到"治理"的一个体会或思考。从2012年3月本人到安徽铜陵调研"大社区制"改革至今，这些年相继关注了社区管理或治理的诸多方面，并对街居制、社区冲突、社区教育、"三社"联动等进行了较为深入的研究。当2014年本人在南开大学攻读博士学位期间开始撰写博士论文《中国特大城市社区冲突与治理研究》之时，便同时有着撰写一本《城市社区治理理论与实践》之书的想法，并为之不断积累素材。机缘巧合，2018年1月，中国建筑工业出版社（中国城市出版社）正好策划一套"城市治理实践与创新系列丛书"（后获批"十三五"国家重点出版物出版规划项目），他们便通过朋友联系到了我。自此，本书的撰写计划正式提上议程。但鉴于日常教学科研工作的繁多，本书的写作进展相对缓慢。2018年6月，本人有幸受国家留学基金委资助到英国格拉斯哥大学政治社会科学院城市研究中心（Urban Studies）做博士后研究工作，在此期间才有了充足的时间静心写作并完成本书。在此，特别感谢出版社与相关调研部门朋友们的鼎力相助，否则本书恐难按时出炉。

本书分为两个部分。第一部分为城市社区治理概论，主要包括六章。前三章分别对社区、城市社区、城市社区治理的概念内涵、构成要素、基本特征、作用功能、类型划分及其政策变迁进行概述，重点分析新时期社区治理的新变化、新特征、新趋势。后三章主要对城市社区治理的多元主体（社区党组织、社区居委会、社区居民和业主、社区社会组织、社区社会工作者、社区业主委员会、社区物业服务企业、驻（社）区单位等）、社区治理模式（行政主导型、居民自治型、混合型社区治理模式等）、社区治理体系（社区党建、社区服务、社区参与、社区文化、社区教育、社区生态环境、社区冲突治理、社区安全、社区自治等）进行系统探究，重点探究新时期不同主体的新定位、新作用及其在现代城市社区治理体系中的功效。第二部分为新时期城市社区治理与服务创新实践，主要从社区协商、社区营造、社区基金会、"三社"联动、社区养老与社区照护、社区时间银行、智慧社区及学习型社区八个方面对新时期我国城市社区治理与服务创新实践进行概述，并结合典型代表性案例（如北京麦子店街道的社区协商共治、台湾地区的社区营造、深圳桃源居的社区基金会、成都武侯区的"项目式""三社"联动、广州南沙的社区时间银行以及医养结合的社区居家养老服务、国安智慧社区、高校社区共生模式等创新实践）进行论证，以期为理论与实务工作者提供借鉴，使其紧跟新时代社区治理创新与时俱进的新要求。

最后，若要说本书的最大特点在哪里？我想或许在于理论与实践的结合。实践之树长青，而理论本身的生命力则在于它既是对实践的合理抽象与归纳，同时又能在实践中获得丰富与发展。为此，本书在进行理论阐释的同时，始终兼顾实践案例的运用。这样，使得本书对学术界和实务界人士均有着较强的可读性和参考性。

此外，不幸的是，在本书付梓之际，2019年末2020年初全国爆发了新型冠状病毒感染的肺炎疫情。这也是继2003年"非典"之后，我们国家和人民遭遇的又一次严重的公共卫生事件，对此党和国家高度重视。习近平总书记亲自部署召开多次疫情防控工作，强调要把人民群众生命安全和身体健康放在第一位，把疫情防控工作作为当前最重要的工作来抓。2020年2月10日习近平总书记在北京市调研指导新冠肺炎疫情防控工作时指出，"社区是疫情联防联控的第一线，也是外防输入、内防扩散最有效的防线。把社区这道防线守住，就能有效切断疫情扩散蔓延的渠道"，并明确要求"全国都要充分发挥社区在疫情防控中的阻击作用，把防控力量向社区下沉，加强社区各项防控措施的落实，使所有社区成为疫情防控的坚强堡垒"。诚然，社区作为社会的基本单元和"全息缩影"，是一个国家公共治理与行政结构中最基本的构成单位，其不仅是人们日常生产、生活的基本场域，而且更应是当前疫情防控的最末端环节。为此，如何科学合理地建立起新时期我国城市社区公共卫生防疫体系及其体制机制，是未来各界同仁亟需一起努力的方向所在。

原　珂

2020年2月于北京和谐小区

目录 CONTENTS

第一部分

城市社区治理概论

　　社区，作为城市的基本构成单位，是社会治理的基本单元和民生保障的重要载体，亦是国家公共治理的根基所在。2019年11月初，习近平总书记在上海考察时指出，城市治理是推进国家治理体系和治理能力现代化的重要内容。况且，当前城市正日益取代国家成为治理中心，未来的世界秩序也将建立在城市治理的基础上[①]。而城市社区治理作为城市治理的基本场域，亦是国家基层社会治理的重要载体，在社区服务提供、社区资源分配、社区环境优化、社区矛盾化解、社区居民融入、社区和谐稳定等领域发挥着重要作用。为此，如何确保城市社区治理始终体现时代性、把握规律性、富有创造性，是新时期摆在党和政府面前的重要课题。

　　"人民对美好生活的向往，就是我们的奋斗目标"，习近平总书记在十八届一中全会上阐明本届政府领导人的执政目标时，同时也为社会治理与基层社区治理指明了发展方向。党的十九大报告指出，要"加强社区治理体系建设，推动社会治理重心向基层下移，发挥社会组织作用，实现政府治理和社会调节、居民自治良性互动。"《国家新型城镇化规划（2014－2020）》提出要"加强和创新城市社会治理"，其中"强化社区自治和服务功能"是重要内容。2017年6月，中共中央、国务院联合印发了《关于加强和完善城乡社区治理的意见》，指出"城乡社区治理事关党和国家大政方针贯彻落实，事关居民群众切身利益，事关城乡基层和谐稳定"。党的十九届四中全会明确提出"坚持和完善共建共治共享的社会治理制度"和"必须加强和创新社会治理，完善党委领导、政府负责、民主协商、社会协同、公众参与、法治保障、科技支撑的社会治理体系，建设人人有责、人人尽责、人人享有的社会治理共同体"。社区治理作为社会治理的重要方面，是国家治理体系与治理能力现代化的根基所在。因此，系统探究社区、城市社区的概念内涵、类型特征、功能作用及其治理主体、治理模式、治理体系等，具有重要意义。

---

① P. Khanna. Beyond City Limits: The Age of Nations is Over, The New Urban Era Has Begun. Foreign Policy, 2010(181), pp. 120–123.

第一章　社区缘起与内涵

　　社区，作为社会的细胞，是公共治理的基本单位，是一个具有多重功能的地域性社会生活共同体。随着21世纪以来我国社会政治、经济、文化的发展和城市化进程的快速推进，社区在城市经济社会发展中的地位和作用越来越重要。建设和发展城市社区，已越发成为新时期①我国公共管理和社会治理创新研究的一项重大课题。

第一节　社区的概念

　　"社区"一词，作为社会学的一个基本概念，起源于西方社会，是与工业革命后西方世界的工业化、城市化②以及现代化进程相伴随而出现的。它作为一个正式的学术术语，1871年首次出现在英国学者梅因（H. S. Maine）的《东西方乡村社区》一书中③。1887年，德国社会学家滕尼斯（Ferdinand Tonnies）在其出版的《社区与社会》（*Gemeinschaft and Gesellschaft*，也译为《共同体与社会》或者《礼俗社会与法理社会》）一书中将社区正式用于社会学理论研究之中。此后，美国学者查尔斯·罗密斯（C. P. Loomis）在其著作《社会学的基础概念》一书中④，将德语的"Gemeinschaft"翻译为英文的"Community"。自此，社区一词产生并在学界和社会各领域得到了

① 本书中的新时期、新时代，主要从党的十八大召开之后算起。
② 城镇化、都市化和城市化，在英文里都是一个词（Urbanization）。日本和我国台湾、香港更多地使用"都市化"。中国大陆目前国家公布的正式文件，都统一使用"城镇化"。学界发表的学术文章，则更多地使用"城镇化"和"城市化"。其实，这三者的基本内涵是一致的，只是外延略微有所差异。政府文件之所以统一使用"城镇化"，或许更多地是为了强调大中城市与小城镇的协调发展。对此，本书中不作严格区分，特此说明。
③ 袁秉达，孟临. 社区论［M］. 上海：中国纺织大学出版社，2005：2.
④ 张康之，石国亮. 国外社区治理自治与合作［M］. 北京：中国言实出版社，2012：17.

广泛的普及与应用。在滕尼斯看来，"社区"（Gemeinschaft），也称为"共同体"或"礼俗社会"，是基于亲族血缘关系而结成的社会联合，而"社会"（Gesellschaft①），也称为"法理社会"是基于人们之间的契约关系和"理性的"意志所形成的社会联合。在本质特征上，"社区"（Gemeinschaft）为本质意志，其社群意志是通过社区和睦、伦理习俗、宗教等来表现的，而"社会"（Gesellschaft）是选择意志，其社群意志则表现为惯例公约、政治、公共舆论等。在二者的关系上，用滕尼斯的话来说就是"在共同体里，分离中仍保持着结合；在社会里，结合中仍有所分离"②。而在此之前，社区与共同体二者在概念上并无明显分化。因此，正式概念上的"社区"提出，应是滕尼斯的贡献。

关于社区的定义，学界一般都是从滕尼斯的界定开始研究，但其从德文的"Gemeinschaft"翻译到英文的"Community"③，再进而翻译为中文的"社区"一词，其间难免会发生意义的流失或转意，当然，也不免有意义的增加、发展与完善。滕尼斯在《社区与社会》一书中，认为社区是由若干亲族血缘关系而结成的社会联合，即共同体④。后来，经过帕克（Robert Ezra Park）、伯吉斯（E. W. Burgess）、埃弗里特·M·罗吉斯（Everett M. Rogers）、邓肯·米切尔（G. D. Mitchell）、希勒拉利（George A. Jr. Hillery）等人的持续研究与发展，社区的含义也愈发丰富，如对空间或地域关注等⑤。到1981年，有关社区的定义，美籍华人杨庆堃就已检索出140多种，代表性定义如表1-1-1所示。

---

① Gesellschaft，在西方往往被理解为"公民社会"，而不是中文所翻译的社会。显然，公民社会与社会含义相差甚大。

② ［德］滕尼斯. 共同体与社会［M］. 林荣远译. 北京：商务印书馆，1999：77.

③ 一般认为，1887年滕尼斯在《共同体与社会》中首次提出"共同体"（Gemeinschaft）概念，并做出解释。到20世纪初，罗密斯（C. P. Loomis）首次把《共同体与社会》译为 *Fundamental Concept of Society*（《社会学的基础概念》）。此后，罗密斯再次把书名改译为 *Community and Society*（《社区和社会》）。自此，德文单词 Gemeinschaft也就变成Community这一英文表达形式，从此，"社区"这一专业词语便产生了。

④ 蔡禾. 社区概论［M］. 北京：高等教育出版社，2005：2-3.

⑤ ［美］帕克等. 城市社会学［M］. 宋俊岭等译. 北京：华夏出版社，1987：110；［美］埃弗里特·M·罗吉斯，拉伯尔·J·伯德格. 乡村社会变迁［M］. 王晓毅译. 杭州：浙江人民出版社，1988；蔡禾. 社区概论［M］. 北京：高等教育出版社，2005：3.

国外学者关于社区的代表性定义　　　　　　　表1-1-1

代表性学者	社 区 定 义
滕尼斯，1887	社区是由同质人口组成的关系亲密、守望相助的小共同体
麦基文，1917	社区是指任何人们共同生活的区域：村庄、城镇或地区、国家甚至更广大的区域。任何社区都在风俗、传统、生活方式等方面具有一定程度的区别性的标记和特征
帕克，1936	社区是占据在一块被或多或少明确地限定了的地域上的人群汇集
桑德斯，1982	社区是一种社会互动的场域
道特森，1986	社区是具有认同感和归属感的人组成的生活组织的空间或地域单元
古达尔，1987	社区既是为居住和工作而占有分享有限地域空间的互动人群，又代表着包容社会日常生活主要特征的最小空间系统

资料来源：汪波、苗月霞、梁莹的《城市社区管理体制创新研究——行政、统筹、自治之三元复合体制》，转引自：原珂.中国特大城市社区冲突与治理研究［D］.南开大学周恩来政府管理学院，2016：28.

　　但整体来看，关于社区的权威理解主要有两种：一种认为"社区是居住在相对紧凑和接近区域内的许多家庭和个人的聚合体。注重强调社区内的人、地域空间、相互性的社会影响等因素"；另一种是将地域性社区和功能性社区分开，认为社区是"由那些有共同兴趣、爱好或职业的人群所组成的共同体，如宗教信仰、教育等"①。时至今日，随着社会的进一步发展，国外学者对社区一词的含义还在不断发展与丰富之中。

　　2000年民政部在出台的《关于在全国推进城市社区建设的意见》中提出，社区是指聚居在一定地域范围内的人们所组成的社会生活共同体。由此可知，社区不单是一个简单的物理空间概念，而是具有频繁互动关系和一定认同感的"共同体"。自此之后，这一界定得到了国内各界的一致认可。何肇发认为我们应该界定一个非常宽泛的社区概念，即社区就是区域性的社会②。蔡禾在其基础上进一步指出，社区应是人类生活共同体③。但不论如何界定，国内大多数学者对社区的定义都包含以下几个基本要素：一定的地域空间、人群、利益、情感

---

① 原珂.广州市社区治理模式研究［D］.广州：华南理工大学公共管理学院，2013：14.
② 何肇发.社区概论［M］.广州：中山大学出版社，1991：3.
③ 蔡禾.社区概论［M］.北京：高等教育出版社，2005：4.

联系与价值认同等。然而，改革开放以来，特别是进入21世纪后，伴随着中国整体社会经济的深化转型与现代社区的不断发展，上述基本要素也逐渐发生着微妙的变化，多样化的利益与诉求、多元情感、价值和认同等已愈发成为现代社区的重要特征[①]。因此，在本书中，综合上述国内外学者对社区的界定，认为现代社区是指由建立在一定地域基础上，具有多元利益诉求、多元情感、价值和认同的社会群体而形成的人类生活聚合体[②]。城乡社区均不例外，且这些特征在现代城市社区更为显著。

第二节　社区构成要素与基本特征

关于社区的构成要素，目前学界主要存在"三要素说"（一定的地域是基础，共同生活的居民群体是规模，明确的行政管理区域是单元）、"四要素说"（地域、人口、组织结构、文化四要素或者人口、区域、心理素质、人际互动关系四要素）、"五要素说"（地域、人口、区位、结构和社会心理要素）、"六要素说"（地域、人口、组织结构、社会心理、规范体系、物质设施要素）、"九要素说"（地域、人口、区位、结构、社区心理、组织、文化、物质保障、社区变迁）等[③]。不论多少种要素，其都涉及上文社区概念中所涵盖的地域要素、人口要素、组织结构要素及价值认同等共性的"必要条件"。然而，在这些"必要条件"达到后，好的社区应该对生活在其中的人很重要。那么，从用户（人的）

---

① 其实，随着21世纪以来我国城市化进程的快速推进，一方面为城市社区的建设与发展带来了诸多历史性机遇，有效推动了我国城市社区治理现代化的步伐。但另一方面，城市化快速发展的某些后果，可能给许多城市居民带来的是一种孤独与孤立的体验。生活的快节奏使得人们变成了城市中的匆匆过客，人们不再有时间去建立一些有意义的、持久性的人际关系。就此而言，城市生活更接近于"gesellschaft"（社交聚会：社交关系合理发展的一种机械模式，以人与人之间非个人契约的联合为其特征）——而不是"gemeinschaft"（自发产生的有机社会关系：其特征是在共同体的传统法规之内，具有情感或亲属关系的强有力的相互关系）。在某种程度上，一座城市是各种行为方式的一种混合体或大杂烩，是"gesellschaft"与"gemeinschaft""相互并存的"。因此，用"多元""异质"来描述现代城市社区所具有的多元性和复杂性更为恰当。腾尼斯曾对有机团结和机械团结这两种社会关系类型进行了明确的区分。［英］保罗·霍普. 个人主义时代之共同体重建［M］. 沈毅译. 杭州：浙江大学出版社，2010：71.

② 这一界定强调改革开放以来社区的关键构成要素是不同群体或多元个体之间的相互作用，而不是在各方面都相同的一个社会生活共同体。在某种程度上，这也是诸多学者研究现代（城市）社区矛盾、纠纷与冲突的理论预设所在。原珂. 中国特大城市社区冲突与治理研究［D］. 南开大学周恩来政府管理学院，2016：29.

③ 张永理. 社区治理［M］. 北京：北京大学出版社，2014：16-17.

视角出发，好的社区至少应涉及以下6个主观的值得讨论的组成部分：① 个人自由；② 相对平等；③ 公共友爱；④ 有代表性的、能做出响应的政府；⑤ 地方认同；⑥ 居民异质性。也就是说，居民应根据社区来定义他们自己：关心社区，愿意为改善社区而作贡献①。罗兰·沃伦（Roland Warren）在什么是好的社区上花费的时间比我们大多数人都要多，他有着更好的想法。他指出，"没有什么是好的社区这样的事情，有许多好的社区，这都依赖于各种偏好的特定组成。没有一种方法可以展示一种观点比另一种观点更有效或者更道德"②。看起来，这是保证我们所有人最高的生活质量的要点。当然，国家将继续影响前面所提到的生活质量的基本条件（地域、人口、组织结构、社区安全、社区经济、社区医疗保健、教育服务、环境等），但是，对于这些生活质量的更主观的组成部分，社区是最主要的因素。即使是国家可以提供我们这些主观的因素，社区仍然是偏好的源泉③。

德鲁克基金会在《未来的社区》一书中写道，理想社会的共同要素有四：① 统一的标准：以原则为中心的美德；② 万众一心：愿景和方向；③ 思想一致：目的、使命与团结，而非单调，统一而非同一；④ 经济上平等：不分彼此，消除贫困④。一定程度上，社区的形成出于两种需要：自主的需要和对他人的需要⑤。特别是随着21世纪以来我国城市化进程的快速推进，社区心理要素与社区意识的重要性愈发凸显，逐步成为衡量现代社区是否健全的核心标准之一，也是医治工业化和城镇化进程中产生的愈来愈多的"城市病"及其各种社区矛盾、纠纷与冲突的重要举措⑥。在此意义下，现代社区还日渐凸显出以下突出特征。

一是（社区成员能够）彼此联络。 某种意义上，我们今天最缺的就是社区

---

① 徐琦. 社区社会学［M］. 中国社会出版社，2004：100.
② Donald I. Warren. Explorations in Neighborhood Differentiation, *The Sociological Quarterly*, 1978, 19(2), pp. 310-331.
③ 徐琦. 社区社会学［M］，中国社会出版社，2004：101-102.
④ ［美］德鲁克基金会. 未来的社区［M］. 北京：中国人民大学出版社，2006：51-53.
⑤ ［美］德鲁克基金会. 未来的社区［M］. 北京：中国人民大学出版社，2006：89.
⑥ 张永理. 社区治理［M］. 北京：北京大学出版社，2014：16-17.

（community）。我们有的只是邻里（neighbourhoods）关系或一群生活在同一区域的人，仅仅因为是方便联系，或者仅仅因为碰巧在同一个环境中生活而已。除非联系本身对我们有好处，否则我们宁愿和自己的邻居老死不相往来[①]。这即是目前所谓的"陌生人社区"，且这类社区在当前城市新建商品房住宅小区更为显著。但是，人类需要社区，"加入"而非"退出"。为此，只有能够彼此联络的社区，才应是真正的社区。

二是互相交易（交换）。鉴于现代社区的异质性、多元性等特征，"以此换彼""礼尚往来"式的自愿交换关系愈发凸显[②]。这主要是考虑到人性的复杂性，即人是很复杂的，既能够发自内心地为群体奉献无私的服务，也免不了自私自利地追求竞争优势。特别是在社会网络理论视角下，网络分析者通常认为城市社区问题最本质的东西是关系而不是地域和规范。他们认为社会大规模的变迁已经改变了社区的性质，当代城市居民不再完全是一个地域共同体或亲属群体的成员，而是众多的、特殊化的、以兴趣为基础的社区成员。社区成员通过这种关系网络获得情感性和工具性帮助，并相互交换社会资源[③]。

三是共享文化。本质上，社区作为一种共同体，是一个共建共享共融的生活场域，其必然存在着某些共同的价值、原则、认同等。这也是维系当今社区及其治理的核心要义所在。正如党的十九届四中全会提出的"坚持和完善共建共治共享的社会治理制度"和"建设人人有责、人人尽责、人人享有的社会治理共同体"。这一社会治理制度和共同体建设的基础应是社区全体成员在文化价值等核心愿景上的认同与共享。

---

① [美] 德鲁克基金会. 未来的社区 [M]. 魏青江等译. 北京: 中国人民大学出版社, 2006: 69.

② 人类社会体系是建立在以下三种关系的基础之上的: 一是统治与服从, 其是建立在控制权基础之上的关系; 二是买与卖关系, 其是建立在自愿交换基础之上的关系; 三是社区, 其是建立在完全不求回报的给予基础之上的关系（一种给予）。虽然几乎所有的人类社会都是同时通过权力、交换和社区这三种类型的关系来建立秩序的, 但是在组织结构中, 这三种关系之间的比例大不相同。指挥系统型组织结构的基础是统治和服从, 自由市场体系强调的是双方的自愿交换, 而定义社区的基本原则是慷慨待人。在大多数部落体系中, 慷慨待人往往是家族群体和部落的主导原则; 而基于"以此换彼"原则的贸易通常发生在部落和部落之间。[美] 德鲁克基金会. 未来的社区 [M]. 北京: 中国人民大学出版社, 2006: 118.

③ 田野. 转型期中国城市不同阶层混合居住研究 [M]. 中国建筑工业出版社, 2008: 65.

第三节　社区的功能与分类

一、社区的功能

关于社区的功能，在不同历史时期的不同国家和地区，其功能必然有所差异。好的社区、更好的社区、可能最好的社区是几个世纪以来的一个难以捉摸、负载价值观的目标。柏拉图（Plato）和约翰（St John the Evangelist，圣经福音书的作者）都曾对理想社区作过描述。但他们所描述的社区很少有共同之处，因为两人对关于他们那时社区问题的原因和答案做了非常不同的假设。柏拉图认为，如果理性的公民遵守理性的法律，更有效、更完美的社区就必然出现。然而，约翰则相信，只有基督返回，才能带来完美的社区。柏拉图和约翰之后，有许多关于美好生活环境应该是什么样的观点，他们所有的共同之处就是它们的多样性。对更好社区的寻找是负载价值的需求，不同的人们有不同的价值观。因此，不可能设想一个每个人都适合的社区。不过，一个社区不能使每个人都喜欢的事实不应该阻止我们为改进它而做的努力。恰当地说，那只意味着我们改善人的条件的能力有限。而社区，却为我们的努力提出了一个极好的问题[①]。哲学家劳伦斯（Lawrence）认为，社区和纯粹城市之间不同。他写道："如果城市要变成社区，那么，居民必须把居住地看作他们个人生活的中心点。"我们看到，对许多人来说，当地社区继续作为一个起作用的地方、朋友居住的地方、投资的地方、孩子受教育的地方等。借用罗伯特·默顿（Robert merton）的话，不是所有的人都是世界主义者，有的是地方主义者，我们许多人是两者兼有。因此，有可能设计出一个适合不同人需要的社区吗？——这种情况下，设计出来的社区能适应那些把当地社区仅仅看作是他们睡觉地点的人，以及那些把它看作他们的生活中重要的地理的焦点[②]。由此可知，本质上这些其实都是对理想社区功能的探讨，且其至今仍具有时代参考价值。

结合中国实际，特别是随着21世纪以来我国城市化进程的快速推进，社区

---

① 徐琦等，社区社会学［M］. 中国社会出版社，2004：91-92。
② 徐琦等，社区社会学［M］. 中国社会出版社，2004：100.

日益成为各种利益关系的交汇点，各种社会矛盾的聚焦点，也是党在基层执政的支撑点，社区功能在未来城乡改革、发展、稳定中发挥着不可替代的作用。有研究表明，现代社区的功能主要体现在社会服务、人的社会化、社会参与和社会民主、社会控制与社会稳定等方面①。具体来说，实践中社会服务主要涉及社区规划、社区计生、社区卫生、社区养老、社区照护等；人的社会化主要涉及家庭教育、社区教育以及社区矫正等；社会参与和社会民主主要涉及社区居民参与、社区选举、居民自治及当前正在开展的社区营造、"三社"联动等；社会控制与社会稳定主要涉及社区安全、社区应急、社区矛盾、纠纷或冲突化解以及和谐社区建设等。关于此部分，下文还将重点论述，故此不赘述。

二、社区的分类

关于社区的分类，即社区类型，通常是指一定分类标准下社区所凸显的社会属性②。针对社区类型的研究，最早可以追溯到提出"社区"概念的德国社会学家滕尼斯。滕尼斯曾将"社区"分为三种类型：一是地区社区，也称"地理的或空间的社区"，如村庄、城镇、邻里等；二是非地理社区，也称"精神社区"，如由共同信仰而形成的宗教团体或由相同职业联系起来的群体，但其不同于组织③；三是亲属社区，也称"血缘社区"，如原始社会的氏族、后来的宗族房长等④。自此之后，一直到20世纪60年代以来的西方城市更新过程中，甘斯（H. J. Gans）、马勒（Peter O. Muller）、怀特（Jonathan M. White）等对城市社区类型的研究主要聚焦于内城和郊区两个人口、社会和经济变化相对较为剧烈的区域⑤。随着西方城市化的进一步发展与推进，到20世纪80～90年代，社会学家亨特（A. J. Hunter）、沙托斯（G. D. Suttles）、弗拉纳根（W.

---

① 张永理. 社区治理［M］. 北京：北京大学出版社，2014：20.

② 丁元竹. 社区的基本理论与方法［M］. 北京：北京师范大学出版社，2009：38.

③ 滕尼斯认为，社会主要是由感情和情操联结在一起的，而组织是由"理性的"考量来维系，这些考量常常表现在书面的正式契约中。

④ 蔡禾. 社区概论［M］. 北京：高等教育出版社，2005：2.

⑤ 如甘斯将内城分为寄宿区、种族村、贫民窟和灰区四种类型，马勒将美国的郊区社区分为高收入社区、中产阶层社区、漂泊者聚居社区和工人或蓝领阶级社区四种类型，怀特将西欧城郊社区分为工业郊区社区、中产阶级郊区社区、通勤村庄和新工人阶级郊区社区四种类型。具体参见：B. London, Approaches to inner-city Revitalization, *Urban Affairs Quarterly*, 1981（15），pp. 373-380；H. J. Gans, Urbanismand Suburbanisrn as ways of life: A Re-evaluation of definitions, in Callow, A. B. Jr（ed），*American Urban History*, 2nd *ed*. London: Oxford University Press, 1977；蔡禾. 城市社会学：理论与视野［M］. 广州：中山大学出版社，2003：102-103.

Flanagan）等依据社区规模及居民的认同度，把社区类型划分为面对面的街区、受保护的邻里社区、有限责任的社区及其扩大社区四个层次[①]，并对这四者之间的相互关系进行了更为细致的区分[②]。

奥利弗·威廉斯和查尔斯·阿德里安（Oliver Williams & Charles Adrian）根据社区居民对社区政府在地方事务中应起作用的不同看法与选择，将社区划分为四种类型：扩张型（Promotion）社区、舒适型（amenities）社区、看守型（caretaker）社区和仲裁型（Arbiter）社区。他们认为，扩张型社区和舒适型社区具有目标"单一"、共识广泛的性质，采用权力集中、职业化的结构模式运转较好，而看守型社区和仲裁型社区，由于存在着多元化的利益，采用权力分散的分散化结构较为适宜。此外，克拉伦斯·斯通（Clarence Stone）于1993年也提出来一套将社区划分为四种类型的分类方法。第一类是维持型制度（maintenance regime）（类似于威廉斯和阿德里安的看守型社区），此类社区注重维持传统状态，极少引入变革。第二类是发展型社区（development regime），其主要通过改变土地的使用，来促进地方增长或者抑制经济衰落，这很像扩张型社区。第三类是中产阶级进步主义制度（middle-class progressive regime），其关注的重点在于"环境保护、历史保护、可负担的住房、艺术品的质量、反歧视的弱势群体保护和为实现各种社会目的建立的联合基金"，这与舒适型社区相类似。第四类是扩大下层社会机制的制度（the regime devoted to lower-class opportunity expansion），其主要通过"丰富多样的教育和职业培训、改进运输道路、扩大掌握企业和家庭所有权的机会"等方式来扩大下层社会的机会和权利。尽管符合上述界定的情况在特定时间和地点曾经出现过，但斯通仍把第四类社区看作"在很大程度上是假设性的"，这与威廉姆斯和阿德里安（Oliver P. Williams & Charles R. Adrian）提出的存在许多竞争性利益的仲裁型社区不同，因为后者并不特别强

[①] G. D. Suttles. *The Social Order ofthe Slum: Ethnicity and Territory in the Inner City*, Chicago: University of Chicago Press, 1968; W. Flanagan, *Contemporary urban sociology*, Cambridge University Press, 1993, p. 19.

[②] 蔡禾. 社区概论［M］. 北京: 高等教育出版社，2005: 102-103.

调扩大下层社会阶层的机会这一特定的政策取向①。但是，由于社区内涵的丰富性和标准的复杂性，一直不可能建立起一个统一的共识性分类标准②。

　　结合中国实际，一般来说，按照地域因素的差异将社区大致划分为农村社区和城市社区两类。或者更细一些，划分为城市社区、集镇社区和乡村社区三类，这种划分方式也是对社区发展程度的一种区分。与农村社区、集镇社区或小城镇社区相比，城市社区是一种更为高级的社区形态（详见表1-1-2），这将在下文重点展开论述，故此不赘述。

城市社区与乡村社区的差异　　　　　　表1-1-2

范　畴	乡村社区	城市社区
人口密度	相当低	相当高
社区规模	较小	较大
人口构成	相对简单	相对复杂
工作环境	户外	户内
职业	农业	非农职业
技术	普遍单一	专业化
户籍人口	相当多	相当少
工作与家庭	较近	较远
机会	较少	较多
构成阶层	较少	较多
稳定性	稳定	不稳定

① Oliver P. Williams and Charles R. Adrian, *Four cities: a study in comparative policy making*, Philadelphia: University of Pennsylvania Press, 2012. 转引自：[美] 理查德·C·博克斯著. 公民治理：引领21世纪的美国社区 [M]. 孙柏瑛等译. 北京：中国人民大学出版社，2013：32-34.

② G. P. Crow & G. Allan, Community Types, Community Typologies and Community time, Time & *Society*, 1995, 4(2), pp. 147-166.

续表

范　畴	乡 村 社 区	城 市 社 区
社会流动性	较低	较高
生活水平	较低	较高
社会团体	较少	较多
教育机会	较少	较多
社会心理	相对保守	相对自由
社会病态	较少	较多
社会制约	民俗	法律

资料来源：在龙冠海《社会学概论》一书中城市社区与乡村社区差异的基础上整理而得。三民书局，1986，第4页。

第二章 城市社区的概念与类型

城市社区作为现代城市治理的基本单位和重要场域，是影响城市社会建设与发展及和谐社会建构的关键变量[①]。随着近年来我国社会转型的愈发深化，特别是城市化进程的快速推进和基层社会治理创新步伐的加快，城市社会环境发生了重大变化，特大城市尤为显著。简言之，在社区层面，集中体现为两个方面：一是城市社区在经济社会中的地位和作用愈发凸显；二是随着"单位制"的消解，城市社区类型呈现出多样化发展趋势。况且，社会转型期的中国城市社区具有多样性、多元化、异质性、复杂化等特点。一方面诸多城市仍保留着大量老城区、单位社区、城中村等同质性较强的社区，另一方面新商品住宅小区不断兴起；一方面有许多居民仍然生活在几十年不变的邻里社区当中，另一方面大量人口在城乡之间、城市之间和城市之内流动，居民的社会网也随着流动向邻里社区外扩散。多样化、异质性的社区新格局向传统单一、固定的社区类型模式提出了挑战。

第一节 城市社区概述及内涵

中国现辖34个省、自治区、直辖市、特别行政区（其中直辖市4个、省23个、自治区5个、特别行政区2个）。截至2017年底，我国共有地级行政区划单位334个，其中地级市294个、地区7个，自治州30个、盟3个；县级行政区划单位2851个，其中市辖区962个、县级市363个、县1355个、自治县117个、旗49个、自治旗3个、特区1个、林区1个；乡级行政区划单位39888个，其中区公

---

① 原珂. 中国城市社区冲突及化解路径探析［J］. 中国行政管理，2015（11）：125.

所2个、镇21116个、乡9394个、苏木152个、民族乡982个、民族苏木1个、街道8241个①。城市社区居委会则以数十万计。按照2014年中华人民共和国国务院发布的《国家新型城镇化规划（2014—2020年）》规定，将特大城市和大城市分别界定为市辖区常住总人口超过500万的城市和在100万～500万之间的城市。同时，根据2010年第六次全国人口普查数据，按市辖区（现行行政规划口径）常住总人口测算，中国大陆共有17座特大城市，其中包括1座2000万人口以上的城市——上海；人口在1000万～2000万之间的特大城市6座，依次为北京、重庆、广州、天津和深圳；人口在500万～1000万的10座（详见表1-2-1）。由此可见，中国特大城市与大城市的数量与人口规模不仅世界罕见，而且其城镇数量特别是城市社区（居委会）的数量在全世界也是最多的。

中国大陆特大城市人口列表　　　　　　表1-2-1

城市	市辖区常住总人口（万人）	排名	城市	市辖区常住总人口（万人）	排名
上海	2231.55	1	成都	741.56	10
北京	1882.73	2	佛山	719.74	11
重庆	1716.58	3	西安	650.12	12
广州	1270.19	4	沈阳	625.77	13
天津	1109.08	5	杭州	624.20	14
深圳	1035.84	6	哈尔滨	587.89	15
武汉	978.54	7	汕头	538.93	16
东莞	822.02	8	苏州	534.60	17
南京	800.37	9			

数据来源：2010年第六次全国人口普查数据，参见网站：

http://zh.wikipedia.org/wiki/%E4%B8%AD%E5%9B%BD%E7%89%B9%E5%A4%A7%E5%9F%8E%E5%B8%82

---

① 地级区划数指地级行政单位，即介于省级和县级之间的一级地方行政区域的个数，包括地区、自治州、行政区和盟；县级区划数指县级行政单位，即中国地方二级行政区域，是地方政权的基础，县级行政单位包括县、自治县、旗、自治旗、特区、工农区、林区等；乡级区划数指县级以下的基层行政区域——乡和镇，是地方三级行政单位；镇数指报告期末不设区的市、市辖区、县（自治县、旗、自治旗、特区、林区）在辖区内实际设有的镇人民政府个数（必须是经省一级人民政府批准而设置的）；乡数指报告期末不设区的市、市辖区、县（自治县、旗、自治旗、特区、林区）在辖区内实际设有的乡人民政府个数（必须是经省一级人民政府批准而设置的），乡包含民族自治乡、苏木和民族苏木；街道办事处指市辖区和不设区的市，根据行政管理的需要，将其所管辖的地区分为若干街道管理区，设立街道办事处，作为市辖区人民政府或市人民政府的派出机关。《2017年社会服务发展统计公报》，参见民政部官网：http://www.mca.gov.cn/article/sj/tjgb/.

关于城市社区的界定，郑杭生、蔡禾、王胜本等都认为，城市社区是指建立在一定地域基础上，由从事各种非农劳动的社会群体聚居所形成的相对独立的初级社会共同体①。本书也采用这一释义。具体到本书所研究城市社区的范围，则采用2000年民政部《关于在全国推进城市社区建设的意见》中的界定，即"一般是指经过社区改革后做了规模调整的居民委员会的辖区"②。之所以定位于社区居委会层面，主要是基于我国城市社区发展历史与现实的考量③。

在此，需注意的是，本书对城市社区的研究是基于对现代城市社区的再认识。赵毅旭从三个方面对城市社区的基本属性进行了重新审视与认识：一是成员结构的变化使城市社区属性由"政治层级"向"社会单元"转变；二是工作模式的变化使城市社区属性由"内部约束"向"区域共建"转变；三是工作理念的变化使城市社区由"纵向到底"向"横向联动"转变④。何海兵从适应法制化进程、适应城市化进程、适应区域化进程、适应领导方式变化、适应效能建设要求五个"适应"方面分析了当代开展城市社区活动方式的五大"转变"：从"人治"向"法治"转变；从"包揽"向"整合"转变；从"直接"向"间接"转变；从"依赖行政权力"向"注重非权力因素"转变；从"高度集权"向"总揽全局、协调各方"转变⑤。在此基础上，本书对城市社区的理解也是置于当前我国城市社区由"单位制"到"街居制"再到"社区制"的双重转型与变迁的时代大背景下。

① 郑杭生. 社会学概论新修［M］. 北京：中国人民大学出版社，1998：368；蔡禾. 社区概论［M］. 北京：高等教育出版社，2005：21；王胜本，张涛. 社区发育视域下的城市治理问题研究［J］. 河北工程大学学报（社会科学版），2012（3）：11.

② 2000年民政部《关于在全国推进城市社区建设的意见》中明确指出了城市社区的范围，"目前城市社区的范围，一般是指经过社区改革后做了规模调整的居民委员会的辖区"。

③ 主要集中在五个方面：① 从社区构成要素特征来看，城市社区居民委员会具备社区的基本构成要素和基本特征；② 从区域范围来看，将社区定位于居民委员会辖区这一层面，使社区从根本上区别于城区和街区；③ 从空间上看，社区居民委员会是城市社会最小的地域组成单元，但非行政区域；④ 从规模上看，2000年民政部关于社区体制调整后的社区居民委员会比单个居民小区大，但比街区小，介于二者之间；⑤ 从性质上看，社区居民委员会是城市基层群众性的自治组织，不隶属于政府性质管理系统。这就决定了社区作为社会及其组织的基本构成单位，是自上而下的行政力和自下而上的自治力相互作用的交汇点，是居民个体和居民群体相联系的链结点，是实现城市社会稳定和人民安居乐业的着力点。

④ 赵毅旭. 城市社区治理路径［M］. 成都：四川大学出版社，2010：17-24.

⑤ 何海兵. 我国城市基层社区管理体制的变迁［J］. 管理世界，2003（6）：22.

第二节　城市社区的类型与特征

关于社区的类型，如前文所述，在宏观方面，根据空间特征的划分，大致分为城市社区和农村社区。城市社区是指在特定的区域内，由从事各种非农业劳动的密集人口所组成的社会[①]。2000年民政部《关于在全国推进城市社区建设的意见》中明确指出"目前城市社区的范围，一般是指经过社区改革后做了规模调整的居民委员会的辖区"。唐晓阳根据分类标准的不同，将城市社区划分为不同的种类[②]。

根据规模的不同，可以分为大型社区、中型社区、小型社区、微型社区等。根据我国人口众多的现实，大型社区一般是指人口超过10万人以上的社区；中型社区一般指人口在5万～10万人之间的社区；小型社区一般指人口在2万～5万人之间的社区；微型社区一般指人口在2万人以下的社区。

根据功能的不同，可以分为工业社区、商业社区、文化社区、旅游社区、生活社区等。如工业社区是指那些工企业比较集中、环境污染比较严重的社区；商业社区是指那些商业发达，经济繁荣的社区；文化社区是指那些教育、科学、文化、卫生等事业单位集中的社区。

根据区位的不同，可以分为中心社区、边缘社区等。中心社区是指那些位于城市中心地带、人员密集的社区；边缘社区是指那些位于市区边缘、城郊接合部的社区。

根据形态的不同，可以划分为高级住宅区、普通住宅区、贫民区等。高级住宅区是指那些地理位置优越、环境优美、生活水准很高的社区；普通住宅区是指那些地理位置一般、环境较好、生活水准一般的社区；贫民区是指那些地理位置较差、环境恶劣、生活水准较低的社区。

此外，根据社区的形成方式，还可划分为自然性社区和法定社区；根据社

---

① 郑杭生.社会学概论新修［M］.北京：中国人民大学出版社，1998：368.
② 唐晓阳.社区管理理论与实务［M］.广州；华南理工大学出版社，2010：7-8.

区结构及其完整程度，可划分为整体性社区和局部性社区；按照人的社会组织和空间分布，可划分为社会性社区和空间性社区；根据民族、种族、宗教和精神等因素，可划分为民族社区、族群社区、宗教社区、种族社区等。

其实，某种程度上，很长一段时间内，国内学界对城市社区的研究大都不分类型，只是就社区而谈社区①。其实，不同类型的社区之间差异是很大的，呈现出一定的异质性，如高档别墅小区与城市边缘社区或"城中村"社区之间的差异可谓是"天壤之别"。回顾中国城市社区的类型研究，吴缚龙最早根据社区属性将中国的城市社区分为传统式街坊社区、单一式单位社区、混合式综合社区和演替式边缘社区四种类型②。随后，朱健刚、卢汉龙等根据社区建成时间又划分出改造社区、旧宅保留社区、近建社区和新建社区四种类型③。进入21世纪后，张鸿雁鉴于中国城市社会的发展变化以及城市社区的变异与分化等因素，在上述分类基础上又提出两类新型社区：新型房地产物业管理型社区和"自生"社区或移民社区，前者指住房市场化改革后新生成的商品房小区，后者特指城市社会变迁中形成的过渡性社区，如"城中村"等④。之后，仍有不少学者如方婉丽、蓝志勇、李东泉等从不同方面对社区进行分类，但依然尚未有所超越或创新⑤。如蓝志勇等根据地理区位的差异将城市社区划分为旧城社区（Historical Area）、单位社区（Work Unit）、城中村（Urban Village）和城乡接合部的边缘社区（Urban-rural Fringe Community）四类⑥，并认为后两类社区比较相似，因为现在的城乡接合部边缘社区很可能就是未来的城中村。

近年来，随着我国城市化进程的不断深化和城市规划管理的逐步发展与完

---

① 针对城市社区这一研究单位，目前国内学界还存在一些争议，如有以居住小区为研究对象的；有以社区居委会管辖区域为研究对象的；有以街道所辖区域为研究对象的；还有以城市基层社会甚至整个城市、地区等作为一个共同体为研究对象的。在此，本书采用2000年民政部《关于在全国推进城市社区建设的意见》中的界定：社区是指聚居在一定地域范围内的人们所组成的社会生活共同体，即"一般是指经过社区改革后做了规模调整的居民委员会的辖区"。由此可知，社区不单是一个简单的物理空间概念，而应是具有频繁互动关系和一定认同感的"共同体"。

② 吴缚龙. 中国城市社区的类型及其性质 [J]. 城市问题, 1992（5）: 24-27.

③ 朱建刚. 城市社区：在实践中的反思 [J]. 北京社会科学, 1999（增刊）: 50-53；卢汉龙. 单位与社区：中国城市社会生活的组织重建 [J]. 社会科学, 1999（2）: 52-57.

④ 张鸿雁. 论当代中国城市社区分异与变迁的现状及发展趋势 [J]. 规划师, 2002（8）: 6-7.

⑤ 黄忠怀. 空间重构与社会再造：城市化背景下特大城市郊区社区发展研究 [D]. 上海：华东师范大学博士后出站报告, 2005.

⑥ 李东泉, 蓝志勇. 中国城镇化进程中社区发展的思考 [J]. 公共管理学报. 2012（1）: 106-107.

善，城市社区也呈现出一些新特征、新类型。王胜本等通过对我国城市社区自中华人民共和国成立以来60多年的发展历程进行系统梳理后，划分出当前较为契合实际的五种社区类型：传统街坊式、单一单位式、综合混合式、城市扩建式和新型物业式社区①。在此基础上，原珂结合近年来中国城市社会的发展变化以及城市社区建设的实际状况，在对北京、上海、天津、广州和深圳五大城市深入调研的基础上，将当代中国（特大）城市社区的类型大致划分为五类：传统街坊式社区、单一单位式社区、综合混合式社区、过渡演替式社区（主要涉及"城中村"社区、"村改居"社区和城郊边缘社区三种类型）和现代商品房式社区②，详见表1-2-2。

1. 传统街坊式社区

主要指城市老城区、老旧街区的市民居住与生活社区，它是城市社区中形成最早、历史最悠久的一类社区，一般处于城市传统的中心区域，属于典型的地缘型社区。通常，这类社区居民长期互为邻里，交流相对频繁，但居民职业构成相对繁杂，社会纽带关系也较为复杂，在某种程度上还具有"城市村落"的些许共同体特征③，如北京的老胡同、老四合院社区等。

2. 单一单位式社区

一般来说，是指由一家或多家单位建设的供本单位职工及其家属居住、生活的社区。这类社区内有自设的各类较为完备的生活服务设施，如以大企业、高校、政府部门等为核心而形成的附属家属住宅区，现实中各部委的家属大院、各高校的教职工住宅区以及各大型企业的职工生活区等都是如此。严格来说，这类社区是计划经济时期"单位办社会"体制的产物或延续，具有社区居民整体构成相对单一，社区功能较为全面等特征。但需要注意的是，单一单位式社区根据不同的属性、规模等因素又可以划分出不同类型，如按其属性可分为企业、行政事业、公用事业、教育事业、医疗事业等单位型社区；按其与城市的

---

① 王胜本，张涛. 社区发育视下的城市治理问题研究［J］. 河北工程大学学报（社会科学版），2012（3）：11.

② 此划分是在依据张鸿雁和王胜本等人划分的基础上整理、补充所得，对其是一种继承、发展与完善。具体参考：张鸿雁. 论当代中国城市社区分异与变迁的现状及发展趋势［J］. 规划师，2002（8）：6-7；王胜本，张涛. 社区发育视下的城市治理问题研究［J］. 河北工程大学学报（社会科学版），2012（3）：11.

③ 涉及两个方面：一是具有农村熟人社区的一些特征，二是具有某种"城市中的乡村生产特点"。

地域关系远近，城市内部所属的单位社区可分为城市内部单位型社区、城市近郊单位型社区、城市远郊单位型社区等；按其规模的大小可分为单位城市[①]、单位城区、大型单位社区和小型单位社区等[②]。

3. 综合混合式社区

主要是指一种多类型、多功能型的综合式社区。在我国，这类社区大多源于20世纪70～80年代，为改善城市居住条件，在城市独立地段或者城市边缘兴建起来的大型生活居住区。这类社区通常环境相对较好，基本配套设施较为齐全，且具有多功能的综合商业中心。在此，为了便于跟其他类型社区的区分，在综合混合式社区的界定中，特指出在该社区居委会所辖区域内的社区类型至少要包含本书所划分的五种社区类型中的三种。然而，这类社区因其发展历史相对较短、居民构成混杂、外来人员相对较多且公共空间有限或不足等特征，居民之间虽具有联系，但沟通交流程度一般，互动性并不是很强。

4. 过渡演替式社区

这一类型的社区具有过渡性、演替性等动态特性，是我国城市化进程中特有的社区演进样态。过渡演替式社区以城市扩张和乡村向城市的渗透、演替等为特点，既包含着城市社区空间形态的特征，又延续着一定的农村社区属性[③]，"非城非乡，亦城亦乡"是此类社区的重要特征。因此，过渡演替式社区往往是当今城市社区中最为活跃但又最为混乱的社区。通常情况下，过渡演替式社区主要涉及三种类型的社区：一是"城中村"社区，有时戏称为"都市里的村庄"，如北京的浙江村、新疆村，南京的无为村，广州的石牌村等；二是"村改居"社区[④]，如天津北辰区双街镇双街村、武清区的东蒲洼街道、深圳宝安区的大部分社区等；三是城郊边缘社区，如北京昌平、大兴等的社区，广州花都、从化等周边的社区。

---

① 主要指以依托某一大型企业或单位而形成的单位城市，如黑龙江的大庆、四川的攀枝花、安徽的马鞍山、铜陵市等。

② 王翀. 当前我国城市社区公共空间构成与管理研究［D］. 杭州：浙江大学管理学院，2005：19.

③ 张晨. 城市化进程中的"过渡型社区"：空间生成、结构属性与演进前景［J］. 苏州大学学报（哲学社会科学版），2011（6）：75-76.

④ 所谓"村改居"社区，主要是指由农村向城市社区转换的这一过程，其涉及居民身份、组织结构、管理体制、公共服务等方面的转变。

5. 现代商品房式社区

这类社区主要以房地产开发为主体，包括企业开发、政府开发、政企合作开发建设等多种形式。其可分为高档、中档和福利小区等。当前，我国大城市的现代商品房式社区集中体现为由开发商主导建设的新型物业化管理式的住宅小区或社区。这些社区根据档次不一，又可分为三类：一是封闭型的高档住宅社区，居民主要由高收入者组成，且整体素质较高，同质性较强，如深圳、上海、北京、天津及重庆的桃园居社区等；二是封闭型的混合性生活社区，居民主要由城市中产阶级及以上群体组成，居民职业构成较为复杂，但收入稳定，整体素质相对较高，如天津的阳光100小区、广州的五山花园小区等；三是中、低档的经济适用房整体型物管社区，居民主要由城市一般收入者群体或者低收入群体组成，但居民整体素质并不低且同质性较强，如很多城市中的普通住宅小区[①]。另外，在此还需注意的是，现代商品房式社区中，虽居民素质、基础设施、公共服务等都相对较好，但人际关系相对冷漠，经常有"相邻一年竟不知邻居是谁"的尴尬，因此，此类社区也常常被人们戏称为"夜晚的睡城"或"卧城"。

中国特大城市社区的五大类型及特征　　　　　表1-2-2

事项 社区类型	出现时间及历史	历史属性	社区社会关系	主要居民构成	特点	典型社区例举
传统街坊式社区	最早、最悠久	城市社区	地缘	本地城市居民	类似"共同体"	北京的老胡同区等
单一单位式社区	计划经济时期、较为悠久	城市社区	地缘＋业缘	本地城市居民	"互助体"	天津南开区的一些社区

---

① 高档住宅社区，由高收入群体组成，社区人口密度小，各种现代化服务功能健全，成员之间的交流比较少，社区成员或家庭在社会上具有很强的影响力，对社区作为利益表达和个人生活满足的依赖性比较低；封闭型的混合性质社区，配套设施和服务比较健全；经济适用房整体型社区，是为改善城市低收入群体的居住条件而建设的社区，成员大多是城市低收入者，并且一直具有所在城市户籍。详见：王胜本，张涛. 社区发育视域下的城市治理问题研究［J］. 河北工程大学学报（社会科学版），2012（3）：11.

续表

事项 社区 类型	出现时间 及历史	历史属性	社区社会 关系	主要居民 构成	特点	典型社区 例举
综合混合 式社区	20世纪70年 代末80年代 初、较短	农村、城市 社区混合	血缘＋地缘	本地城市居民 ＋外来居民	"落脚地带"	深圳宝安区 的一些社区
过渡演替 式社区	20世纪末21 世纪初、较短	农村社区	血缘＋地缘 ＋业缘	本地农村居民 ＋外来居民	"迷茫地带"	广州的石牌 社区等
现代商品 房式社区	20世纪90年 代、较短	农村、城市 社区混合	业缘＋网缘	本地城市居民 ＋外来居民	"夜晚的睡 城"	上海的陆家 嘴社区等

资料来源：根据调研资料整理而得。

　　总之，综观表1-2-2中不同类型城市社区的不同属性及特点可知，不同类型的城市社区之间往往存在着很大的异质性。整体来看，现阶段中国城市社区建设与发展中，主要呈现出以综合混合式社区和现代商品房式社区为主体的两大社区形态，而其他三种类型的社区建设与发展仍具有一定的模糊性。但是，不论以何种方式对社区进行分类，在实践中，有一点是必须明确的，即社区在发展导向上确实存在着重要而显著的差异，但任一变量都不可能孤立地去解释这些社区间的重要差异，因为现实中的社区往往是不同类型社区的综合混合体。

第三章　城市社区治理变迁与发展

习近平总书记曾明确强调："社会治理的重心必须落到城乡社区，社区服务和管理能力强了，社会治理的基础就实了。"随着我国城镇化的快速推进和城市更新发展，现代社会治理重心日渐"下沉"、相关政府职能不断"下移"，社区愈发成为新时期实现基层社会治理和公共服务创新的基本场域①。霍利（A•Hawley）在其研究中曾指出，社区本质上是一种适应机制，这应该是（组织）生态学中一个与众不同的假设②。其实，从传统社区管理到现代社区治理的变迁，本质上就是社区渐进调适的结果。为此，厘清城市社区治理内涵，把脉新时期社区治理变迁与发展脉络，具有重要时代意义。

第一节　城市社区治理

社区治理在治理理论中具有重要的、基础性的作用。夏建中认为，社区是一个介于初级群体与次级群体间的组织，对居民具有情感性和易接近性的功能意义，是每个个体从家庭走向社会的第一个空间，因此他认为社区治理应当是全部治理系统的基础③。胡钦森（Hutchison）从全球治理、国家治理及地方治理的宏观视角出发，认为社区治理"是治理的灵魂工作，是在地方与全球区域之间建立支持和联系，而由于后者的原因，这些地带正在越来越缺少安全性和碎裂化"④。萨缪•鲍尔斯和赫伯特•金迪斯（Samuel Bowles & Herbert

---

① 原珂，李少抒. 城市社区冲突：治理问题与策略探究 [J] . 学习论坛，2018（7）：65-71.

② [美] W. 理查德·斯科特，杰拉尔德·F·戴维斯. 组织理论：理性自然与开放系统的视角 [M] . 高俊山译. 北京：中国人民大学出版社，2011：134.

③ 夏建中. 治理理论的特点与社区治理研究 [J] . 黑龙江社会科学，2010（2）：129.

④ Mike Richardson. Community governance: resource kit, Christchurch City: Christchurch City Council Paper, 1999(12): 1.

Gintis）在《社会资本与社区治理》中认为，随着经济发展的复杂性和不确定性，社区治理的重要性日益提高，它可解决某些政府失灵和市场失灵问题，合理的制度设计能够使社区、政府和市场的治理方式相互补充而非相互取代，反之则可能导致政府和市场排挤社区治理，对此他们提出实现有效社区治理的系列建议[①]。同时，埃莉诺·奥斯特罗姆（Elinor Ostrom）认为，社区治理通过借助既不同于国家，也不同于市场的制度安排，可以对某些公共资源系统成功地实现开发与调适。它可以弥补国家和市场在调控和协调过程中的某些不足，成为国家和市场手段的补充。综上可知，社区治理是指以特定地域为基础，政府、社区组织和居民群众等多元主体协同治理社区公共事务的过程，其集中体现为社区内的多元主体凭其自身优势及资源而进行的一种协商共治模式[②]。

具体到中国城市社区治理，不同学者见仁见智。蔡禾、郑杭生、何艳玲、孙柏瑛、魏娜等认为城市社区治理是在社区建设的过程中以一定的社区地域范围为基础，政府、社区组织、社会组织等共同平等、合作式地参与社区管理的活动。也有学者认为城市社区治理是指在一定的地域范围内由各种公共的或私人的个人或机构共同管理社区公共事务、推进社区持续发展的活动，如彭勃、陈剩勇、赵毅旭等[③]。夏建中认为，社区治理就是在接近居民生活的多层次复合社区内，依托于政府组织、社区党组织、民营组织、社区社会组织、居民自治组织、辖区单位以及业主居民等多元主体的网络体系，共同应对社区内的公共问题及完成社区公共事务的过程[④]。综上，本书认为城市社区治理是指在一定地域范围内，依托国家、市场和社会力量而形成的各种政府、企业、社会组织以及居民个体等多元主体，基于市场原则、社区公共利益和社区认同，协调合作，共同管理、完成社区各项事务，以最终满足社区各方需求，协同推进社区可持

---

① 主要建议：社区成员在解决共同困难时应分享成功的利益并分担失败的损失，提高社区居民互动行为的透明度并对卸责者建立惩罚机制，对社区治理实施鼓励性的法律制度和政府支持以实现社区、政府和市场三者互补，倡导自由平等的道德观念并加强反歧视政策。Samuel Bowles & Herbert Gintis, Social Capital and Community Governance, *The Economic Journal*, 2002, 112（11），pp. 419-436.

② 原珂. 广州市社区治理模式研究 [D]. 广州：华南理工大学公共管理学院，2013：16.

③ 陈剩勇. 政府创新、治理转型与浙江模式 [J]. 浙江社会科学，2009（4）：35-41；赵毅旭. 城市社区治理路径 [M]. 成都：四川大学出版社，2010：97.

④ 夏建中. 治理理论的特点与社区治理研究 [J]. 黑龙江社会科学，2010（2）：129.

续发展，实现社区善治的过程[①]。

英国伯明翰大学研究地方治理的学者海伦·苏利文（Helen Sullivan）认为，社区治理有三大核心主题，即"社区领导力、促进公共服务的供给与管理、培育社会资本"[②]。相较于传统的社区管理，现代城市社区治理更凸显出以下特征。

（1）治理理念上，强调以人为本，变管理为服务。注重对人的关怀，如社区民主参与、社区文化营造以及与民众日常生活息息相关的日常性事务等。现代城市社区应以服务为核心，强调对社区资源的合理优化配置，最大限度解决社区矛盾及问题，努力为社区居民营造一个环境优美、治安良好、生活便利、人际关系和睦的人文居住环境，最终促成人与自然、社会的和谐发展。

（2）治理形式上，主体多元化、居民积极参与。重视多元主体的不同作用，充分发挥居民的主人翁地位与功能，要求社区各项公共事务的决策与实施、社区发展的各项规划都符合居民群众的需求，使社区居民的积极广泛参与成为社区发展的持续动力源泉。如四川省成都市近年在开展的"整体社区营造"就是积极引导和培育居民与各类社区社会组织参与精神，支持社区内外的各类社会组织获得开展活动的持续资源，大力取消社会组织进入社区的各种行政障碍，加强社区居民、社区组织和政府间的交流与协作，充分发挥社区多元主体的潜力，使治理主体由单一化走向多元化。

（3）治理目标上，突出政社合作，达至善治（good governance）。多元化的治理主体（除政府之外，还有志愿性团体、社会组织及专业化的社区服务与社会工作机构等）间是合作共治的关系。换言之，政府是有限的，要弥补其缺陷，就应实行合作共治，即把政府"不该管、管不了、也管不好"的社会职能（如社区的烦琐事务等）转移给社区自治组织自己来管理。同时，还应形成不同主体之间积极而有成效的合作共治关系，以善治为目标，达至公共利益的最大化。

---

① 原珂. 广州市社区治理模式研究［D］. 广州：华南理工大学公共管理学院. 2013：65.
② Helen Sullivan, Modernisation, Democratisation and Community Governance. *Local Government Studies*, 2001, 27, pp. 2.

（4）治理机制上，创新社区治理机制。社区治理机制的创新在于基层权力运作方式的扁平化、网络化。应建立政府、社区组织、社区成员单位及居民之间多元互动的网络型运作模式，使社区治理组织体系由垂直科层结构转变为纵横交错的扁平化网络结构，建立起以社区共识和认同为基础、充分发挥社区能动性和自主性的治理机制。

此外，还需关注现代社区的一个未来特征，即社区智慧资本。未来的社区不会由经济纽带联结到一起，也不会有重要的经济维度。但与此冲突的是，市场经济背后需要一个社区，去完成它不会完成的长期投资①。这就需要社区的智慧资本。为此，要积极培育社区智慧资本。智慧资本是一个社区的共同基础，是评价个人以及社区的目标时所参照的标准，它引导我们去做应该做的事、成为应该成为的人。不论是社会的、政治的、经济的、宗教的、世代的或地理的团体，其之所以能够成为团体就是因为成员之间有着共同承诺，即智慧资本。因此，主动学习智慧传统，积极培育智慧资本对化解与转化社区冲突具有超正能量。打个比方，就像压在床垫下没有动过的钱不是真正的资本一样，智慧传统如果不为后代所重新学习并继承的话也是没有用的。倘若社区没有了智慧传统，数据、信息、知识、智力、技术、战略，甚至是家庭或社会团体都可能被组织起来搞剥削、搞腐化或搞破坏②。

第二节　城市社区治理政策演变与脉络传承

关于我国城市社区管理（治理）的变迁，有研究根据发展历程将其划分为三个阶段。第一阶段（1949～1978年）："单位制"为主，"街居制"为辅的城市基层管理体系；第二阶段（1978～1998年）："街居制"为主，"社区制"为辅的城市基层管理体系；第三阶段（1998年至今）："社区制"为主，"街居制"为辅的城市基层管理体系。通过这三个阶段，可以对我国城市社区变迁进行宏

---

① 第一部分是"社区演进的潮流"，四篇文章中莱斯特·梭罗（Lester C. Thurow）的《经济社区与社会投资》值得推荐。[美] 德鲁克基金会. 未来的社区 [M]. 北京：中国人民大学出版社，2006.
② [美] 德鲁克基金会. 未来的社区 [M]. 北京：中国人民大学出版社，2006：101.

观把握。但其实，我国城市社区的实质性变迁主要是从20世纪80～90年代开始的，某种程度上，可以说其主要是依据社区相关政策的调整而变化的①。在此，本书主要通过以下关键政策节点，力图厘清我国城市社区治理变迁的脉络传承。

1985年，时任民政部长崔乃夫提出社区和社会服务的概念，这是"社区"概念首次被官方公开使用。随后1986年，民政部将"社区"概念引入实务工作中并开始推广②。1987年，民政部在武汉召开"全国城市社区服务工作座谈会"，第一次提出要建立有中国特色的社区服务系统。20世纪90年代初，在借鉴国外社区发展的概念基础上，结合中国的实践，民政部提出了"社区建设"口号。1991年，民政部发出《关于听取对"社区建设"思路的意见的通知》，这引发了学界和实务界对于社区建设的广泛关注。1993年，民政部等14个部委联合下发《关于加快发展社区服务业的意见》，社区建设与服务工作开始大规模展开。1998年，胡锦涛同志指示民政部要通过社区建设找到一条管理城市基层社会的路子，并要求民政部在一两年内拿出在全国开展社区建设工作的思路③。在此要求下，同年，民政部在全国选定了26个国家级社区建设实验区，围绕社区自治组织的架构及其有效运作开展社区建设的实验和探索。1999年，民政部选择和命名了11个城区为"社区建设实验区"，自此社区建设实验区活动在全国正式拉开帷幕。

2000年，中共中央办公厅和国务院办公厅联合转发《民政部关于在全国推进城市社区建设的意见》，标志着社区建设开始在全国范围内展开。2001年，社区建设在全国得到迅速推广与普及。2002年11月，中共十六大明确提出了"完善城市居民自治，建设管理有序、文明祥和的新型社区"的社区建设大方向，各地开始了新一轮的社区管理体制改革。实践中，各省市因地制宜，结合实际进行了大量的社区改革和创新，并相继涌现出了"上海模式""沈阳模式""江汉模式""青岛模式"等各具特色，各有创新的社区自治典型，积累了

---

① 其实，在我国，社区是由学术语言逐步转变为政策语言的。
② "社区"作为社会学概念，早在1933年就被介绍到中国。但直到1985年，民政部开始强调社区服务，才第一次把"社区"的概念引入实务工作中。
③ 多吉才让. 城市社区建设读本［M］. 北京：中国社会出版社，2003：218-232.

较为丰富的经验。

2004年，党的十六届四中全会提出"建立健全党委领导、政府负责、社会协同、公众参与的社会管理格局"，"社区制"①治理体制初步形成。同年，民政部和住房城乡建设部联合发文，物业管理成为城市治理的重要要素进入城市基层社会治理的研究和实践视野。2006年4月，国务院出台《关于加强和改进社区服务工作的意见》。同年10月，中共十六届六中全会通过的《中共中央关于构建社会主义和谐社会若干重大问题的决定》作出了"全面开展城市社区建设，积极推进农村社区建设，健全新型社区管理和服务体制，把社区建设成为管理有序、服务完善、文明祥和的社会生活共同体"的重大战略部署。

2007年5月，国家发展改革委、民政部联合印发了《"十一五"社区服务体系发展规划》。同年10月，党的十七大明确提出"把城乡社区建设成为管理有序、服务完善、文明祥和的社会生活共同体"和"要健全党委领导、政府负责、社会协同、公众参与的社会管理格局，健全基层社会管理体制……重视社会组织建设和管理。"

2012年，党的十八大报告首次把"社区治理"写入党的纲领性文件，并明确指出"建立健全居民、村民监督机制，促进群众在城乡社区治理、基层公共事务和公益事业中依法自我管理、自我服务、自我教育、自我监督"。这表明社区治理在国家治理中的重要性进一步凸显②。随后，2013年，党的十八届三中全会提出了"创新社会治理体制""改进社会治理方式""提高社会治理水平"和推进"城乡社区治理"的改革任务。这标志着我们党对执政规律认识的又一次新飞跃，形成了"国家治理、社会治理、社区治理"一体贯通、一脉相承的治理体系，为新时期推进社区治理创新指明了方向。

2014年10月，十八届四中全会从加快建设社会主义法治国家的战略高度，强调推进社区依法治理是全面依法治国的基础。同年"两会"期间，习近平总

---

① 何海兵.我国城市基层社会管理体制的变迁：从单位制、街居制到社区制 [J].管理世界，2003（6）：52.

② 自此，从2004年党的十六届四中全会提出经济建设、政治建设、文化建设、社会建设"四位一体"的中国特色社会主义事业总体布局，到2012年党的十八大着眼于全面建成小康社会、实现社会主义现代化和中华民族伟大复兴，提出经济建设、政治建设、文化建设、社会建设、生态文明建设的"五位一体"的总体布局，城市基层社会治理进入新的发展阶段，一种治理式的城市社区治理新格局初步形成。李义波.从城市到社区：改革开放以来城市治理的空间转换与治理创新 [J].南京社会科学，2018（10）：50.

书记曾特别强调："社会治理的重心必须落到城乡社区，社区服务和管理能力强了，社会治理的基础就实了。"此外，习近平总书记还多次在重要场合就社区治理作出重要指示："社区虽小，但连着千家万户，做好社区工作十分重要"；"社区在全面推进依法治国中具有不可或缺的地位和作用"等。2015年10月，十八届六中全会从全面从严治党的高度对社区治理提出了新要求。

2017年6月，中共中央、国务院印发的《关于加强和完善城乡社区治理的意见》明确提出"社区是社会治理的基本单元""社区治理事关党和国家大政方针贯彻落实，事关居民群众切身利益，事关城乡基层和谐稳定"，且要求"到2020年，基本形成基层党组织领导、基层政府主导的多方参与、共同治理的城乡社区治理体系"。随后，2017年10月，党的十九大报告提出"打造共建共治共享的社会治理格局""加强社区治理体系建设，推动社会治理重心向基层下移，发挥社会组织作用，实现政府治理和社会调节、居民自治良性互动"。

2019年5月，中共中央办公厅印发了《关于加强和改进城市基层党的建设工作的意见》，指出"城市基层党组织是党在城市全部工作和战斗力的基础"，要全面加强和改进城市基层党建工作，充分发挥社区党组织的战斗堡垒作用，增强基层党组织的凝聚力和战斗力，巩固执政根基。

2019年10月底，党的十九届四中全会提出"社会治理是国家治理的重要方面"，要"坚持和完善共建共治共享的社会治理制度"，且进一步指出"必须加强和创新社会治理，完善党委领导、政府负责、民主协商、社会协同、公众参与、法治保障、科技支撑的社会治理体系，建设人人有责、人人尽责、人人享有的社会治理共同体"。社区治理作为国家治理体系和治理能力现代化的根基，是社会治理的最基本单元。为此，社会治理共同体的有效建设只有根植于社区，才能确保人民安居乐业、社会安定有序，建设更高水平的平安中国与幸福中国。

由上可知，自20世纪80年代后期以来，我国城市社区历经了一场渐进而意义重大的改革，城市基层组织结构发生了重大变化。特别是从"单位制"到"街居制"[①]再到"社区制"的变迁，很大程度上使社区在人口特征、生态设

---

① 1980年，全国人大重新颁布实施《城镇街道办事处条例》和《居民委员会组织条例》，依托街道办事处和居民委员会这两个行政建制实行社会管理的"街居制"逐步确立了其主体地位。

计、经济结构以及组织模式等方面得到修正。本质上，现阶段的社区建设、发展与治理是对中国传统城市管理体制的变革，是在改革中的制度变迁和创新，且"这是一个由政府推动的社会体制的改革，又是政府由权力、责任中心脱离出来，通过培育社区基层社会组织，形成政府与社区组织共同服务和管理社区（社会）的过程，即由单位体制主导转向社区体制主导的过程。"换言之，社区建设与可持续发展的核心是实现由行政一体化社区管理模式向多元合作化社区治理模式转变。这也表明，要实现社区的有效治理，真正发挥社区的功能和作用，必须调整公共权力的结构、配置，建立健全社区组织体系，也就是要重构社区治理结构。这样一来，由政府所倡导的我国城市社区建设与发展的过程也就成为政府自觉、不自觉地重建社区治理结构的过程。

第四章　城市社区治理主体

治理，意味着多元主体的参与。一般来说，城市社区治理的主体是多元的，包括基层政府、街道、社区党组织、社区居委会、社区工作（服务）站、业主委员会、物业服务企业、社区社会组织、驻社区单位、社区居民或业主、社区内的商户以及开发商等。这些都应是城市社区治理的主体，只是不同的主体在其中的作用有所不同，交相辉映，相得益彰。另一方面，现代社会是多元社会，多元社会必然是一个异质性社会。社会主体利益、价值以及认知的多元化，是社会发展的趋势①。特别是随着新时期以来我国城市社区建设与治理的整体推进，其结构的日益复杂和功能的不断完善，迫切要求对社区主体进行重新审视，规范其在新时期的新定位、新角色、新功能。这亦是本章论述的重点所在。

第一节　社区党组织

社区党组织是党在社区全部工作和战斗力的基础，是社区各类组织和各项工作的领导核心②。《关于加强和完善城乡社区治理的意见》中，对加强和完善城乡社区治理作出了全面部署，明确了"要实现党领导下的政府治理和社会调节、居民自治良性互动，全面提升城乡社区治理法治化、科学化、精细化水平和组织化程度，促进城乡社区治理体系和治理能力现代化"。诚然，社区党组织和社区居委会是我国人民民主专政和城市基层政权建设的重要基础，是党和政府联系人民群众的桥梁和纽带。它们在城市社区建设、发展与治理中发挥着重

---

① 需注意的是，多元化本身并非必然导致恶性的对立和冲突。
② 中共中央办公厅、国务院办公厅《关于加强和改进城市社区居民委员会建设工作的意见》。

要指引作用。2019年5月，中共中央办公厅印发的《关于加强和改进城市基层党的建设工作的意见》中明确提出"城市工作在党和国家工作全局中举足轻重，是各级党委工作的重要阵地。城市基层党组织是党在城市全部工作和战斗力的基础"。著名社会学家费孝通也曾认为："中国的社区建设，一定要坚持党领导下的居民自治，协商民主、互助合作、百姓安居乐业是关键。"东西南北中，党是领导一切的。社区党组织作为社区组织的体系核心，是党的路线、方针、政策在基层的执行者，是党的工作最坚实的力量支撑，是社区公共事务与政治生活的主要领导者和广大社区群众根本利益的代表者，也是党建引领社会活力的重要制度载体。严格来说，社区党组织作为执政党的基层组织，它有别于一般的社区组织，更不能等同于社区自治组织，其独特功能主要表现在政治整合、宣传教育、社会动员以及基层维稳等方面①。

　　然而，随着21世纪以来我国新型城镇化的快速推进，城市社会结构、生产方式和组织形态等都发生了深刻变化，人民对美好生活的需要日益增长，迫切要求充分发挥党的组织优势，不断提升党的城市工作水平，持续提高党在城市基层社区治理中的核心领导作用。很大程度上，新时期要推进党关于城市社区治理创新的重大改革决策部署，首要任务就是把加强基层党的建设、巩固党的执政基础作为贯穿社会治理和基层建设的主线，探索通过基层党的建设引领带动社区多元主体协同参与社区治理的新路径。具体来说，一是有效发挥社区党组织在城市社区治理中的领导核心。街道党工委和社区党组织是城市社区治理的领导核心，其在政治整合、宣传教育、社会动员、基层维稳等方面具有重要作用。二是充分发挥社区党组织基层治理中的"领头雁"作用。社区党组织作为基层治理的"领头雁"，是加强和创新基层社会治理所依靠的最基本、最直接、最关键的力量。三是加强社区社会组织的党建工作。社区社会组织，特别是枢纽型社区社会组织，作为现代城市社区治理的重要载体，其自身导向的正确与否，对一般社区组织或团体具有重要的导向与示范作用。2015年9月28日，中共中央办公厅专门印发了《关于加强社会组织党的建设工作的意见（试

---

① 中共中央办公厅、国务院办公厅《关于加强和改进城市社区居民委员会建设工作的意见》。

行）》，以充分发挥各类社会组织在社区治理以及参与冲突治理中的指引性作用。为此，特别是随着近年来"两新"组织（新经济组织和新社会组织）等社会组织的大量涌现与不断发展壮大，迫切需要各级党组织的高度重视，以逐步加强对其党建工作的引导。

第二节　社区居委会

社区居委会作为一种基层群众性自治组织，是党和政府联系群众的桥梁和纽带，是城市基层社会管理与公共服务的最基本载体，是中国特色社会主义民主制度的重要表现形式之一。2000年11月，中共中央办公厅和国务院办公厅转发了民政部《关于在全国推进城市社区建设的意见》，其中明确要求全国各地在原有城市居委会辖区基础之上进行规模整合，合理划分社区，同时将原有城市居委会全部更名为"社区居民委员会"（简称"社区居委会"），自此城市社区居委会便开始发挥作用。从根本上来说，社区居委会作为一种社区常设机构[①]，是一种极具中国特色社会主义性质的基层群众自治组织。按照1990年制定的《城市居民委员会组织法》的相关规定，我国城市社区居民委员会是居民自我管理、自我教育、自我服务的基层群众性自治组织[②]。其目的在于协助不设区的市、市辖区的人民政府或者它的派出机关开展工作。具体任务主要涉及六个方面：

（1）宣传宪法、法律、法规和国家的政策，维护居民的合法权益，教育居民履行依法应尽的义务，爱护公共财产，开展多种形式的社会主义精神文明建设活动；

（2）办理本居住地区居民的公共事务和公益事业；

（3）调解民间纠纷；

---

① 社区机构，通常是指社区管理的平台和载体，其是有效的社区管理得以实现的关键所在，其结构设置的合理与否直接影响到整个社区管理和社区生活工作的正常运行。实践中，我国城市社区居民委员会的设置要充分考虑公共服务资源配置和人口规模、管理幅度等因素，按照便于管理、便于服务、便于居民自治的原则确定管辖范围，一个社区原则上设置一个社区居民委员会。

② 2010年《中共中央办公厅、国务院办公厅关于加强和改进城市社区居民委员会建设工作的意见》中也是如此规定。

（4）协助维护社会治安；

（5）协助人民政府或者它的派出机关做好与居民利益有关的公共卫生、计划生育、优抚救济、青少年教育等各项工作；

（6）向人民政府或者它的派出机关反映居民的意见、要求和提出建议[①]。

21世纪以来，城市社区居民委员会在服务居民群众、搞好城市管理、密切党群干群关系、维护社会稳定等方面发挥了不可替代的重要作用，且将在新时期继续发挥这些重要功效。以首都北京朝阳区奥运村街道为例，目前大多数社区居委会通常由共建共治委员会、治安和调解委员会、公共卫生委员会、社会福利（老龄）委员会、文体教育委员会、物业管理委员会构成，其各委员会的主要工作内容如下：

（1）共建共治委员会负责组织开展社区协商治理活动；配合社区党建协调委员会为驻区单位创造良好的共治环境；组织居民对供水、供电、供气、电信等服务情况进行监督；依法协助开展普查工作等。

（2）治安和调解委员会负责畅通民意诉求渠道，预防和减少民间纠纷；开展群防群治和人防、国防教育活动；协助开展治安防范、应急处置、反邪教、扫黄打非、禁毒、防灾减灾、防汛、安全生产、养犬管理、防火防盗等工作；协助做好社区矫正、安置帮教和司法服务管理工作等。

（3）公共卫生委员会负责组织开展爱国卫生、绿化美化、节能减排、垃圾减量分类和环境保护等教育活动；协助做好基本公共卫生服务、环境卫生、综合整治、铲冰扫雪、防病防疫、健康教育、生育服务等工作。

（4）社会福利（老龄）委员会负责依法维护优抚对象、老年人、残疾人、未成年人、妇女等合法权益；协助做好社会救助、住房保障、劳动力就业等政策服务和开展救灾、救济、慈善募捐等公益性活动；配合做好少数民族、宗教界人士、华侨及侨眷的管理服务工作等。

（5）文体教育委员会负责开展科普、文化、教育、体育和移风易俗活动，组织邻里节活动，实施社区营造、公共空间再造等项目，培养公共精神；管理

---

① 《中华人民共和国城市居民委员会组织法》。

活动设施，办好市民学校；协助做好适龄儿童入学和青少年暑期参加公益活动等工作。

（6）物业管理委员会负责沟通协调业主委员会、业主大会、物业服务企业、城乡居民之间的关系；协商解决涉及物业服务的各种问题；组织老旧小区居民通过民主协商方式解决相关物业服务事项；协助街道做好物业管理有关工作等。由上可知，各委员会各司其职，协同推进社区共建共治工作。

此外，还需注意的是，随着新时期我国城镇化进程的迅猛推进，城市社区建设、发展与治理愈发走向纵深，也愈发呈现出诸多新特征、新情况、新问题等。目前，在全国层面社区居委会广泛存在着"上面千条线，下面一根针"、工作"任务重，压力大"等的现象，如有些地方将当今社区居委会的工作形象概括为"九多三少"现象：检查多、考核多、台账多、牌子多、机构多、汇报多、会议多、调查多、任务多；工作经费少、人员少、服务群众少等。这直接造成社区居委会无暇开展其本职工作——社区自治。尽管近年我国一直在开展社区减负工作，但目前成效还不容乐观。对此，新时期社区居委会应摆脱基层政府的"脚儿"之角色，而更多的是开展社区服务功能，引导社区居民自治。例如，以现代社区矛盾、纠纷与冲突治理为例，作为基层政府在社区的形象代言人——社区居委会（现实中俗称"社区政府"），在社区矛盾纠纷治理中应扮演正当利益的"监护人"、利益矛盾的"调解人"、利益冲突的"仲裁人"，而不应使自己陷入具体利益冲突关系之中去[1]。社区居委会在城市基层治理特别是社区冲突治理中的重要功能就是发挥"裁判员"作用，而不是亲自上阵充当"运动员"。这需要不断提升社区居委会自身的综合素质，掌握正确的社区冲突解决方法与治理之道。

第三节　社区居民和业主

社区居民，泛指各类城市社区生活中的所有民众。从根本上来说，社区居

---

[1] 郑杭生，杨敏.中国社会转型与社区制度创新［M］.北京：北京师范大学出版社，2008：32.

民作为社区的"主人翁"，其既是社区治理的主体，又是社区治理的客体。实践中，应运用各种方法，充分动员全体社区居民通过一定的组织、一定的方式主动参与到社区治理当中，实现自我管理、自我服务、自我教育、自我监督。所谓"业主"，主要是指居住在商品房住宅小区内的社区居民。在《物权法》语境下，与传统城市居民社区不同，在新型的城市商品房住宅小区，业主是缘于购买房屋这一财产权而获得业主权利的。就大多数普通购房者而言，人们往往是通过平生积蓄、个人贷款等途径购置房屋，在成了所谓"房奴"的同时，也终于成了名副其实的业主，由此也就获得了宝贵的区别于一般公民权的业主权利①。

　　现实生活中，社区居民因性别、年龄、受教育程度、职业及个人偏好等的不同，其在社区互动、工作交往以及生活习惯等方面也存有差异。但是，社区中有一类人群应引起重视，即社区"意见领袖"。通常，社区"意见领袖"往往由以下几类人群构成：一是社区经济精英人士。针对经济精英人士，可以鼓励、吸纳他们到社区来"参政议政"；二是社区文化精英人士。针对文化精英人士，可以发挥其专长，鼓励、引导其出任社区文化民间组织的管理者、技术负责人等，如舞协的会长、书画协会的艺术顾问、摄影协会的指导老师等；三是社团组织的负责人。针对社团组织负责人，可以安排其出任社区网格组织的网格长、网格员、信息员等；四是社区社会热心人士。针对这些社区热心人士，可以安排其参加民调队、民巡组，这些地方就需要这些敢说敢干的人。实践中，随着近年来社区居民和业主权利意识的不断提升，有越来越多的"意见领袖"类的社区居民或业主在积极尝试与探索推行诸如居民民主自治类的实践，像院落自治、楼宇自治、业主自治等类似的自治制度均是如此。例如，天津市西青区HX园社区，即是这类社区自治探索的先行实验区。其主要做法如下：按照群众自治、公正公开、依法依规的原则，由业主民主推选产生楼道长，再由楼道长推选产生自管委；物业费以楼道为单位，由各业主每月轮流收取，实行"一月一公开"；小区的日常服务管理人员，如卫生保洁、保安等由自管委对外招聘；小

① 杨玉圣.小区善治研究［M］.北京：社会科学文献出版社，2014：34.

区的会计、出纳由自管委成员兼任，收支情况按季公开；自管委实行月例会制度，专题研究解决小区的大小事务等。某种程度上，这种由业主自发形成的自治模式与很多老旧社区居民组建的"院落自治"模式具有一定相似性，即都旨在使小区居民或业主从"幕后"走向了"前台"，由"旁观者"变为"参与者"，真正实现了小区的自我管理、自我服务、自我教育、自我监督的目标，这不仅为新时期的社区参与和社区自治注入了新鲜血液，而且也将有效激发基层社会治理创新的活力。

第四节　社区社会组织

党的十八大首次提出了"现代社会组织"的概念，要求"加快形成政社分开、权责明确、依法自治的现代社区组织体制"。社会组织是推进国家治理体系和治理能力现代化的重要参与者、实践者，在促进经济发展、繁荣社会事业、创新社会治理、提供公共服务等方面都发挥着越来越重要的作用。现代政治学认为，一个成熟的社会，是政府、企业和社会组织三种力量实现基本均衡的社会，其中社会组织是联络各个社会单元的重要纽带，是社会成员自我组织的基本方面，在政治、经济、社会、文化和生态建设中发挥着不可替代的重要作用，已成为党和政府推动社会变革、激发社会活力、加快社会进步的重要力量[1]。《未来的社区》一书中，德鲁克基金会认为，健康社会有三个主要部门：公共部门即有效的政府组织，私营部门即有效的商业组织，社会部门即有效的社区组织。社区部门及其组织的使命是改变我们的生活。而要做到这点就需要满足个人、社区和社会的精神、思想和生理需要。该部门及其组织还应营造一种有意义的高效负责的公民环境[2]。由此可知，社区组织作为社会组织的重要组成部分，不仅是基层社会治理的重要主体之一，而且是群众参与社区治理的重要载体与社区服务的重要平台。它具有民间性、志愿性、群众性等特征，在深化社

---

① 李劲夫.打好"社会组织牌"，筑牢"社区顶梁柱"[J].社区，2014（10上），18.
② [美]德鲁克基金会.未来的社区[M].北京：中国人民大学出版社，2006：187-188.

区治理和服务创新中发挥着重要骨干作用。

图1-4-1　社区社会组织示意图

关于社区社会组织，主要是指由社区居民、法人和其他组织自愿组成，并在社区范围内开展活动，满足社区居民多元化需求而成立的非营利性公益组织[①]。某种意义上，社区社会组织是社会组织与社区两大范畴的交集（见图1-4-1）。它既具有社会组织的特性，是由公众参与的非营利组织；又具有社区的特性，是在一定地域居民生活共同体范围内建立和发挥作用的组织。

新时期我国社区社会组织具有三方面的显著特征：一是组织功能细微多元。鉴于当前社区居民需求多种多样，而政府提供的基本公共服务只能覆盖居民的主要需求。社区社会组织扎根社区开展服务，可以弥补政府公共服务的不足。特别是由居民直接参与建立起来开展自我服务的组织，可覆盖居民多样性需求，包括诸多细微具体的需求。二是组织形态灵活多样。社区社会组织功能简单、服务半径小、涉及资源少、对自愿参与的成员组织约束力不强，产生外部负效应可能性较小，法律约束问题不突出。这些特点使社区社会组织当中存在大量组织化程度较低的组织，其组织关系、管理、服务等方面都较灵活，有的甚至以非正规组织的形式存在。三是居民深度参与。社区社会组织不同于社区居委会通常由选举产生的干部负责管理和运作，居民的参与主要表现在选举、监督和活动，而在管理和运作方面的直接参与并不充分。社区社会组织大多为居民直接参与建立起来的，不仅参加活动，还参与组织建设、管理和运作，可以激发居民的潜力，调动居民参与社区治理和服务的积极性[②]。

关于社区社会组织的类型，大致可以划分为以下三种。

一是根据组织类型进行分类。可以将其划分为社区社会团体、社区民办非企业单位和社区基金会三种类型。社区社会团体是目前社区社会组织的主体，它是由社区居民和企事业单位等自愿组成，为实现会员的共同意愿，在社区范围内按照其章程开展活动的非营利性社会组织，包括登记注册的和备案管理的。

① 严格意义上讲，社区党委、社区居委会、业主委员会、社区服务站、社区物业服务企业等都是一种社区社会组织。在我国特色社会主义体系下，其他主体的重要性明显不同于社区社会组织，故单独列出论述。
②《社区社会组织参与社区治理研究报告》（内部资料，2015）。

社区民办非企业单位是指企业事业单位、社会团体和其他社会力量以及公民个人利用非国有资产举办的、在社区范围内从事非营利性社会服务活动的社会组织，主要包括社区内的民办幼儿园、民办医院诊所、民办养老院以及慈善超市等。社区基金会是社区内居民利用社区内自然人、法人和其他组织捐赠的财产，根据法律规定依法登记成立，为解决社区问题、促进社区发展提供资金资助的公益性、慈善性法人①。社区基金会作为一种新生事物，目前虽在社区社会组织中所占比例不大，但其将在新时期我国基层社会新格局中具有重要作用，如社区基金会对社区公益事业的发展和社区社会组织的培育等有着独特的作用。

二是根据组织形态进行分类。组织化程度较高的，纳入民政部门民间组织登记范围；组织化程度较低的，则采取备案方式进行管理。从全国实际情况看，社区社会组织少量为法人登记单位，大量的是备案组织。其中主要是在街道进行备案，有的则在民政局或社区居委会进行备案。此外，还存在无登记备案的非正规组织，附在某个正规组织之下。目前按法人单位、民政局备案、街道备案、社区居委会备案、非正规组织五个层次进行分类管理，反映了社区社会组织形态的灵活多样。

三是根据组织功能进行分类。目前的统计通常包括社会事务类、慈善救助类、权益维护类、社会服务类、文化体育类。其中社会事务类的职能对应政府公共服务；慈善救助类属于社区公益服务，但外延小于后者；权益维护类主要是某类人群的组织，或围绕某项权益形成的组织，其目标不仅在于权益保护，也在于权益促进；社会服务类的职能主要是围绕居民生活需要开展服务；文化体育类组织通常为居民间的兴趣爱好组织。此外，还有学者划分出"促进参与类""教育培训类""生活服务类"等。可见，社区社会组织功能分类目前还存在较大分歧，但这并不影响其蓬勃发展，且随着新时期我国社区治理的不断完善，其种类或许还将更为丰富。

最后，社区（社会）组织作为现代社会治理的重要主体与公共服务供给的有效载体，特别是在新时期推进社区治理体系和治理能力现代化的进程中，亟

---

① 章敏敏，夏建中. 社区基金会的运作模式及在我国的发展研究——基于深圳市社区基金会的调研［J］. 中州学刊，2014（12）：65.

须加强社会组织切实承担起相应的社会责任，充分发挥其凝聚各方力量治理社会事务、调节社会利益、化解社会矛盾、提供社会服务、促进社会有序运行的社会协同作用。

第五节　社区社会工作者

通常来讲，社会工作是社会工作专业人才运用专业方法为有需要的人群提供包括困难救助、矛盾调处、人文关怀、心理疏导、行为矫治、关系调适、资源协调、社会功能修复和促进个人与环境适应等在内的专业服务，是现代社会服务体系的重要组成部分。现实中，尽管社会工作进入实务领域多年，但是社会各界乃至部分政府领导却不见得有正确的认知。如果没有正确的理念和认知，也就难以让我们的政策快速推动专业社会工作的发展和扩大社会服务领域的业态。

一般来说，"社区工作者"是指在社区党组织、社区居委会和社区服务站专职从事社区管理和服务并与街道（乡镇）签订服务协议的工作人员。而"社会工作者"是指在社会福利、社会救助、社会慈善、劳动保障、残障康复、优抚安置、医疗卫生、青少年服务、司法矫正等社会服务机构中，从事专门性社会服务工作的专业技术人员，通常简称"社工"。实际工作中，部分社区工作人员有双重身份，他们既是专业社会工作者，又是社区工作者，这样被混淆概念的可能性就更大些。二者间最显著区别在于，"社区工作者"是大量面上的公共服务在基层的实施者，是把公共服务传递给社区居民的末梢，而"专业社会工作者"则是对各种社会问题和各类处于困境的社会成员进行专业化"诊疗"，所提供的个性化服务能够有效地弥补政府面上公共服务的不足，因此可见，两者的职责大不相同。现实中具有双重身份的工作人员，尽管有让专业社会工作服务更接地气的优势，但也难免分身乏术，他们必须首先完成第一种角色的岗位职责，然后才能在有余力的时候从事专业社会服务工作，这也使得专业的社会工作服务的人力投资大大不足。

在此，需注意的是，当前社会各界对专业社会工作者至少普遍存在两种误解：一种是把专业社会工作者误解为义工或志愿者。持有这种观点的人必然不能接受专业社会工作服务需要支出大量人力成本，因而也不会赞成进行大量的资金投入。随着社会工作的长足发展，目前持这种观点的已经越来越少了。另一种观点常常是把专业社会工作者与社区居委会工作人员混淆，由于社区居委会人员已有收入来源，他们在完成事务性工作之外再去提供专业服务，看起来也很不错，因为也不必加大投入。这些观点都间接导致了专业社工人才待遇不高、招聘难、流失率高等问题。某种程度上，忽视社会工作的专业性，进而忽视人力资源成本的投入，已经成为影响公共政策走向和社会工作行业整体发展的关键因素。为此，要在坚持正确认知的基础上，加大政府购买专业社会工作服务的力度，防范"见物不见人"和"见项目不见人"的购买方式，充分考虑社会服务的人力资源成本，加强社会工作的岗位保障，打破社工人才"职业高尚、地位低微、角色重要、收入微薄"等的困局，只有这样才能突破现阶段我国社会工作发展的瓶颈[1]，以充分发挥专业社会工作者在新时期中国基层社会治理新格局中的专业引领作用。

第六节　社区业主委员会

业主委员会，一般是指由物业管理区域内业主代表组成，代表业主的利益，向社会各方反映业主意愿和要求，并监督物业服务企业管理运营的一种社区性自治组织。本质上，社区业主委员会，作为一种社区自治组织，是社区广大业主利益的集中代表与体现。根据《物业管理条例》和《业主大会规程》的规定，业主委员会是物业管理区域内业主大会的执行机构。1991年3月22日，深圳市罗湖区万科天景花园业主管理委员会的成立，标志着中国第一个业主委员会的诞生。

整体来看，当前我国在城市社区业主委员会成立进展方面，步伐还相对缓慢，仍面临着诸多障碍。根据相关资料显示，北京、深圳、天津及山东济南等

---

[1] 吴玉霞.坚持社会工作的专业性［J］.天一公益巢，2016（1）：1.

城市业主委员会的成立比例均在23%～28%之间①。据此推算，我国城市社区业主委员会的组建率大体维持在25%左右。上海市社区业主委员会成立比率最高，相关统计显示达80%以上，甚至还有口径指出上海高达90%的合乎条件的社区都建立了业主委员会。但学界普遍认为业主委员会行政化色彩浓厚且独立性不够，是社会转型期业主委员会成立难的重要原因之一。同时，需注意的是，虽然使的社区虽然成立了业主委员会，但是其却远没有达到理论预期的效果。例如，2009年11月份时南京市白下区共有69个居民小区成立了业主委员会，但至今全都不存在了②。此外，实践中还存在着不少"异化"了的业主委员会，如谋利型业主委员会、傀儡型业主委员会等都是如此。这些类型的业主委员会组织并不属于真正为社区居民谋利益的业主委员会，谋利型业主委员会常常与物业公司等利益团体相勾结而侵犯业主权益，而傀儡型业主委员会往往沦为街道、房管部门甚至社区工作站等的傀儡。总之，以上数据及观点都表明，实践中的业主委员会远非理想意义上的业主委员会，还广泛存在着"成立难""运行难"以及成立后"被异化""被绑架""被空设"或者根本不能发挥作用等诸多问题。

另一方面，实践中，业主委员会还应处理好其与物业服务企业的关系。深圳天景花园业主委员会第二届会长林建平1995年时曾提出："业主委员会和物业管理公司就是一对恋人，要相互沟通，求同存异，才能把小区建设好。"某种程度上，在现代商品房小区中，业主委员会是最有可能对社区居委会构成挑战的力量，加之其与业主、物业公司、开发商之间关系的敏感和利益纠葛，业主委员会又是影响小区秩序的最重要因素③。其实，21世纪以来，随着我国城市

---

① 据2011年8月北京市住房和城乡建设委员会公开数据显示，在北京住宅物业管理的3600多个项目中，只有840个成立了业主委员会，成立比例约为23.3%；2012年山东省济南市物业管理小区共计800多个，成立业主委员会并在房管部门备案的仅约200个，这一比例约为20%；2012年深圳市6000多个住宅小区中，仅有25%-30%的小区召开了业主大会并选举产生业主委员会；根据对天津市的相关调研访谈资料分析发现这一比例也不足四分之一。具体参见：北京市住房和城乡建设委员会，详见网站：http://www.bjjs.gov.cn/publish/portal0/.万静.物业管理条例施行五年多 业委会成立率仍偏低［N］.法制日报，2011-11-28；"业委会"受阻难产——800物业小区仅1/4有业委会.详见网站：http://quan.sohu.com/pinglun/cyqemw6s1/362783540；聚焦鹏程：深圳6000多个住宅小区——不到三成选了业委会.详见网站：http://news.focus.cn/sz/2013-05-21/3321423.html.

② 业主委员会活着很难［N］.江南时报，2010-4-8（3）.

③ 张宝锋.现代城市社区治理结构研究［M］.北京：中国社会出版社，2006：178.

化进程的不断推进，作为城市社区治理现代化重要组成部分之一的社区物业管理及其模式的选取对实现社区物业保值、增值，改善人们生活、工作环境，促进城市社区治理与基层社会管理，提升城市治理水平，维护城市形象，都起着十分重要的作用。然而，兴起于20世纪80年代的我国物业管理，尽管已经逐步走向了一条以企业为主导的一体化物业管理模式之路，但随着新时期以来市场经济的逐步深化与城市化进程的快速推进，尤其是住房产权制度的不断完善与公民意识的日渐觉醒，过去传统单一的物业管理模式已经无法适应快速发展中城市社会发展的需求，围绕物业而产生的社区纠纷、矛盾与冲突问题日益凸显，维权斗争等群体性暴力事件有增无减、频发不止，并趋于愈演愈烈之态势。这些问题不仅影响到城市社区居民群众的日常生活与社会秩序，而且甚至还要把30多年来积累的物业管理实践根基推向整体塌陷的边缘[1]。例如，根据2002年《中国社会调查》对北京、上海、广州三大城市的一项专门调查结果显示，居民或业主表示对社区物业管理"不满"的比例约占到90%[2]。时至今日，广大居民或业主对社区物业服务的满意度状况仍未得到较大改观，这也是新时期业主委员会应在社区治理创新中着力发挥其服务业主的重点领域所在。

第七节　社区物业服务企业

社区物业服务企业，生活中也俗称社区物业管理企业或社区物业公司[3]，是指依法设立、具有独立法人资格，从事物业管理服务活动的企业。社区物业服务企业的主要功能是开展社区物业管理与服务工作。某种程度上，社区物业管理是当今我国城市社区服务和治理创新的一个重要领域。严格来讲，"物业"一词是由英语"Estate"或"Property"引译而来，意思是"财产""资产""拥

---

① 原珂. 城市化进程中社区物业管理模式探析：以天津市北辰区为例［C］. 常健等. 公共冲突管理评论2014. 天津：南开大学出版社，2015：284-285.

② 杨淑琴. 社区冲突：理论研究与案例分析［M］. 上海：上海三联书店，2014：93.

③ 物业管理企业或物业公司，之所以改为现名叫物业服务企业，从某种程度上来说，当初主要是为了配合《物权法》的精神，突出尊重个人物权的重要性，物业管理企业本质上一直是第三产业，属于服务行业范畴，其更改名称是为了把本质上的东西在表面形式上体现并深化。

有物""房地产"等，其含义相当广泛。物业管理中的"物业"主要是指已经建成投入使用的各类建筑物及其相关的设备、设施和场地。而社区物业管理中的"物业"主要是指居住物业。社区物业管理主要是指社区业主通过选聘物业服务企业，由业主和物业服务企业按照物业服务合同约定，对房屋及配套的设施设备和相关场地进行维修、养护、管理，维护物业管理区域内的环境卫生和相关秩序的活动。其中，业主是指物业所有人，也就是产权人。通常，社区物业管理属于第三产业，其基本特征有三：① 它主要是一种社会化服务。突出表现为：物业的所有权人要到社会上去选聘物业服务企业；物业服务企业要到社会上去寻找可以代管的物业。物业管理的社会化是市场经济和现代社会分工的结果，其前提是物业所有权、使用权与物业经营管理权相分离。② 它主要是一种经营型服务。物业管理机构大都是自主经营、自负盈亏的组织，它为业主提供的一般是有偿服务。③ 它是一种专业化管理服务。物业管理机构是专业服务机构，有专业的人员配备和专门的管理工具及设备，按照科学、规范的工作程序对社区物业实施专业化维修、养护、维护、管理①。

当前我国物业服务企业可以由房地产开发商、中介公司来办，也可以由企事业单位、社会组织或团体、街道以及现有房管所改制而办，甚至在一些社区还可以由小区居民自办，即所谓的"自主物业"。由此可以看出，社会转型期的我国城市社区物业服务企业五花八门、良莠不齐，物业服务市场还相对不规范。为此，实践中，应首先逐步规范社区物业服务企业，不论如何成立、何种属性的物业服务企业，其都应遵循《物业管理条例》，依法提供社区物业服务。其次，逐步完善现代物业管理制度。现代物业管理制度，是规范物业发展的根本保障。实践证明，物业服务企业不可能也不能长期依赖政府补贴"过日子"，必须走"市场化收费、企业化管理"的现代物业管理道路，由业主住户来承担管理费用。再次，持续探索并优化物业管理与社区治理的协同推进。在这方面，天津市创新社区物业管理工作方法，建立将"物业管理纳入社区治理"的工作

---

① 《2015年中国社区治理创新研究报告》（内部资料）。

机制——天津市"3355"社区物业管理机制①，全面加强物业管理规范。为此，天津市政府办公厅于2013年专门下发了《天津市社区物业管理办法》的通知，其中明确规定要实现社区物业管理全覆盖，特别强调"将社区物业管理纳入社区治理"。具体来说，明确社区居委会对社区物业管理活动的指导、监督与协助关系，鼓励业主委员会成员竞选居委会成员，实行交叉任职，社区居委会定期组织召开物业管理联席会议（社区居民委员会主任、社区民警、业主代表或居民代表、物业管理负责人、社区社会组织负责人等参加），调解社区物业管理矛盾、纠纷或冲突，参与考核社区物业服务企业、旧楼区管理服务单位等实施服务的情况，并向上级部门反映社区居民的意见和建议。由此，天津市建立起社区物业管理的长效机制，并在实践中不断探索适合不同城区的社区物业管理多元模式，如案例1-4即是在天津市北辰区的探索。目前，北京、上海等地皆已经社区物业管理纳入社区治理的范畴。

【案例1-4】天津市北辰区城市化进程中的社区物业管理多元模式

　　天津市地处渤海之滨，是中国北方第二大城市，现辖13个市辖区和3个市辖县，其中市辖区分为中心城区、环城区和远郊区，总计共111个街道，1573个社区，134个乡镇，3782个村。2013年末全市常住人口1472.21万人，其中，户籍人口1003.97万人，外来人口440.91人，户籍人口中非农业人口632.23万人，占户籍人口的62.97%。据不完全统计，目前天津已有超过一半的社区在不同程度上推行社区物业管理。而北辰区地处天津西北角，属天津环城四区之一，现辖5个街道和9个镇，是典型的城乡接合部。近年来北辰区在城市化建设方面取得了巨大成就，在某种程度上，其城市化进程具有典型的代表意义。在此，以天津市北辰区社区物业管理的不同现状，试图概括出天津市城市化进程中的现行社

---

① 天津市统一推行的"3355"社区物业管理机制：实行居委会在社区物业管理中"3个提前"（在业主入住前提前介入、在业主委员会成立前提前介入、在物业公司选聘前提前介入），履行"3个公开"（居务公开、物业公司服务账务公开、业主委员会工作公开），做到"5个上账"（物业企业保证金上账、补贴资金要上账、物业企业经营行为上账、开发建设单位维修保证金上账、干部党员的表现上账），落实"5个到位"（社区管理队伍到位、办公服务建设实施到位、政策落实到位、管理制度实施到位、执法服务到位），组织居民参与、支持物业管理，合理解决社区环境脏乱差、私搭乱盖、乱挖乱建、车辆乱停放等问题，达到"清洁社区"、"美丽社区"之要求。资料来源：对天津市民政局L主任的访谈，2016年1月24日。

区物业管理的三种基本模式①。

一是自组物业服务企业管理模式：以回迁社区为主

自组物业服务企业管理模式主要是指由所在镇村自行组建物业服务企业，对其辖区内的新近城市化地区符合条件的社区进行专业化、"围合"式的有偿物业管理。这一管理模式的最大优势是，可以实现物业管理与社区管理相结合、社区建设与物业发展相互依存、相互促进，这样不仅可以从实践层面促进社区物业管理的创新，而且还可以从理论层面丰富社区治理的蕴含。

在天津，这一模式是新近城镇化地区社区可以选择的最佳物业管理模式，如回迁社区等。所谓回迁社区，主要是指城中村和示范小城镇还迁社区，其社区物业管理一般都是由镇村组建物业公司来实施管理。特别是对"村改居"之前村集体经济较为雄厚且居住人员以原村民"一村为主"的社区较为适用，如天津北辰区双街镇双街村，其物业管理模式就是由村委会牵头成立物业公司，根据村经济发展实际，社区物业费采取"先缴后补"方式，保障物业公司正常运营，并取得了良好的效果。

从本质上来说，这一模式是一种非营利性的物业管理模式。但是，从长期来看，这一模式在运行中可能会存在以下两方面的问题：一是其对所在镇村的经济压力比较大；二是此类物业公司人员往往由原居住地居民组成，专业人员比较缺乏，物业提供一般都是基础性、较为简单的服务内容，尚未完全摆脱粗放式初级管理模式的影响。

二是专业物业服务企业管理模式：以商品房和保障性住房社区为主

专业物业服务企业管理模式，一般是指由社区居委会或业主委员会聘请专业的物业服务企业，按照合同约定对本社区实施专业化的物业管理。专业物业服务企业进行社区物业管理，往往具有能够从根本上实现改善社区治安、保洁、绿化等工作状况的资质，实现社区物业的保值、增值等。

目前，天津采用这一管理模式的小区主要以商品房和保障性住房社区②为

---

① 原珂. 城市化进程中社区物业管理模式探析：以天津市北辰区为例［C］. 常健等. 公共冲突管理评论2014［M］. 天津：南开大学出版社，2015：287-292.

② 此处的商品房社区指除了一般意义上的商品房小区外，也包括售后公房小区、限价商品房小区、传统私房小区、直管公房或单位公房社区以及部分"村改居"后的回迁房社区等；此处的保障性住房社区主要包括经济适用房、公租房、廉租房小区。

主,如天津大部分商品房和保障性住房都是聘请专业性的物业公司或原开发商所下属的专业物业公司（如中海物业、万科物业等）来提供物业服务。

在本质上,这一管理模式是一种营利性的物业管理模式。不论其在市场效率、管理机制方面,还是人员素质、服务提供方面,都具有其他物业管理模式难以比拟的优势,但是,其在现实运营中,也存在着以下问题:一是常常缺乏社区居委会的大力支持与配合;二是前期整治启动资金往往由企业自筹,经济压力较大;三是运营中"收费贵""收费难"所导致的企业效益不良等问题,而这些问题在经济基础相对较弱的保障性住房社区更为突出。

三是多元物业服务企业管理模式:以旧楼区改造提升区为主

多元物业服务企业管理模式,主要是指以社会化管理服务单位为主、产权单位自行管理和居委会牵头自治管理为补充的管理模式。其具体可以划分为以社会化管理服务单位为主的准物业管理模式、以产权单位自行管理的专业物业管理模式和以居委会牵头进行自治管理的自主物业管理模式三种类型。在本质上,多元物业服务企业管理模式是一种兼具营利性与非营利性的混合物业管理模式。

（1）准物业管理模式:社会化管理服务单位进行管理

所谓"准物业管理模式",是相对专业物业管理模式而言,其物业管理服务水平一般还达不到专业物业管理服务所要求的标准或只能提供其中一部分物业管理服务,其通常是由社会化的管理服务单位进行管理。当前天津市推行准物业管理模式的社区（其中部分成立了业主委员会,部分没有成立）的最大特色是根据实际需要"菜单式"地购买物业服务。其通常是由具有公益性的物业服务企业进行日常管理与运营,公司人员大多是由所在社区"4050"下岗或失业人员组成。在现行中,这种管理模式主要负责所在社区的安全、清洁、治安等基础性的工作,并且收费标准相对较低。

目前,天津市旧楼区改造提升社区中的绝大多数社区都采用准物业管理模式。其中比较具有代表性的是北辰区集贤里街道的大部分社区,并收到了良好成效。根据对相关负责任人的访谈得知,准物业管理模式之所以能收到良好的效果,得益于有效的工作方法和"一条线、两把尺、三巡查"的良好运行机制。

其具体做法是在街道层面成立统一服务队，专门负责所有小区的日常保洁和治安维护，居委会对其进行监督与指导。同时，街道派出2个专门巡查员，其主要作用是围绕所在社区进行巡视，以发现问题，而非解决问题（若一个月内发现不了任何问题，其自身就可能存在问题）。其运行机制中的"一条线"指街道书记或主任一把手统领，"两把尺"指管理制度与奖惩制度，三个巡查包括：一是日常巡查员（每天派2个"4050"的人员，分责任区、各司其职，一天两次对社区进行全方位的巡逻，发现问题）；二是每周街道分管科进行相关巡查，并且每月通报一次结果；三是每季度、每半年街道主管领导巡查一次，并进行考评，将其结果作为年终考核的一项指标。

准物业管理模式对于"村改居"之前集体经济较弱的村更为适用，这类社区通常是由原乡镇或村委会牵头推行菜单式的物业服务管理办法，具体做法为原乡镇或村委会与相关物业服务企业，按照实际需求，分别签订卫生保洁、垃圾清运、管道清污、绿化管护、治安巡逻、电梯养护等专项服务合同，费用由社区居民分担，以保证社区物业工作的正常运转。同时，这一管理模式也适用于"村改居"后居住人员较为混杂（如"多村混居"）的社区，其主要通过镇政府①牵头成立物业公司，聘请有事业心、有能力、有资质的项目经理负责日常的经营与管理，菜单式地提供所需物业服务项目，以逐步走向专业化、市场化的物业管理服务。但是，这一模式可能存在的最大问题是，如果原乡镇或村委会没有根据实际情况采用此模式的话，社区居民由于其"小、松、散"的特点很难采取这一模式。

（2）专业物业管理模式：产权单位自行管理

产权单位自行管理的专业物业管理模式，主要是指根据社区居民房屋产权的属性，由其产权单位进行统一管理。房屋产权属于集体所有的，就由其所属房产局进行管理；房屋产权属于社区居民所有的，就由其成立的业主委员会或所在社区居委会聘请专业物业服务企业进行管理。这一管理模式在管理方法上与以商品房和保障性住房为主的专业物业服务企业管理模式较为相似。

---

① 当时天津市的"村改居"社区状况为部分"村改居"社区成立了社区居委会，部分还没有成立；部分"村改居"之前的镇政府更名为街道办事处，部分还没有更名。

由于受计划经济体制下"单位制"的深厚影响，目前天津市还有相当一部分社区的房屋产权是由其产权单位统一进行管理的，因此其物业管理服务方式也是由所属产权单位进行统一提供。如天津采用这一管理模式比较具有代表性的社区为北辰区天穆镇的欢颜里社区。欢颜里社区的大部分房屋产权属于集体所有，其所在社区居委会主要是通过引进其产权单位所属的专业物业服务企业，对本社区进行专业化的物业管理服务。同时，该居委会凭其自身优势，将社区物业管理服务纳入社区管理工作之中，以充分发挥物业服务企业在社区治理中的作用，并取得了显著成效。但是，这一模式可能存在的问题基本上也与专业物业服务企业管理模式存在的问题相似。

（3）自主物业管理模式：居委会牵头自治管理

居委会牵头进行自治管理的自主物业管理模式，是指由社区居委会牵头负责进行本社区的物业管理，而不必成立或聘请专业的物业服务企业。这种模式下的物业管理是由其所在的社区居委会组织实施的。其最大的特色就是社区居委会"一方独大"，实行自治。

尽管从理论上来说，社区自治是社区发展的最终归宿，但是现实中由于多方面的原因，能够完全进行"自我教育、自我管理、自我服务、自我约束"的社区还是相对很少。例如天津市北辰区佳荣里街道的佳荣里社区，其虽未实行社区自治，但是其在社区物业管理方面，却是典型的自主物业管理模式。其具体做法是由佳荣里社区居委会牵头负责组建本社区的物业管理服务队伍，并进行本社区相关物业的日常管理与维护工作，最终实现对本社区物业服务的自治管理。此外，佳荣里社区，作为天津市自主物业管理模式的典型代表，不仅是天津市"2013年度首批市级美丽社区"和物业长效管理排头兵，而且在2014年又推出"五个一个样"社区治理标准，在社区物业管理与社区治理方面都取得了较好的成效，社区居民满意度较高。

但是，这一管理模式也有其局限性，一般适用于居委会具有较强统筹能力的社区。社区居委会主任往往是"社区精英"或"社区能人"，具有较好的社会资源和较强的个人领导力、号召力，并且愿意牵头组织、参与相关社区事项。同时，该模式还要求所居住的社区居民一般要具有良好的自身素质和较高的自治意识。当然，这一模式也存在着其自身不可避免的问题：一是如果社会居委会换届或当前的"社区精英"或"社区能人"不存在了，其是否具有可持续性；二是社区居民是否有较高的综合素质与自治意识；三是这一模式是否能经得住市场的冲击等问题。

由上可知，虽然不同的社区物业管理模式各有其优势和局限性，但是，对正处于社会转型期加速期、快速推进城镇化进程的中国来说，其都可以同时并存、取长补短，相互借鉴，以期逐步建立起具有中国特色的物业管理新体制、新模式。从某种程度上来说，上述天津市北辰区社区物业管理模式对我国其他城市正在探索中的城市社区物业管理模式具有以下几方面的借鉴价值与启示意义。

一是将物业管理与推进城市化发展结合起来，将社区物业管理融入社区治理，以专业化物业管理的推广普及，带动基层城市治理结构、管理模式的转变，丰富基层的公共服务渠道和内涵，提高城市化水平，深化城市化进程。

二是将市场机制引入社区物业管理。一方面可以解决政府在社区建设中经费投入不足的问题，实现企业化运作，市场化运营，实现城市社区尤其是"村改居"社区住宅管理的革命，规范城市社区物业管理。另一方面，还可以创新社会管理方式，拓宽公共服务领域，提升服务质量，以此提高社区管理与服务的档次，深化社区治理，推进城市治理现代化的进程。此外，在市场机制下，物业服务企业应转变理念，精心管理，用心服务，强化宣传，获得业主的认可与支持，乃是顺利推进物业管理的必要条件。同时，物业服务企业还应结合所在社区实际状况，精打细算，开源节流以现实社区物业服务的长效运作。

三是作为社区"三驾马车"的社区居委会、业主委员会和物业服务企业，三者应相互支持与配合。在我国现行体制下，社区物业管理的良好运行，离不开社区居委会或业主委员会的支持与配合。因此，一方面，需要进一步厘清社区居委会、业主委员会和物业服务企业之间的关系，明确各自职责，以形成合力；另一方面，社区居委会、业主委员会有责任对物业服务企业进行指导、协调和协助，如帮助提供或解决物业管理用房紧缺问题、积极配合物业收费、保洁等工作。

综述可知，对于社区物业管理模式而言，永远没有最理想的模式，只有最适合的模式。因此，不能说哪种物业管理模式就是社区物业管理的最好模式或固定模式，而要根据社区的实际发育水平，因地制宜，选择其最适合的物业管理模式与方法。（资料来源：原珂，《城市化进程中社区物业管理模式探析：以天津市北辰区为例》，载《公共冲突管理评论2014》，南开大学出版社，2015）

第八节　驻（社）区单位[①]与其他

聚集社会力量、促进社区建设是新时期改进中国城市社区治理方式、增强社会活力的重要课题。因此，推进社区治理，不能仅仅依靠政府，而应引导企业、社会组织、辖区单位、居民、志愿者等协同治理，形成多元参与、多元服务、多元治理的新型社区治理格局。在此，除了上文所述社区治理的主要主体之外，还需格外关注以下三类主体。

一是基层政府，在此主要探讨基层政府派出机构。

现实工作中，街道（政府）作为基层社会治理中最大的资源拥有者和分配者，其既是现代社区治理体系建设的护航者，又是基层社区治理创新的内在推力。这种意义上，街道体制机制改革是驱动整个系统运转的内驱力。具体来说，首先要为社区"减负"与"授权"。当前我国大多数社区工作的通病是"机构牌子多、工作任务多、考核评比多、盖章证明多、工作台账多"。而在现代社区治理中，很大程度上既有赖于为社区工作"减负"，更取决于向社区"授权"，为多元社区治理主体的互联互动释放空间与营造良好环境。奥斯本和盖布勒（David Osborne & Ted Gaebler）在其合著的《改革政府》中曾指出："社区拥有的政府：授权而不是服务——具备企业家精神的公共管理者把公共优先的所有权转移到社区中而非维持原有的做法。他们对公民、社团组织、社区组织进行授权，使他们能够自己解决自己的问题。[②]"其次，为社会组织"赋权"与"增能"。在现代社区治理中，社会组织既是公共服务的供给

---

① 本书中驻（社）区单位简称驻区单位。

② [美] 戴维·奥斯本，特德·盖布勒. 改革政府：企业家精神如何改革着公共部门 [M]. 周敦仁等译. 上海：上海译文出版社，2006：162.

者也是供给服务的组织载体，有效承接起政府公益类、服务类以及部分政务类职能的转移。故应加大对社会组织的赋权增能。在赋权方面，从制度上给予社会组织参与基层民主协商、公共服务供给、矛盾冲突化解等基层社会治理实践更多法治保障，为其深度参与提供规范遵循和制度支持，如进一步降低社会组织的准入门槛，深化社会组织服务管理制度改革等。在增能方面，在加大培育扶持的基础上，实施社会组织社区化与社区社会组织规范化双重推进，提升社会组织公信力和影响力，发挥社会组织在"接力"政府公共服务职能方面的重要作用和在实现社区成员再组织化方面的独特作用。例如，通过政府购买、公益创投等方式进行委托，使社会组织成长为社区服务的重要工作载体，以逐步构建起多元主体平等参与的社会治理格局。再次，为社会工作建立"制度条件"与"人才队伍"。社会工作的价值观与工作方法强调"既遵循政策规则又重视情理，既注重环境因素也不忽略个人原因，既从事治疗也重视预防和发展"[①]。这恰与中国社会治理"从制度性、技术性治理转向社会、文化、情感、心理层面的治理""从问题解决型的回应式治理转向预防预见型的治理"等特征相契合[②]。然而，当前社会工作参与社会治理的效果还很有限。一方面，为社会工作发展保驾护航的制度条件尚未建立是限制其发挥作用的主要原因，社会工作在社会治理关键部门中的基本角色和核心职能需要进一步明晰和确立。另一方面，社会工作人才队伍发展的相关制度尚未建立，尤其是人才培养和吸纳机制还不成熟，未来应加强相关社工人才队伍的体制机制建设[③]。实践中，为进一步规范和保障街道办事处明确职责、依法履职，以彻底解决多年来全国基层社会治理中广泛存在的"看得见的管不了"这一难题，2019年北京市根据新时期"社会治理重心的下沉"的精神要求和北京特大城市街居关系的变化，于同年11月出台了《北京市街道办事处条例》，并于2020年1月1日起正式实施。

① 王思斌. 社会工作参与社会治理创新研究 [J]. 社会建设，2014（1）：8-15.
② 文军，刘雨婷. 40年来中国社会治理研究回顾与实践展望 [J]. 济南大学学报（社会科学版），2019（3）：27-37.
③ 胡雯，原珂，宣朝庆. 社区治理与服务创新：社区培力助力"三社"联动 [J]. 理论探索，2019（4）：85.

二是社区服务站。

社区服务站，有些也称社区工作站等，它是政府在社区层面设立的公共服务平台，在街道办事处的领导和政府职能部门的业务指导下开展工作，同时接受社区党组织的领导和社区居委会的监督。从根本上来说，社区服务站是一种非营利性的公共服务机构，在实践中坚持"依法、公开、高效、便民"的工作原则，以为社区居民提供更为优质的服务。以北京市朝阳区奥运村街道所辖社区为例，目前社区服务站的工作职责主要如下：一是代表政府代办在社区的公共服务，主要是协助政府职能部门办理本社区内各种公共服务事项，把政府公共服务延伸到社区，实现政府职能重心下移；二是组织开展社区公益服务，主要是协助社区居委会办理本社区居民的公共事务和公益事业；三是组织开展社区便民服务，主要是充分利用社区资源，动用社会力量开展服务，方便居民生活；四是培育和壮大社区公益性服务组织，支持和引导社区社会组织积极发挥作用；五是及时了解反映社情民意，通过各种渠道，及时了解和反映社区居民意见和建议，并努力解决存在的问题；积极支持和配合社区居委会依法开展社区居民自治、开展人民调解，提供法律服务，维护社区和谐稳定；六是定期向街道办事处和社区党组织汇报工作，向社区居委会通报工作，接受社区居委会和居民群众的监督和评议等。

三是驻区（社区）单位。

从广泛意义上讲，驻区单位既包括驻社区政府机构、企事业单位、军事管理机构等，也涉及社区个体商户、社区草根组织等其他个体或组织。通常，我们所说的驻区单位主要是指前者。他们作为社区治理的重要主体之一，一方面要积极搞好内部治理，另一方面要充分发挥自身优势，主动参与社区治理。例如，积极推动驻区单位将文化、教育、体育等活动设施向社区居民开放；推动驻区单位将服务性、公益性、社会性事业逐步向社区开放，为社区居民委员会提供人力、物力、财力支持；探索建立驻区单位社区建设责任评价体系，推动共驻共建、资源共享等。再如，在学习型社区建设与居民终身教育发展中，驻区单位的参与具有重要作用。现实生活中，社区中的公共文化机构如图书馆、科技馆以及学校、医院、政府等部门均有推行社区教育的潜力，均可以成为社区教育的办学主体。社区教育要实现可持续发展，必须充分发挥各个主体的力量，整合每个办学主体的办学资源，实现不同主体在社区教育中的优势互补。特别是推动社区内及其周边的美术馆、图书馆、文化馆（站、中心）、科技馆、博物馆、纪念馆、公共体育设施、爱国主义示范基地、科普教育基地等向民众免费开放。

第五章 城市社区治理模式

治理模式，通常是指在一个时期内根据一定的国家与社会关系而形成的一种相对较为稳定的发展方式，它包括治理的主体和治理的方式两个重要方面。在传统社会管理形态下，由于国家对社会进行全面控制[①]，其管理主体主要是国家，呈单一性、排他性、不可选择性的状态，其管理方式呈自上而下的单向性。在现代社会形态下，国家和社会处于合作状态，社会治理主体多元，可以是国家、政府，也可以是社会组织、私营企业、民众等，国家和社会良性互动，形成合作共治的局面，其治理模式具有多元性、双向性的特征。现代社会是多元社会，多元社会视域下的社区治理模式亦呈现出多样化样态，如李强等在其研究中提出了当前我国城市社区治理的四种创新模式：政府主导、市场主导、社会自治和专家参与型社区治理模式[②]。但整体来看，根据社区治理的主要动力来源不同，当前我国城市社区治理的基本模式大致可以划分为三种：行政主导（授权）型、社区自治型和混合型，这在实践中涌现出上海模式、铜陵模式和江汉模式等代表性案例。

---

① 薛澜等认为1978年改革开放前的中国社会是一种"总体性社会"，国家对资源实行全面地配置，对政治、经济和社会进行全面干预，同时也有持相同观点的学者更进一步指出，1949~1978年政府全面控制社会生活的阶段被称为"总体性社会"（计划经济体制）下，整个社会生活基本上都是依靠国家机器来驱动，致使我国社会结构整体上呈现出以国家政权为核心，形成国家主导下的市场与社会三位一体的"总体性社会"，国家动员能力极强，而市场和社会力量极弱；自改革开放后，市场力量不断发展壮大，但社会力量还相对较弱，发育不足。然而，这时我国市民社会已处于萌芽阶段并开始缓慢发育；自2013年底召开的党的十八届三中全会上提出了"创新社会治理"后，社会建设受到重视，各种民间团体、行业协会、社会组织等社会力量得到迅速发展，市民社会迅速发育并茁壮发展。具体参见：葛天任，薛澜.社会风险与基层社区治理：问题、理念与对策，社会治理［J］.2015（04）：39；刘亚秋."总体性"与社会学的历史视野［J］.社会，2013（2）：233；刘金伟."总体性社会"结构背景下中国社会建设的特点浅析［J］.理论家，2013（9）：11；黄粹.总体性社会中社团组织发展特征浅析［J］.辽宁行政学院学报，2011（8）：5.

② 市场主导型社区治理模式如深圳的桃源居社区和武汉的百步亭社区，专家参与型社区治理模式典型代表为北京海淀区清河社区开展的社区营造。葛天任，李强.我国城市社区治理创新的四种模式［J］.西北师大学报（社会科学版），2016（6）：5.

第一节　行政主导型社区治理模式

党政军民学，东西南北中，党是领导一切的。鉴于中国特色的社会主义的政治制度和"单位制"在我国的长期存在及影响，现阶段我国大多数城市社区治理中仍有着较为浓厚的行政色彩，属于典型的行政主导型社区治理模式。

一、行政主导型社区治理模式

行政主导型治理模式，也称政府主导的社区治理模式，是一种政府主导、居民参与、自上而下推行的社区治理模式，主要以新加坡、韩国等一些新兴工业化国家为代表。这种模式下的政府占据社区治理的中心地位，对社区治理的法律法规、政策组织规范体系提供计划及方案，并予以财政支持，而社区层面的组织及居民则按照政府的计划与方案实施或参与活动。在这种模式中，政府对社区的干预较为直接、具体，使得政府行为与社区行为紧密结合，社区中还设有各种形式的派出机构，更使社区治理呈现出浓厚的行政色彩。

实践中，上海市很早就提出了以行政为主导的"两级政府、三级管理、四级网络"，"条块结合，以块为主"的城市社区管理模式，并在一些街道进行体制改革的试验和探索，取得了一定的经验。"两级政府"是指市政府和区政府，"三级管理"是指市政府、区政府和街道办事处对社区建设所实施的管理。政府实现了由注重微观、直接、行政手段、权力性管理，转变为宏观、间接、政策、引导性管理，强化街道办事处的社区管理功能，理顺政府、社会和社区三者之间的关系，使其各享其权，各负其责。这对加强城市现代化管理，提高居民生活质量，维护社会稳定等方面都起到了重要的作用。"四级网络"是指在全市各社区内推行网格化管理。上海强调政府在社区治理和建设中的主导作用，政府提供政策和财政的支持，同时社区管理的权力逐级下放，重心下移至街道层面，凸显街道在社区管理和公共服务中的整合调控作用，在街道形成"一个功能、三个中心"的格局。一个功能是指社会综合管理功能；三个中心包括社区事务受理服务中心、社区医疗服务中心和社区文化中心。三个中心旨在为居民提供

"进一扇门，办百家事"的一门式服务，有效整合社区各单位、各职能部门的资源。在社区居委会层面，实现"居站分设"的管理模式，成立社区工作站（或社区事务服务站、助政事务所等）等为非营利性的公益性组织，通过政府购买服务，逐步承接从政府、自治组织中剥离出来的社会职能，承办社区的各类服务项目，满足社区成员的多层次需求。这样，通过政府扶持，市场化的运作方式，逐渐引入社区工作站的竞争服务机制，逐步形成"一居一站、多居一站、一居多站"的全方位多层次社区管理模式，详见图1-5-1。

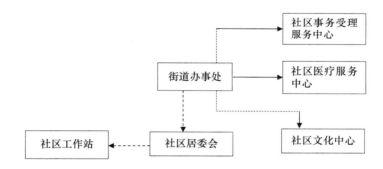

（实线箭头表示领导与被领导关系，虚线箭头表示指导与被指导关系）

图1-5-1　上海社区治理与服务模式

二、个案延伸：天津市社区治理模式

天津市的社区治理是在市委、市政府的领导下，依靠社区力量，利用社区资源，持续强化社区功能，合理解决社区问题，不断推进社区政治、经济、文化、环境协调与健康发展，不断提高人民群众的生活水平和生活质量。

目前，天津的社区建设是与其"两级政府、三级管理、四级网络"的城市管理体制和"条块结合，以块为主"的管理模式相联系的。其中，社区居委会作为管理层次的第四级，在三级管理之下，协助政府进行网格化的公共服务与社会管理。这样就形成了"市—区—街道—社区"四级管理层次，进一步强化了街道办事处和社区居委会在城市基层管理中的基础作用。因此，天津市的社区治理模式可以概括为"行政主导型"或"政府授权型"社区治理模式，其是一种政府主导、居民参与、自上而下推行的社区治理模式。具体来说，政府对社区工作的指导与管理主要涵盖以下几个方面：

（1）负责对住宅小区、社区综合服务中心和社区工作站及其他公共服务设施的规划；

（2）负责对社区精英和社区社会组织领导人等进行培训；

（3）负责为社区居委会提供场所和设施，为政府和社区的联系提供沟通的桥梁；

（4）负责发起、组织相关社区活动，倡导特定的社区价值观念；

（5）负责给予社区建设与发展财政方面的支持等。

这种模式下，政府对社区的管理涵盖社区生活的方方面面，政府职能部门的工作方法和责任心对社区治理具有重要的影响作用。

在社区党建方面，天津市委、市各区委组织部从建立健全组织体系入手，着力构建全区一盘棋、上下一条心，共谋街道社区科学发展的党建工作机制。一是健全组织领导机制。推行社区党建工作联席会议制度，由街道党工委牵头，组织社区党组织书记、驻社区单位党组织负责人以及各社会团体负责人共同研究推进社区党建工作，实现资源共享、共驻共建，形成了以街道党工委为核心，社区党组织为基础，驻街道各单位共同参与的社区党建工作格局。二是健全组织覆盖机制。大力实施"全覆盖"工程，采取"四建两管一派"等方式，加大党组织的组建力度，努力扩大覆盖面，减少空白点。三是健全责任落实机制。严格落实区、处级党员领导干部党建工作责任制。

在社区管理体制方面，天津市积极推行社区网格化服务。其主要以自然小区为单位，将300户左右的居民划分为一个网格。每个网格内配备一名网格服务长和七类网格服务者，即社会事务管理服务者、劳动保障协管服务者、民事纠纷调解服务者、环境保洁服务者、治安保卫服务者、设施管理服务者、执法巡查服务者。实行社区"两委"领导下，网格服务长、网格服务者的逐级分工负责制。同时，调动居民小组长、楼栋长、社区志愿者、物业人员、社区民警、驻地单位党员、包居执法队员等多方力量参与社区管理。同时，建立分类处理机制，保障一般性工作现场处理，协调性工作妥善处理、及时反馈，突发性事件立即上报、跟踪发展，审批性工作按程序受理。健全考核机制，对网格工作实行定期考核、通报和讲评制度。通过查看网格工作日志、实际工作效果和群众满意度等确定综合考评结果。考评结果直接与街镇考核、个人年终奖金等挂钩。

在社区社会组织建设方面，天津市注重社区业主委员会建设，进一步规范社区物业管理，并将物业管理纳入到社区管理工作机制中。在每个社区工作站增设1名物业管理专职人员，明确居委会对物业企业的指导、协调、监督关系，鼓励业委会成员竞选居委会成员，实行交叉任职，社区居委会定期组织召开物业管理联席会。此外，积极鼓励与支持其他社区社会组织的建设与发展。

在社区综合服务设施建设方面，天津市主要采取了菜市场建设进街道、便民商业进社区、便民服务进家庭、社区办公和服务设施建设相配套等一系列措施，以进一步提高社区综合服务设施。

在社区文化建设方面，天津市根据《全民科学素质行动计划纲要》的总体要求，通过开展多种形式的科普活动，弘扬科学精神、普及科学知识、传播科学思想和科学方法，形成人人讲科学、人人用科学的良好风尚。此外，还在全市区范围内组织开展了"文明村、文明社区、文明楼门、文明家庭、文明路、文明企业、文明窗口、文明商店、文明团队、文明机关"系列创建活动。

在社区工作者队伍建设方面，主要体现在以下三个方面。第一，公开招录保证队伍整体素质。区民政局、区人力资源和社会保障局针对社区工作需求公开招录全日制大专以上学历毕业生充实到社区工作中，并且坚持定向招聘一部分退伍士兵、专业士官，平衡社区工作人员男女比例失衡的问题。第二，定期开展培训。每年定期开展社区居委会书记、主任培训，新进社区居委会工作人员岗前培训和国家社会工作师、助理社会工作师考试考前培训，并多次组织社区工作人员到市内、区内先进社区学习交流。第三，保障人员待遇落实到位。人员经费严格依据《市民政局 市财政局 市人力社保局 市残疾人联合会关于调整规范2013年社区工作者待遇标准的通知》（津民发〔2014〕8号）文件落实，并按时支付社区工作人员职业资格津贴、绩效补贴、劳动报酬、社会保险等待遇。

总之，天津市这种行政主导型社区治理模式能够短时间内整合社会，在很长时期内对促进天津市的稳定与发展起到了基础性的保障作用①。其实，在中国，一个客观事实是，"在相当长时间里，国家政权主要是通过一个个依附于政府的单位和一个个单位之外并同样依附于政府的居民委员会对城市进行管理，并形成政府包揽和管理所有事务的行政化管理体制"②。这一模式主导下社区治理是一种规划性变迁，政府在未来社区治理的走向中必将发挥着主导性的作用。同时，这种模式所构造的社会和传统体制下的社会具有同构性，也就是说，社区的主要工作还是以完成政府下达的任务为目标，社会依然被政府所吸纳，这种体制下的政府很难超脱各种利益群体，专事履行公共管理的职能③。当然，这也恰恰是我国特色社会主义制度及其体制机制的优势所在，但是，从本质上讲，这一模式不是为了社区的可持续发展，而是为了政府更好地管控基层社会，理念是"收"不是"放"。对此，党的十九届四中全会报告中明确提出要"把我国制度优势更好转化为国家治理效能"，同理，这也要求我们在新时期要积极探索如何更好地将我国基层政治制度优势转化为社会治理效能，切实把党的领导精神落实到社会治理的各大领域、各个方面和各个环节。最后，值得注意的是，鉴于这种模式深受我国计划经济时期单位制的影响，社区居民参与度相对较低，行政性较强，易造成社区治理失灵，导致社区治理绩效降低、社区资源的浪费以及寻租活动的滋生与腐败蔓延。特别是在政府占据主导地位、其权力不受严格的监督和制约、政府和社会的权力边界没有制度性划分的当代中国，强社会的目标能否达到值得怀疑。

第二节　自治型社区治理模式

在中国，社区居民自治是随着社区建设的不断推进而兴起的。为推动这一

---

① 鉴于历史发展、文化传统及人口流动等多方面的因素，与沿海特大城市如上海、广州、深圳等相比较，天津市传统的社区组织行政色彩较为浓厚，再加之天津绝大多数社区中本地居民（户籍人口）相对较多，外来人口（非户籍人口）相对较少的特点，使得天津的社区工作整体相对较为传统，但这并不影响其社区发展的和谐与稳定，或许正是行政主导型社区治理模式的优势所在。

② 徐勇，陈伟东等. 中国城市社区自治 [M]. 武汉：武汉出版社，2002：8-10.

③ 徐勇. 论城市社区建设中的社区居民自治 [J]. 华中师范大学学报，2001（3）：5-13.

进程，民政部于1998年在全国选定26个国家级社区建设实验区，围绕社区自治组织的架构及其有效运作开展社区建设的实验和探索，一直到2001年社区建设才在全国范围展开，各地在结合本地实际的基础上进行了大量的改革和创新，涌现出了"沈阳模式""青岛模式"以及"铜陵模式""鲁谷模式"等各具特色、各有创新的社区自治典型，积累了较为丰富的探索经验。其中，将这一模式进行的较为彻底的是安徽的"铜陵模式"。

一、居民自治型社区治理模式

自治型社区治理模式（即社区自治模式），主要指社区主导与政府支持相结合、由下而上实施的社区治理模式，以欧美、澳大利亚等国家为代表。实践中，社区自治，作为实现社区治理的一种方式，是指社区居民通过一定的组织形式，依法享有和实现自主管理社区事务的权利，通过民主选举、民主决策、民主管理、民主监督，创建社区体制，优化社区资源、完善社区功能，不断提高社区居民物质和精神生活质量[①]。其核心是民主自治（主要包括人事自治、财产自治、财务自治、管理自治、教育自治、服务自治、协管自治等方面），本质是对本社区进行自我教育、自我管理、自我服务、自我约束的一种基层民主治理形式。某种程度上，社区自治是社区发展的根本动力，是实现社区和谐的内在根基，也是衡量社区治理水平的重要指标之一。因此，社区自治理应成为未来社区建设、发展与治理的最终归宿。

其实，自20世纪90年代末我国开展社区建设以来，社区自治探索的脚步就从未止步过。有学者依据社区自治动力来源的不同，对我国城市社区自治进行了更为细致地探究，提炼出不同的社区自治模式：自上而下的社区自治模式，如沈阳模式等；自下而上的社区自治模式，如北京鲁谷社区、青岛浮山后社区、南京白下社区进行的社区自治尝试以及大刀阔斧撤销街道办实行大社区制的铜陵模式等。后者不同于前者的最大区别在于，其自治的力度与范围更为广阔，但其也始终脱离不了政府的干预，在一定程度上仍然是一种有限的自治。近年来，随着市场化的逐步深入，特别是房屋产权私有化程度的不断深入与现代商

---

① 徐永祥.社区发展论（第二版）[M].上海：华东理工大学出版社，2001：233.

品房住宅小区的大规模兴起，社区物业管理服务得到快速发展。但与此同时，因物业管理服务而引发的各种社区矛盾、纠纷与冲突也随之增多，且呈现出一种愈演愈烈的发展态势，这不仅成为新时期基层社会（社区）治理的一大难题与焦点问题，而且还衍生出很多像业主委员会、业主大会等之类的社区自治组织，其参与社区治理和要求社区自治的意识愈发强烈。如陈幽泓以北京美丽园社区的物业冲突为视角研究了基于业主自治的社区治理模式[1]，崔丽娜以天津物业弃管小区[2]为例提出了"区分穷尽、物权自主、量化公开"的社区物业自主管理模式[3]等，都是近年来因物业冲突而对城市基层社区自治进行的有益探索与尝试。由此可知，当前我国城市社区自治的现况是，实践在发展，理论仍然处于探索阶段，社区自治理论研究明显滞后于社区治理实践的发展。

二、个案延伸：安徽铜陵模式

安徽省铜陵市是我国第一个全部撤销"街道"的地级市，其改革模式被总结为"铜陵模式"。其最大的特征就是撤销街道实行大社区制，进行社区自治。

铜陵市铜官山区作为铜陵市的主城区，是全市的政治、经济、文化和商业中心，区域总面积约36平方公里，人口约34万，约占全市总人口的一半、城市人口的80%，城市化率达到100%。2010年下半年初，铜官山区率全国之先，将其下属的6个街道办全部撤销，并将原来49个社区合并为18个新社区，试点撤销街道办事处、建立大社区，探索"区直管社区"，实行社区事务居民自治。一年后，铜陵市全面撤销街道办，成为我国第一个全部撤销街道办的地级市，

---

① 陈幽泓. 社区治理的多元视角：理论与实践［M］. 北京：北京大学出版社，2009：2.
② 所谓弃管小区，主要是指那些无法落实产权单位或产权单位无力履行维修责任或被物业公司弃管的居民住宅区。弃管原因一般有三：一是业主与物业公司存在较大分歧；二是业主委员会不能发挥有效作用，甚至根本没有业主委员会，更没有规范的业主管理；三是相关职能部门缺乏应有的重视，"重建设轻管理""重初期轻后期"。
③ 这一模式也称为"丽娜模式"，其源于天津，起初主要是对天津一些弃管小区的接管，后来随着接管小区数量的增多和规模的扩大，逐渐被一些学者总结为"丽娜模式"。在本质上，"丽娜模式"是一种"区分穷尽、物权自主、量化公开"的现代物业管理方式，主要是指在住宅小区业主内部根据物的客观性和使用特点两个基本特性，将物的管理责任在全体业主、业主组团和业主个人层面做出区分，采取"使用者付费"原则实现的"物权自主"的管理机制。物权区分后的小区物业管理立足于社会化、专业化服务，通过招标实现专项外包。"丽娜模式"减少了业主内部的大锅饭、立基于社会化专业服务、用足市场机制，更利于达到透明公开、高水平低成本的管理模式，也有力地促进了小区生活的自然和谐。另外，在这一模式中物业服务企业所提供的服务称为"管家式服务"，即物业公司接受全体业主的委托，按照业主们的意愿，并以该公司的名义对外聘请保洁、保安、管道疏通、绿化管理等专业服务企业或人员为小区提供物业服务，并协助业主自主管理委员会实施自主物业管理。它们只按月取得物业管理人固定报酬，剩余资金均由全体业主自己支配，这样可以做到收支透明，共同监督，协商管理，确保业主利益不受侵害。资料来源：根据2015～2016年在天津跟踪调研资料整理而得。

其改革模式被总结为"铜陵模式"。其新社区组织架构如图1-5-2所示。

图1-5-2　"铜陵模式"下的社区组织架构

注：该图来源于陈圣龙《"区直管社区"：我国城市社区管理体制的改革探索》，
载《中共浙江省委党校学报》，2011（6）：5-11.

"铜陵模式"下的社区组成可以概括为"一个中心，三个体系"。其中"一个中心"指的是以社区党工委为中心，全面负责社区治理的领导与组织工作；"三个体系"是指社区居委会、社区公共服务中心和社会组织，分别具体负责社区治理的其他工作。其运行方式如下。

社区党工委，作为社区整体工作开展的领导核心，其直接隶属于市区委，与社区公共服务中心合署办公。在社区党工委的内部人员组成中，一般设书记1名，副书记1名，成员5～9人，其成员原则上由社区居委会主任、辖区单位党组织负责人及公共服务中心成员等组成，撤销原社区党委（党总支），原社区党委（党总支）所辖党支部保留，直接隶属社区党工委管理。社区党工委主要承担社区范围内统筹领导、协调各方的职责，对辖区内群众性、社会性及地区性的工作总揽全局并负全责。

社区居委会，一个社区中设立一个，充分发挥其自治功能，但新社区委员会的成员要进行重新民主选举或推荐。其在社区党工委的领导下，积极组织居民开展自我管理、自我教育和自我服务，实行居民自治。另外，成立社区居民代表大会和社区议事委员会，完善社区自治组织架构。

社区公共服务中心，作为社区公共服务的窗口，推行"一站式"服务。社区公共服务中心按照精干高效的原则，统一内设经济服务、民政事务、社会保障、人口计生、文明创建、综合维稳信访、综合事务七个服务窗口，对进驻社区的所有事务实行"一厅式"审批与"一站式"集中办理，最大限度压缩办事时限，简化办事流程，提高服务效率。社区公共服务中心一般设主任1名，副主任2名，推行主任负责制，且主任一般由社区党工委副书记或居委会副主任兼任。中心内设相关职能岗位，各职能岗位和社区居委会各专门委员会实行两块牌子一套人马，同时对一岗多人的岗位明确其牵头负责人。

　　社会组织，作为社区自治的组成要件，应充分发挥其在社区中广泛动员，互帮互助，灵活机动的志愿服务作用，壮大社区社会组织的队伍，推动社区服务的广泛化和丰富性。面对扩大的社区规模、社区公共管理和公共服务的有效提供仅仅依靠社区居委会是很难实现的。因此，新社区则应积极引入市场和社会力量进入社区，加大辖区内业主委员会、物业管理机构以及群众性的协会团体等组建力度，鼓励家政、医疗卫生服务站、养老托老等专业服务组织在社区内开展专业化的社区服务，支持其参与社区治理，满足居民不同层次的服务需求，推动社区服务社会化。

　　其实，需注意的是，除了上述这种在社区体制机制上突破的社区自治模式外，当前我国还存在着完全以居委或业主为主导的院落自治、业主自治等自治型社区治理模式以及为数不多的企业主导型的社区治理模式和专家参与型的社区治理模式。严格意义上，后两种类型的社区治理模式也均属于自治型社区治理的创新模式。企业主导型的社区治理模式主要是指依靠市场主体如房地产企业、物业公司等提供社区公共服务，推动社区发展，如武汉的百步亭社区、深圳的桃源居社区以及北京的怡海家园社区等。专家参与型的社区治理模式主要指专家学者通过提供咨询或直接介入的方式参与社区公共事务，为社区治理创新提供必要的智力支持和社会资源[1]，比较具有代表性的是当前北京海淀区开展的"清河实验"试点社区[2]。

第三节　混合型社区治理模式

　　混合型社区治理模式介于社区自治型模式和行政主导型模式之间，在这种

---

① 李红娟，胡杰成.中国社区分类治理问题研究［J］.宏观经济研究，2019（11）：145.
② 清华大学社会学院充分利用自身学科及其相关教育资源优势，在北京市海淀区清河社区开展社区营造，积极引导、培育社区居民探索社区自治之道，走出了一条"使自己的教育力量辐射到未来社区发展"的专家参与型社区自治的新路子，目前这一社区营造实验被称为颇具中国特色的"清河实验"。

治理模式中，政府对社区发展主要是指导性的，政府与居民在社区治理中均处在主导地位，运行模式是自上而下和自下而上两种方式的有机结合。

一、混合型社区治理模式

混合型治理模式，是一种合作型的社区治理模式，指政府与社区均处于主导地位、政府推动与社区自治相结合、自上而下与自下而上两种方式并轨的社区治理模式。这种模式处于行政模式向自治模式的过渡阶段，其特点是政府对社区治理加以规划和指导，并予以资金支持，但政府对社区的干预相对宽松，社区工作和社区建设仍以自治为主。此模式下的政府角色介于自治型与行政型之间，起着指导和支持作用，指导是指对社区工作和建设的规划与指导，支持是经费上的支持。这种模式在国外主要以日本、以色列等国家为代表。而这一模式在我国近年的特大城市社区治理中，也呈现出愈发显著的迹象，如武汉的"江汉模式"、深圳的"盐田模式"等。

这种模式下，政府的主要职能虽是规范、指引和经费支持，但仍通过较强的间接方式，使社区治理体现出行政色彩与社区自治交织在一起的特征。其突出特点是由政府人员与社团代表共同组成社区治理机构，在政府的规划、指导下对社区进行治理，并由政府提供较多的经费支持，但政府的干预相对比较宽松和间接，社区组织和管理以自治为主。如在以色列，社区中心协会是全国性的社区组织，实行董事会负责制。董事会成员一般由经过居民代表选举产生的政府代表、地方代表和其他机构代表等组成，国家对社区中心协会的指导、支持主要通过教育部和文化部进行，社区中心协会对全国各个地方的社区中心负有指导、协商、培训、监督的职责，社区中心则实行委员会负责制[①]。在日本，中央设立自治省分管社区工作，地方也设对应的机构，其中地域中心是隶属区政府地域中心部的行政管理机构（相当于我国的街道办事处），所需经费全额财政拨款，工作人员全都是公务员身份。主要职责范围包括：负责收集居民对地域管理的各种意见，对居民活动与民间公益团体活动予以支持和帮助；对地域的各项事务进行管理等。若单纯地从地域中心的管理来看，日本的社区管理体

---

① James Derleth, Danile R. Kolldyk. The Shequ Experiment: Grassroots Political Reform in Urban China, *Journal of Contemporary China*, 2004, 13(41): 763-767.

制似乎比我国的社区管理体制更具有行政性。然而，应看到的是，日本在地域中心下有很多居民自治组织和社区中介组织，如町内会、防灾、青少年教育、交通安全等协会①。

结合实际，实践中我国的社区自治形态不会是像西方那样实现一种高度的独立自治模式，但也绝对不会返回到以往的高度依赖模式之下，更多的是趋向于一种基于二者混合型的社区治理模式的建构。这种混合型社区治理"是一种集体选择过程，是政府、社区、企业、非营利组织、居民等之间的合作互动过程。这一过程是政府与社区组织、社区公民共同管理社区公共事务的活动过程"②。某种程度上，混合型的社区治理，既带有民主自治的性质，又具有东方文化注重行政性的特征。在此模式下，社区组织和公民较为积极地参与社区建设、发展与治理，社区组织会承担一定的社区管理职能，其作用不可忽视；公民的参与主要体现在参加各种志愿活动上。总之，混合型社区治理模式对当前我国社区治理工作由"行政主导型"走向"自治型"具有重要的过渡意义。

二、个案延伸：武汉"江汉模式"和深圳"盐田模式"

（一）江汉模式

武汉市江汉区的社区治理模式，是以社区为依托，通过构建基层微观自治组织体系，转变政府职能，提升社区自治功能，创新管理体制，再造运行机制，从而构建出新型的政府行政调控机制与社区自治机制相结合，政府管理功能与社区自治功能互补的城市基层社区管理体制。从根本上来说，这一模式是行政调控机制与社区自治机制结合、行政功能与自治功能互补、行政资源与社会资源整合、政府力量与社会力量互动的混合型社区治理模式。

实践中，一方面，江汉区通过政府职能转变以实现政府服务供给与社区自治目标的契合③。另一方面，江汉区将社区定位为"小于街道、大于居委会"，

---

① 张俊芳. 中国城市社区的组织与管理［M］. 南京：东南大学出版社，2004：44.
② ［美］戴维·奥斯本，特德·盖布勒. 改革政府：企业家精神如何改革着公共部门［M］. 周敦仁等译. 上海：上海译文出版社，2006：162.
③ 江汉模式的实践问题之一，就是如何既坚持社区民主自治理想，又确保政府基层管理通过社区干预得以实现。其实，较为务实的做法是，在社区自治的初始阶段，政府力量在一定程度上的介入是必要的，但这种介入不能变为"干预"和"操作"，而是应该尽快培育社区由"被组织"状态向"自组织"状态转化。形象点说，即政府在社区自治包括社区选举中，既不应该是"一只沉重的手"，也不应该是"一只看不见的手"，而应该是"一只轻轻推动的手"。

并成立了社区成员代表大会、社区居委会和社区协商议事会①三个社区自治组织机构，以实现社区协商与治理。主要做法如下：

（1）理顺社区居委会与街道、政府部门的关系，明确职责，保障社区居委会的自治性，包括：明确居委会与街道办事处是指导与协助、服务与监督的关系，而非上下级行政关系；重新界定街道各行政部门与社区组织的职责，街道负责行政管理，承担行政任务，而社区居委会负责社区自治，不再与街道签目标责任状，并有权拒绝不合理的行政摊派；建立社区评议考核街道各职能部门的制度，并以此作为奖惩的主要依据。

（2）政府职能部门面向社区，实现政府工作重心下移。区街政府部门要做到"五个到社区"，即工作人员配置到社区、工作任务落实到社区、服务承诺到社区、考评监督到社区、工作经费划拨到社区。

（3）权随责走，费随事转。主要表现为：区街政府部门需要社区居委会协助处理"与居民利益有关的"工作时，经有关部门批准，并征得社区组织同意后，区街政府部门必须同时为社区组织提供协助所需的权力和必要的经费；当区街政府部门做不好也做不了的社会服务性职能向社区转移时，必须同时转移权力和工作经费，做到"谁办事、谁用钱、谁负责、谁有权"，从而保证社区在协助工作时或在承接社会性服务职能时，做到"有职、有权、有钱"。

（4）责任到人、监督到人。为保证区街政府部门职能转换到位，不走过场，根治过去那种"遇见好事抢着做，遇见麻烦无人做，遇见责任踢皮球"的顽症，建立"责任到人、承诺到人和监督到人"的实施机制。

（二）盐田模式

2005年5月，深圳市盐田区利用17个社区居民委员会全部由选民直接提名产生的有利时机，实施"议行分设的社区管理体系"，这标志着深圳市盐田区实现社区行政职能的完全分离，成为一个真正的社区自治组织。鉴于该样本在广东乃至全国都是首次实践，故被称为深圳"盐田模式"②。

---

① 江汉区的社区议事协商会并非社区成员代表大会的常设机构。

② 有些研究将这一模式视为一种自上而下的社区自治模式。当然，其作为一种由行政主导型社区治理模式向社区自治型模式的过渡阶段，则更具有混合型社区治理模式的特征，本书主要从这一层面进行探讨。

　　盐田社区体制改革经历了"三次创新":第一次是在1999年,盐田区充分利用社区居委会换届选举的有利时机,将居委会从农村城市化之后的集体经济组织中剥离出来,独立运行,开始了居委会社区化、城市化的进程。

　　第二次是在2002年,根据"议行分设"理念,盐田区最先进行社区管理体制改革,社区居委会作为一个对社区公共事务进行议事、决策、监督的基层组织,由居民选举产生,下设社区工作站和社区服务站两个相对独立的组织,一起执行社区居委会的相关决议,将社区居委会的角色和责任进行了细化和规范,形成了"一会(合)两站"的社区治理模式,实践中,社区居委会与社区工作站是两块牌子一套人马,居委会仍然不能从行政事务中抽身。

　　第三次是在2005年,在"一会(合)两站"治理模式的基础上,盐田区将社区工作站分离出来,社区工作站的工作人员由基层政府聘用,人事关系隶属于街道办事处,主要承接政府交办的相关事务。把当前已经进入社区的各项工作分类归入社区组织、服务、卫生、环境、治安、文化和计生7项内容,从而将政府行政性事务从社区居委会中独立出来。

　　深圳盐田模式的主要特征凸显在以下方面:一是增强了基层政权的执政能力和行政本领,巩固了党在社区的执政基础;二是社区居委会的自治能力得到了扩展和升华;三是拓宽了公民参与政府决策和社区生活的渠道;四是行政成本和管理成本大大降低;五是改进了社区居民的服务机制,提升了社区居民对社区管理的满意度水平;六是改善了居民与政府的合作关系。然而,盐田模式建设的成功经验也表明,这种模式需要社区居委会本身具有一定的财力维持自治需求,否则,缺乏政府支撑的社区居委会将可能会步入资金有限、权力有限、人才贫乏等困境,社区自治工作很难开展[①]。这种模式的缺点可以通过政府补贴等措施来解决,从目前看,这种混合型的治理模式取得了很好的成效。

　　最后,需注意的是,随着当前我国城市社区治理创新步伐的不断加快,现实工作中更多的社区治理实践将愈发趋于自上而下的党建引领与自下而上的居民参与之科学对接的复合型社区治理模式,这不仅是兼具自上而下政治合法性

---

① 谭日辉.北京社区治理机制研究[M].北京:中国社会科学出版社,2018:19-21.

和自下而上社会合法性的社区治理模式的融合创新发展，而且更是中国特色社会主义理论在基层社会治理中的创新实践与应用。具体来说，这一复合治理模式具有以下三方面的突出特征①。

一是高度的人民性。在2019年初的中央政法工作会议上，习近平总书记指出："群众路线是我们党的生命线和根本工作路线，无论时代如何变化，群众路线这个党的传家宝不能丢。"党的十八大以来，社区党建与社区治理创新所开创的格局具有历史性，尤其在目标、策略、机制、话语等各个方面的创新均有重大突破。社区党建创新的目标是凝聚群众、服务群众，增加人民的获得感，未来，社区党建应当进一步减少形式性的考评，而增加对党建在实务中协助群众、方便群众的能力和责任的考核，在涉及教育、医疗、就业、科技、文化、体育、商业、维权等与人民群众的利益息息相关的基层事务中发挥更充分的作用乃是社区党建创新的题中应有之义。

二是高度的复合性。营造共建共治共享社会治理格局是创新社会治理的思想指引和行动指南，构建更加具有系统性、科学性和时代性的社区党建与社区治理复合体系是党建创新的必然趋势，"复合治理的本质是合作、协商与互动，其特点是元治理与协商治理有机融合，权责相统一"，高度的复合性要求党建与治理的联动运转机制能够满足政党、政府、社会、公民合作治理的需求；在效果追求上也必须具有统筹城乡间、区域间、行业间、不同主体间的利益诉求的能力，能够对不同价值进行排序，寻求均衡发展。

三是高度的灵活性。社区党建引领是在回应时代发展与社会需求中不断向前推进的，时代发展的快速性和社会需求的多样性要求社区党建创新引领具有高度的灵活性。在社区党建与社区治理的复合体系中，社区治理结构具有相对的稳固性，而党组织与党员的灵活性更高，通过嵌入、下沉、联动的方式，社区党建不仅实现了与社区治理的复合，而且能够随着时代发展和社会需求调整嵌入、下沉、联动的策略和机制，对社区治理的中心议题作出迅速回应，降低各种成本损耗，及时解决人民群众的需求。

---

① 李浩，原珂. 新时代社区党建创新：社区党建与社区治理复合体系［J］. 科学社会主义，2019（3）：82-83。

第六章   城市社区治理体系

城市社区治理体系和治理能力现代化是实现国家治理体系和治理能力现代化的基础。党的十九大报告提出，既要"加强和创新社会治理，打造共建共治共享的社会治理格局"，又要"加强社区治理体系建设，推动社会治理重心向基层下移"。党的十九届四中全会再次明确提出"必须加强和创新社会治理"，并要求"完善党委领导、政府负责、民主协商、社会协同、公众参与、法治保障、科技支撑的社会治理体系，建设人人有责、人人尽责、人人享有的社会治理共同体"。城市社区治理体系作为社会治理体系的重要组成部分，亦是一个综合性的基层社会系统工程，其既涉及社区管理体制、公共服务的供给与运行以及治理社区公共事务的制度框架、组织体系、规则机制和策略方法等要素，也涉及社区党建、社区服务、社区参与、社区文化、社区教育、社区环境、社区冲突治理、社区安全与社区自治等具体方面。鉴于前者在上一章节社区治理模式中已有较多涉及，故本章节重点探讨后者。

第一节   社区党建

党政军民学，东西南北中，党是领导一切的。党的基层组织是确保党的路线方针政策和决策部署贯彻落实的基础。诚然，"基层党建是党的建设新的伟大工程的基础工程，是全面从严治党的重要方面。"习近平总书记多次强调"必须扎实做好抓基层、打基础的工作，使每个基层党组织都成为坚强战斗堡垒。"2018年8月时任民政部部长黄树贤也曾在《求是》发文强调"要进一步强化政治引领。以习近平新时代中国特色社会主义思想为指引，切实加强党对城乡社区治理的领导，将党的领导贯穿于城乡社区治理全过程各领域，确保党的路线方针政策在城乡社区全面贯彻落实。""强化基层党组织政治功能和服务功能，加强基层党组织对城乡社区各类组织和各项工作的领导，为城乡社区治理工作提供坚强政治保证。"①为此，我们必须充分认识新时期社区基层党建工作的重大意义，强化社区党组织的整体功能，发挥战斗堡垒作用和党员先锋模范作用，以社区基层党建引领新时代的城乡社区治理。很大程度上，社区党建对中国共产党在基层的执政和其在社会领域的生存和调适至关重要，亦对中国基层社会的治理、基层民主的发育和成长意义深远。

一、社区党建及内涵

党建是指通过党的政治、思想、组织、作风等各项工作使党在长期的政治实践中始终保持正确的发展方向和强大的战斗力，它是中国共产党在革命和建设中始终面临的一项重要任务。在此意义上，基层党建是执政党建设在基层社会的延续，涵盖执政党建设的各项内容。它以基层社会（社区）为依托，在社会背景、目标、途径以及社会政治意义等方面与以往党建存在一定的区别②。而具体到社区党建，1996年中共中央组织部下发的《关于加强街道党的建设工作的意见》中，首次提出了"适应街道经济和各项事业的发展，及时调整和建立健全党组织，努力做到以居委会辖区为单位建立党支部"的要求。同年，上海率先在全国开展了社区党建和社区建设的探索和创新实践。本质上，城市社区党建是街道党建工作的拓展和延伸，是以街道党（工）委为核心，以社区党支部为基础，社区全体党员为主体，社区内各类基层党组织共同参与的地域性党建工作。既有研究对社区党建的界定主要集中在四个方面。一是政党建设说，认为社区党建是指党的组织、党的活动、党的工作通过覆盖和渗透进社区内全体党员、全体群众、各个群体、各个机关事业单位、各个新经济社会组织和社区各项工作、各项事业，从而将社区内所有党的基层组织紧密联系在一起，构筑起社区区域性党建格局的基层党建模式③。二是结构要素说，认为社区党建是

① 黄树贤. 开创新时代城乡社区治理新局面——学习贯彻习近平总书记关于城乡社区治理的重要论述［J］. 求是，2018（15）：27.

② 林尚立. 社区党建与群众工作——上海杨浦区殷行街道研究报告［M］. 上海：上海大学出版社，2000：57.

③ 张书林. 以改革创新精神推进社区党建［J］. 探索，2009（3）：29-34.

党的基层组织建设中的一个组成部分，具体包括街道、居民区、乡、镇、村的党的建设①。具体来说，社区党建是以街道党委和居民区党支部为主体的，由街道辖区内各机关、企事业单位基层党组织共同参与的区域性党建工作，是街道党建工作的延伸和拓展②。三是社区载体说，认为社区党建是随着社区在我国城市社会生活中的地位和作用迅速上升而出现的基层党建的新领域，是以居民区党组织以及驻社区单位党组织等为组织基础，按照地区原则组建党的组织体系的党建模式③。四是功能作用说，认为社区党建是巩固党的基层组织，改善党的基层组织的活动方式，强化党对社区活动和社区建设的主导，密切党与社会、党与人民群众的联系，构建党的领导和执政的广泛的社会基础，提高党组织整合社会的能力④。综上，本书认为新时代的社区党建是以街道党（工）委为核心，以社区党支部为引领，以共同目标、共同需求和共同利益为纽带，以社区各类基层党组织和全体党员为主体共同参与的地域性党建工作。

社区党建工作具有基础性、群众性、地域性和自治性等特点。对此，新时期的社区党建应把握以下三方面的内涵。

一是在工作对象上，相较于其他基层党建工作对象，社区党建工作对象更具有复杂异质性，涉及新党员、在职党员、流动党员、离退休党员等，这些党员要统一起来比较困难，特别是对在职党员和流动党员的管理问题尤为突出。

二是在工作内容上，新时期的社区党建更加具有"点多、线长、面广"的特点，是名副其实的"小政府、大保姆"。同时，新时期的社区党员中多数属于下岗人员和退休人员，年龄偏大，文化水平不高，对一些综合性较强的社区性党建事务难以适应。

三是在工作范畴上，新时期的社区大党建工作具有"纵向到底，横向到边""纵向统筹，横向为主"的特点，涉及对社区社会组织党建工作、驻区单位党建工作等的统领及与其之间的共驻共建、整合资源等。

---

① 金桥. 社区党建中的新型组织策略 [J]. 社会主义研究，2007（2）：98-100.
② 韩隽. 新时期社区党建与中国共产党的现代化 [J]. 新疆社会科学，2005（3）：24-27.
③ 刘冀瑗. 单位党建和社区党建互动初探 [J]. 中央社会主义学院学报，2005（6）：86-89.
④ 林尚立. 合理的定位：社区党建中的理论问题 [J]. 探索与争鸣，2000（11）：16-19.

二、新时期社区党建的推进进路

习近平总书记指出，党的工作最坚实的力量支撑在基层，经济社会发展和民生最突出的矛盾和问题也在基层，必须把抓基层打基础作为长远之计和固本之策，丝毫不能放松。社区党建是强化党的执政根基的落脚点和着力点。为此，在社区建设与发展中，全国各地应以社区党建为引领，充分发挥党组织的领导核心作用，有力持续推动社区服务与治理创新向纵深发展。结合我国实际，新时期的社区党建工作应从以下方面着手。

（一）突出党建引领，持续增强社区党组织核心领导作用

党的十九大报告指出："党的基层组织是确保党的路线方针政策和决策部署贯彻落实的基础。要以提升组织力为重点，突出政治功能，把企业、农村、机关、学校、科研院所、街道社区、社会组织等基层党组织建设成为宣传党的主张、贯彻党的决定、领导基层治理、团结动员群众、推动改革发展的坚强战斗堡垒。"就社区基层党建工作而言，则是要突出党建引领，充分发挥社区党组织在基层社会治理中的核心领导作用。

一是要采取多重举措提升社区党组织的吸引力、凝聚力和战斗力。党的十九大报告中指出，党的基层组织建设要以提升组织力为重点，这为新时代解决基层党建工作战斗力问题提供了根本遵循和指导意见。就社区党建工作来说，一方面要把党的政治建设摆在首位，加强党在社区的领导地位。"党的政治建设是党的根本性建设，决定党的建设方向和效果"。社区党建亦是如此。城乡社区党组织作为党在城乡全部工作和战斗力的基础，是城乡社区建设和发展的领导核心。办好中国的事情，关键在党，而办好社区的事情关键在社区的党组织。为此，各地要认真贯彻落实党中央、国务院的决策部署，采取多重举措提升社区党组织的吸引力和凝聚力，加强以社区党建为引领，以创新社会治理为动力，以增强社区自治和服务功能为重点，构建基层社会服务管理平台，推动社区治理体制机制改革创新，有力引领带动新时代我国社区治理整体水平迈上新台阶①。另一方面，要持续夯实社区党组织主体责任。社区是管党治党的基础环

---

① 陈越良. 党的十八大以来我国城市社区治理的创新实践［N］. 中国社会报，2017-10-16（2）.

节，社区党组织是管党治党的责任主体，夯实社区党组织主体责任既是深入贯彻全面从严治党往基层延伸的重要举措，也是提高社区党建实效性的应有之意。目前我国共有440多万基层党组织和8900多万党员，只有充分发挥社区党组织战斗堡垒作用，才能增强基层党组织的凝聚力和战斗力，巩固执政根基。为此，要探索建立健全以社区党组织为代表的系列清单制，将社区党员干部的学习培训、党建任务、责任落实、人文关怀纳入制度化建设，以清晰而明确的清单导向推进社区党组织主体责任落地生根。

二是社区党建要致力于服务社区内各主体的实际需求，平衡利益要求，避免利益分化导致的群体分化，实现社区融合。 近年来，伴随着我国权力结构的不断调整以及城市化进程的持续推进，基层社区中人员结构复杂化、利益需求多样化、自治旨向人本化、服务内容专业化等变革趋势正在全方位地冲击着传统社区管理体制、治理结构和运行方式。现实中的城乡社区，早已不是传统意义上的"共同体"，而是基于多元利益群体的"结合体"。现代社区场域中至少同时包含个人利益、群体（集体）利益和公共利益三个利益层次，但是，个人利益与群体（集体）利益和公共利益并不总能达成一致，"对不同的个人或集团而言，共同的福利必然意指不同的东西"①。由此可知，社区多元自治主体分化现象的产生与不同类型的个人、群体利益需求无法得到满足相关，进而影响社区公共利益的实现。因此，协调多元化、多层次利益是社区治理中党建整合的重要任务，党组织在社区治理中合法性的关键也取决于其对各方利益处理上是否均衡②。实践中，这在东中西部不同区域的城乡社区中以及不同类型的社区内，应结合多元主体实际，因地制宜，采取分类推进策略。

（二）加强社区党建工作队伍建设，发挥党员的模范带头作用

党的十九大报告指出，"党支部要担负好组织群众、宣传群众、凝聚群众、服务群众的职责，引导广大党员发挥先锋模范作用"，为社区党建工作指明了方向，是开展社区党建工作的根本目标。社区党组织的建设离不开人才和物质基

① 熊彼特. 资本主义、社会主义和民主主义 [M]. 北京：商务印书馆，1999：372.
② 王杨. 结构功能主义视角下党组织嵌入社会组织的功能实现机制——对社会组织党建的个案研究 [J]. 社会主义研究，2017（2）：119.

础的支撑，只有在物质、资金方面得到保障，高素质人才充足的情况下，才有助于社区党建工作越干越好。

一是加大社区党建经费投入，拓宽多渠道经费来源。作为党建活动主要承担者的社区党组织，必须要有充足的人力、物力和财力保障。地方财政要加大对社区党建工作的支持力度，将社区党建工作的经费纳入本地财政预算，根据当地生活水平给予必要的社区党建经费支持。为此，要严格按照中央精神，落实基本经费保障，实现社区现有各项资产与预算管理的有机结合，建立层次分明的经费保障制度。对于一些老旧社区或贫困人员较多的小区，可以在确保基本经费保障的前提下再适当地追加经费投入。与此同时，还应尽可能拓宽经费来源渠道，提升社区党组织筹措社会资金的能力和水平，夯实社区党组织在服务社区居民方面所必需的硬件和软件基础。此外，还要鼓励驻区企事业单位、社会组织、个人等社会力量给予资助、捐赠，同时对党建工作过程中发生的有偿抵偿项目实行减免税收政策。

二是公开招聘，选贤任能，健全社区党建工作考核制度。社区党建是以提高服务群众能力为核心的，这既要求党务工作者要有服务意识，具有较高的素质修养，而且要有热情和激情做好社区党建事务，也要求择贤能而居之，要通过公开向社会招聘的方式，重点考察大学毕业生、复转军人、社会工作者等群体，吸纳其成为专职党务工作者，以保证有专人投入到社区党建工作中来。与此同时，一方面，还要严格制定和完善社区服务型党组织考核制度，并将组织考核与人员自评、居民匿评相结合，探索建立"星级"服务型党组织考评办法，并在此基础上构建相应的指标体系、细化考评标准；另一方面，要切实构建以社区居民满意度为主要考核标准的服务评价体系。从整体上来看，当前我国相当部分社区服务型党组织建设考核存在着诸多不足，如测评方式单一、测评指标不完善、不科学等。

三是在上述加强社区党建工作队伍建设的基础上，要逐步落实并持续提升社区党务工作者的收入保障，不断激励其充分发挥党员的模范带动作用。俗话说："政策对了头，工作有劲头"。否则，漫无目标、无从下手，找不到解决问题的要害。实践中，要积极落实社区专职党务工作者的收入保障，并在此基础上探索建立科学的增长机制，下大力气落实这一群体的"五险一金"政策，让其无后顾之忧[①]。同时，在有条件的地方，探索设立激励补助工资与职位上升机制，以有效激励党务工作者始终保持一份积极向上、一心一意搞好社区党建工作的激情。总之，应结合实际情况（如东中西部地区及城乡社区区域特征、不同社区类型特征等），在提升物质激励的同时，还应不断探索全面提升社区党员的综合素质，以重塑新时代社区党员的"示范"效应。

（三）倡导多元主体参与，充分激发社区党建活力

社区党建，理论上应由生活、工作、居住在社区内的各级各类党组织共同来参与，特别是驻区单位党组织和在职党员的参与，只有广泛发动广大党员参与到党的建设中来才能有效激发社区党建活力，持续深化社区党建工作。为此，实际工作中，还应充分发挥社区内多元主体的作用，以充分激发社区党建活力。

一是鼓励社区居民尤其是社区党员的参与。首先，社区居民作为社区的"主人翁"，要采取多种举措鼓励社区居民积极参与社区党建活动。特别是应运用党组织激励手段，内化公民社区参与及自治行动。实践中，党组织可以运用社区骨干吸纳入党，优秀党员干部、党组织奖励表彰等方式，满足不同参与主体的发展需求。与此同时，也要促进社区参与及合作治理中的资源交换与共享，使参与的个体和组织提高社会地位、提升生存能力、得到社会认可，激励社区成员持续性自觉参与社区党建活动及合作治理，培育社区共同体的志愿性忠诚。其次，要注重社区党员的积极有效参与，加强对其教育管理。实践中，社区党组织要重点加强社区在职党员群体的管理教育，在充分尊重其劳动权、就业权、休息权等合法权益的前提下，建立在职党员与党组织之间的动态组织关系，如充分利用电脑、手机等现代媒介，适时引入QQ、微信、微博等时尚元素，大力拓展联系渠道，实现党员与组织之间的良性互动。同时，流动党员的管理教育也应引起社区党组织的重视。再次，要注意培养社区党务工作者中的群众服务骨干。骨干是一个单位开展工作、推动工作的主要依靠人员，只有有了骨干，工作才能更好地开展和推动。要把社区党员培养成群众服务骨干。例如，结合

---

① 张广芝. 城市社区服务型党组织建设的改进路径 [J]. 人民论坛, 2017 (31): 174-175.

当前正在开展的"两学一做"学习教育，努力提升社区党务工作人员的"四个意识"，时刻牢记与党中央的政策保持高度一致，不断增强社区党员学习能力、践行能力，将争做合格党员作为社区党务工作人员的第一要求，促使他们做群众满意的党务工作人员，提升社区服务型党组织建设成效①。

二是培育与支持社区社会组织参与。社区社会组织作为一种群众基础广泛的草根性、民间性自治组织，在服务社区民众方面发挥着十分重要的作用。探索将社区党务工作嵌入社会组织，既可以方便快捷高效地对接社区民众需求，而且还可以对社会组织开展的各项工作进行引导和监督。具体来说，一方面，要充分发挥社会组织的人力、物力、财力和信息等优势，引导社会组织提供专业性强的社区服务，并对社会组织开展工作提供必要的、及时的协助，尽可能调动社会组织的积极性。社区党建应通过党组织服务促进各类社区组织发展。例如，在社会领域党建的实践中，有的社区党组织通过背书的方式为社区社会组织引入上级政府部门的信任和资金资源，满足其利益需求，既提高了党组织在社区社会组织中的实际认同度，也优化了社区治理系统内部的关系②。另一方面，加强与社会组织联系，充分发挥社区党组织的自身工作优势，鼓励社会组织内的党员积极做好党组织的"代言人"和党务工作的配合者、党的路线方针政策的宣传者、实践者，最大限度地增强二者之间的互动关系③。此外，还应注重发挥社区工作者、志愿者等的参与。社区工作者和社区志愿者是包含社区党建活动在内的各类社区活动的有效载体。实践中，将社会工作理念与方法引入社区党建具体工作中，运用"党建＋社工＋X"服务方式，实施"定制型"学习教育，开展"精准化"党建暖心服务项目，有助于推动党组织功能强化、党员素质提升、党建服务质量提质。

三是积极倡导驻区单位参与。驻区单位党建工作是新时期社区党建工作的重要组成部分。通常，驻区单位有其自身党组织，也有着丰富的社会资源。现

---

① 张广芝. 城市社区服务型党组织建设的改进路径［J］. 人民论坛，2017（31）：174-175.
② 王杨. 结构功能主义视角下党组织嵌入社会组织的功能实现机制——对社会组织党建的个案研究［J］. 社会主义研究，2017（2）：119.
③ 张广芝. 城市社区服务型党组织建设的改进路径［J］. 人民论坛，2017（31）：174-175.

实工作中，社区党组织在为驻区单位提供党组织建设和服务的过程中，可以有效整合驻区单位的丰富资源，调动区域内单位力量参与社区治理，实现"优势互补、资源共享"。例如，一些社区党组织与驻区单位党组织联合组织实施"信仰驿站""不忘初心牢记使命"等一系列党建项目，均取得了较好的社会效应和群众口碑。为此，新时代的社区党建，要重视发挥驻区单位的功能，积极探索多元社区党组织之间"资源联筹、服务联动、社群联推"的基层社区党建模式，形成组织联合、党员聚合、资源整合、工作融合的"合力型"基层社区党建格局，创新社区党建服务机制，拓宽党建服务路径。

（四）创新社区党建工作平台与模式，探索社区党建复合协同体系

党的工作千万条，为民服务第一条。服务群众是社区建设的重点，也是社区党建工作的主旋律。建设服务型党组织是新形势下政党功能的重大转变，也是夯实政党执政基础和永葆生命力的关键所在。在新时代、新形势、新背景下，结合社区发展实际，应不断创新社区党建工作平台与模式，探索社区党建复合协同体系，并不断优化其体制机制。

某种程度上，近年来一些地方在探索推行的区域化党建和智慧化党建工作模式，可谓是当前我国社区党建工作平台与模式的创新之举。区域化党建是相对于传统党建而言的一种策略创新，传统党建下的单位党建、街区党建、封闭式党建等是相对孤立的，区域化党建具有区域性、开放式、现代化的特点。本质上，区域化党建作为基层党建集工作平台和工作模式的一种策略创新，并非完全替代传统党建，而是在传统党建基础上的优化与改善，是党组织在层级的纵向上与地域/部门的横向上的联合联动[①]。习近平总书记明确指出："要把加强基层党的建设、巩固党的执政基础作为贯穿社会治理和基层建设的一条红线，深入拓展区域化党建，建立一支素质优良的专业化社区工作者队伍，推动管理重心下移，推动服务和管理力量向基层倾斜，实现从管理向治理转变。[②]"这一

---

① 区域化党建创新策略下，单位党建和街区党建等仍然存在，而且传统党建是区域化党建得以实现的前提。正是因为多部门、多地域以及多层级的党建既具有共性，同时又具有相对的灵活性，使得区域化党建与治理理念深度契合，能够有效回应社区基层党建创新的具体目标价值。

② 习近平. 习近平在参加上海代表团审议时强调：当好改革开放排头兵创新发展先行者为构建开放型经济新体制探索新路 [N]. 人民日报，2015-3-6.

意义上，区域化党建是实现构建基层党建与基层治理复合体系目标的关键策略，党建区域化机制亦是复合体系的主体制度。实践中，珠海市香洲区拱北街道港昌社区通过在平台机制、人事机制、项目机制、规章机制等方面的区域化创新，将基层党务和基层治理的多头绪工作系统化、体系化，从而充分释放基层党建强大张力、持续激发社区治理内生动力。其实，实践中，上海模式、江汉模式（武汉）、浙江模式，以及派驻第一书记、书记项目（深圳）等在社区党建区域化方面的创新都涉及或属于上述区域化党建四种机制的创新。为此，应结合实际，因地制宜，大力推进基层社区区域化党建。

另一方面，运用"互联网＋党建"，发展智慧化党建。智慧化党建是将智慧科技与基层党务、基层治理相结合，运用互联网开放性、便捷性、互动性等特点，将诸多业务数据进行统计分析、通知预警和全景坐标式立体展现，以有效实现党建与治理的智能化、可视化、数据标准化、信息数字化。本质上，智慧化党建是依托大数据、云计算等新一代信息技术所开辟的党建工作辅助工程。它在实施过程中主要包括系统建设、数据库建设、项目建设、制度建设等方面[①]。其一，随着人工智能的不断发展，基层党建与基层治理的复合体系必然需要建设网络空间的辅助系统，而技术革命的深化，智能社会必将成为未来发展的趋势。智慧化党建则是应对基层党务与基层治理工作的技术创新。其二，现代社会是信息社会，信息沟通实现了前所未有的更新和改变，任何工作只有适应这种更新和改变，才能掌握主动权。社区党建工作也应如此。为此，要运用"互联网＋"技术，大力发展智慧化党建，打造社区党建工作信息化平台，建立社区党建工作的微博、微信、微信公众号、APP等，并在此基础上契合实际制定相应的管理制度，并由专人负责运营。实践中，珠海市香洲区前山街道福石社区的智慧党建依托平台开设"星级管理、党员教育、党建活动、党费收缴、信息管理"等多个党群互动及信息服务类版块，为社区党组织、党员提供全方位服务。同时将智慧党建平台纳入基层治理总平台，总平台实现社区基础信息如基层党建、网格管理（城市管理、平安建设、人口信息、社区服务、智慧统

---

① 夏行. 论"智慧党建"的"江北实验"及其发展战略构想［J］. 领导科学，2013（7）：39.

战）、特色服务等社区服务事项及地理信息库的互联互通，基层党建与基层治理借助智慧平台建设实现了网络空间线上线下的复合运转。由此可知，智慧化党建的开放式和空间交互式有助于区域化党建策略的实施。这种意义上，智慧化党建顺应了基层党建的发展方向[1]，有助于实现构建基层党建与基层治理复合体系的总体目标，在实现加强党的执政基础、凝聚和服务群众、推动均衡发展的具体目标方面效果较为显著。

总之，社区党建复合治理的本质是合作、协商与互动，其特点是元治理与协商治理有机融合，权、责相统一，实现稳定和均衡发展。复合治理是现代社会日益复杂化、结构化、精细化、技术化的结果，且还在不断发展和演变，基层复合治理对于实现全面建成小康社会的奋斗目标，推动社会治理体系和治理能力的现代化，破解全面深化改革面临的结构性矛盾具有现实意义。为此，要推动社区党建资源和社会资源集约利用，探索共治共建共享的社区党建复合协同治理体系，并不断优化其运作体制机制，着力打造区域性、服务型、开放式、专业化、多元化的党群服务阵地，形成"党群资源供需对接，党群工作充满活力，党群服务更有温度"的良好局面。最后，从根本上来说，在基层社会治理体系尤其是现代社区治理体制的变革和优化中，唯有通过社区党组织的政治领导方能保证改革的方向正确；唯有通过组织引领方能协调多元的利益关系，整合各类行动资源；唯有通过机制引领方能最终形成居民自治、民主协商、群团联动、社会参与的集成联动，最终让社区居民充分享受到体制改革所释放的"红利"。

三、案例延伸：社区党组织网格化管理

安慧里社区位于北京市朝阳区亚运村街道，其地处奥运功能区核心区域，社区面积0.235平方公里，居民楼27栋，居民户4993户12000人；商用及办公楼17栋，党支部10个，其中1个社会组织党支部，临时党支部5个，自管党员446名。安慧里社区在社区党建网格化管理方面独具特色[2]。其主要做法如下。

① 刘舒. 城市智慧党建的创建逻辑、功能定位与路径选择 [J]. 理论导刊, 2018（6）: 19.
② 2019年底根据亚运村街道要求安慧里社区拆分为三个社区，分别为安慧里社区、安慧里南社区和安慧里北社区。本部分资料是拆分前2017-2018年根据在安慧里社区调研整理而得，在此特别感谢安慧里社区P书记提供的资料。

（一）科学划分党建工作网格

一是划分网格。安慧里社区一方面设立4个纵向管理网格，即街道工委为一级网格，社区党委为二级网格，党支部为三级网格，各楼门党员、社会单位党员为四级网格。这样形成"街道工委—社区党委—党支部—党小组责任网格"的网格化管理格局，按照一级对一级负责、一级对一级管理的原则运行。另一方面，设立5个横向服务网格，即结合社区实际，根据多年居民工作形成的地域认同，居民党支部设置及人口数量、居民特点等，划分为五个单元格，将社区的每一栋楼、每一个居民户、每一个社会单位、每条道路纳入网格，实现网格管理无缝隙对接。这样在辖区构筑起"社区网格—单元网格—楼门网格"的"三级网格"体系，明确辖区各类党员、广大群众和驻区单位、各类组织均在网格内找到了自己的"责任田"，实现党的工作和党员作用发挥全覆盖。

二是建立组织。二级网格，由联系社区的街道处级领导任网格指导员，社区党委委员任网格联络员。三级网格，每个单元格内的党支部书记任格长。每个单元格建立1＋1＋1自治、服务模式，即1个包楼居干工作小组，加1个和谐促进员小组，加1个服务团队。和谐促进员负责社区居民信息采集、各项政策宣传、居民矛盾化解、社区居民服务和社区工作监督等"五大职责"，形成单元格的自治团队。四级网格，每个楼门的党员群众、社会单位党员群众志愿者组成的志愿服务团队。真正形成"街道工委—社区党委—单元格党支部—楼门党小组"的"四级管理"工作体系。

三是明确职责。横向网格是纵向网格中的三级网格，即是责任单元格，单元格内主要有党建共建及自治服务两项功能。有效整合社会各方面的管理资源，共同参与社区管理服务，驻区各单位、各非公有制经济组织和新社会组织由社区建设的"局外人"变成了"局内人"，与街道、社区资源共享，同驻共建，形成了以党建网格为单位。自治团队，深入居民之中反馈居民需求、发动社区居民参与社区事务。服务团队为居民提供基本公共服务、便民服务和公益服务，是多元化的团队服务多元化的居民需求。各个单元格之间是平行关系，相互依存、相互监督、团结协作。

四是建立制度。为确保网格化管理工作顺利推进，将网格"十大员"的工作内容、工作职责，楼院网格定期例会、学习培训等制度加以明确公示，使网格化管理中各项具体工作有了统一标准和依据。对信息管理、排查报送、处置反馈、督查考核及奖惩表彰分别作出详细具体的可操作性规定，建立了由责任网格指导员牵头，网格人员参加的每月一次的联席会制度；党支部书记例会制度；完善了服务团队每周的走访排查制度；工作小组"十必清"、和谐促进员"十必报"、服务团队"十必访"制度；以及处理社区事务的"一格、两卡、三处理"制度；对和谐促进员发挥"五大员"好、服务团队"六个好"的进行表彰奖励；对工作不到位的予以批评或处罚，甚至取消本年度评先评优的资格。做到制度健全、责任明晰、工作规范。

（二）搭建自治平台

一是坚持居民代表大会制度，定期向居民代表报告工作，接受监督。每年召开不少于2次的居民代表大会，每季度召开按网格选举产生的居民常务代表、常任党代表联席会。审议社区工作计划及总结，对居民代表提出的意见建议进行反馈，对社区制定的先进楼宇评比方案、楼宇文化评比方案等进行审核，年终通过各项评比的表彰决定。每月召开网格指导员牵头，由社区内网格工作小组及服务团队人员参加的联席会，就网格内的工作进行协调，促进网格之间的经验交流，反馈网格内无法解决的事项。

二是成立和谐促进员协会。安慧里成立了社区和谐促进员协会，并以既有网格为基础建立了5个和谐促进小组，每30户左右配备一名和谐促进员，发挥信息员、宣传员、调解员、服务员、监督员之"五大员"作用。同时，组织动员这些社会力量参与信息宣传、信访维稳、司法调解、服务居民、社会监督等工作，使各单元格成为和谐社区建设的维稳器。和谐促进员协会在人大代表换届选举中，积极配合社区登记选民、推举候选人、组织投票，为选区圆满完成选举工作奠定了良好基础。

三是创建特色网格。在"网格化管理、组团式服务"工作推进中，社区党委注重强化党组织引领作用、党员先锋作用的发挥，使更多的居民群众参与到网格化工作中，使社区的服务更贴近居民、更有深度。根据每个单元格的不同特点，在各党支部的带领下，党员和群众积极参与，形成了以义务指路、志愿巡逻为主要内容的"义务奉献型"慧一格；以社会单位开办敬老小饭桌为特色的"助老型"慧二格；以京剧、合唱、太极拳等文化服务党员群众的"文化交流型"慧三格；以楼宇文化宣传为特色，国际国内形势一月回顾、交流书法绘画新得为特色的"学习型"慧四格；以关爱空巢老人邻里互助为特色的"爱心互助型"慧五格。

（三）发挥网格服务功能

为使"网格化管理、组团式服务"成为真正的"为民、利民、便民"的惠民工程，安慧里社区努力根据民之所需，做实做细。其做法可提炼为以下"六有"。

一是宣传教育有阵地。在楼宇文化宣传队伍的基础上，组建了"精神文明促进社"。安慧里社区楼宇文化是社区与居民沟通的重要窗口，楼宇文化就设在楼门口，居民出入，等候电梯时就可以看到，从中受到启迪。"精神文明促进社"最大的特点是楼宇文化宣传志愿者根据本楼的特点，自己编辑、制作。内容涉及党和国家大事、社区重要事项、介绍科学知识、表扬好人好事、批评不良倾向等。开辟了"快讯"、"人生感悟"、"给您提个醒"、"健康小知识"、"社区动态"、"英语角"、"民俗节日注解"等栏目。社区每月统一为楼宇文化宣传提供宣传内容，将目前社区正在开展的工作和居委会的重大会议以及最新出台的政策法规，及时通过楼宇文化向广大居民宣传。

二是民生项目有落实。网格服务立足居民群众的切身感受，以实实在在的服务凸显社区网格化带来的变化。社区协调办事处出资14400元，为社区4栋楼，1044户居民更换新报箱。对安慧里小区的东西主路进行拓宽，缓解了小区道路拥挤。对一区5号楼东门环境进行翻新。增设果皮箱15个、休闲座椅12个。根据居民反映晚上中心花园照明不足，行走困难，在葫芦岛中心花园增设了5处照明设施。对困扰居民近20年的楼顶堵塞排烟、排气管出口问题，在街道工委、办事处领导的重视、帮助下，对5栋楼15个排烟、排气管进行了改造，惠及600户居民。所有这些民生实事项目的落实显示出社区对网格居民提出的意见的极大重视，在最短时间内给予了解决，得到居民的普遍认可。

三是综治维稳有保障。一是在有人值守的居民楼、地下空间设立40个便民报警点，制作宣传帖，公布社区居委会、社区民警、派出所报警电话。"两会"期间共接到反映问题电话30多次，其中涉及物业等相关部门的工作已100%帮助联系，涉及治安隐患、纠纷的事件已100%解决。二是建立警情通报制度，对社区发生的案件及时向居民进行通报；利用会议、宣传栏、楼宇文化等多种方式进行安全宣传。对地下空间、流动人员、合租、合住人员进行重点提示，共召开会议5次。三是开展志愿巡逻，织密防控网络。充分发挥由居民自愿参加的治安巡逻志愿者队伍舆情哨兵的强大作用，整合社会单位保安、社区治安协管员、消防员的专业安保力量，形成了纵向到底、横向到边的群防群治良好局面。三项措施的落实，使社区的社会面防控达到预定目标，实现了"三个零指标"。

四是矛盾化解有途径。一是各居民楼里的民调小组，方便、快捷化解本楼内的矛盾，做到"小矛盾不出楼"。如邻里之间因垃圾放置室外不及时清、因装修影响周围邻居休息等。二是专业律师运用法律协调矛盾纠纷，与陈鹰等四家律师事务所合作，坚持免费为居民提供法律咨询，让居民知法、懂法、用法，减少了矛盾纠纷。如财产继承、遗产分割等相关法律知识。三是民事调解委员会始终坚持调防结合，以调为主的工作方针，协调解决社区的各种重大矛盾。重点调解了二区2号楼、二区10号楼撤销门卫引发的居民不满的矛盾，化解了一区19号、20号楼电梯运行故障引起居民不满的矛盾，二区14号楼部分居民反对物业对楼前绿地改造的矛盾，调解了多起因楼上漏水引发的矛盾纠纷，做到了"大矛盾不出社区"。

五是共驻共建有实效。根据各驻区单位的不同优势，协调驻区单位参与社区建设责任，推动驻区单位社会性、公益性、服务性资源逐步向社区开放，努力形成社区与驻区单位"资源共享、优势互补、双向服务、共驻共建"的工作格局，实践中，与立德社工事务所合作举办"四点半学堂"、"暑期学生托管班"、"家庭运动会"及"家庭才艺秀"等。与奥运村工商所开展"安全食品进社区活动"，向群众发放有关食品安全知识手册，教群众辨别真假食品。如在亚运村华洋市场设立了食品安全检测站，免费为市民检测食品，让大家买着放心吃着放心，保障百姓餐桌的食品安全。依托亚运村社区卫生服务中心，为居民开展每月一次的健康大课堂和免费体检，与社区共同做好居民的公共卫生工作。为外来务工人员进行流脑、麻疹疫苗接种；为居民进行健康体检。为机械研究院提供党支部学习及退休人员报销医药费的场地，方便了退休人员，调动了党员参与社区建设的积极性；街道第二幼儿园积极参加社区举办的文化活动，老师、孩子多次参加社区的爱心募捐、义卖及广场演出等；中央民族大学、中华女子学院、北京联合大学等高校大学生进入社区，参与社会实践，为清理小广告、整治社区环境做了大量工作等。

六是文化活动有声色。以公共文化服务体系示范区为契机，开展形式多样的文化活动。协助街道完成了葫芦岛全民健身园的改造，为居民提供了更优质的文化场地服务。放映电影3场。为丰富残疾人的文化生活，开展了"润物细无声"的读书活动。举办了微网球进社区免费体验活动，让社区居民在夏季有了新的健身运动。与亚运村街道妇联、安慧里中心小学、立德社工事务所联合举办了"亚运村地区第一届家庭运动会"。共有50多个家庭参与了此次运动会，达到了促进相互理解与沟通，增进家庭和睦的目的。与立德社工事务所开展"家庭才艺秀"。举办"欢歌悦舞庆五一"群众文化广场活动。创建活动的开展，丰富了居民的文化生活，生活环境得到改善，促使社区文化工作水准不断提升。

（四）突出网格管理实效

一是信息渠道更加多元。社区网格化管理形成了上下贯通的组织系统，通过入户走访、联席会、和谐促进员协会等，拓宽了社区居民表达利益需求的渠道和途径，为单元格内的居民解决问题提供了方便，也为社区在第一时间内发现和解决问题提供了支持。

二是解决问题更加顺畅。按照"一格两卡三处理"的工作模式，服务团队不能解决的问题及时报到社区层面，社区不能协调的即向包片处级领导反映，使一些棘手问题、难点问题的解决更有力度、更加及时。

三是服务团队更加壮大。社区网格化有效地整合了人力资源，社会单位、街道干部和社区党员、居民等的加入，壮大了社区服务力量，格内的志愿者置身小区居民之中，地熟、人熟、情况熟，对居民所想、所盼、所求了如指掌，既是广大居民的贴心人，又是社区管理服务的担当者，更是党和政府密切同广大居民联系的桥梁和纽带，为居民群众提供了足不出户就能享受到的便捷服务。

四是工作作风更加扎实。实行网格化管理后，社区工作小组成员，每人都有自己的责任楼，他们更加注重深入居民群众中，掌握更多的信息，为居民解决更多的问题，形成"人在格中走，事儿在格中办"，赢得更多居民的认可。实行了社区工作者动态协同工作模式，每周一单元格工作小组和党员、和谐促进员对单元格进行巡视，及时发现问题，及时解决。

第二节　社区服务

提供更优质的社区服务是社区建设、发展与治理的根本出发点和最终落脚点。社区，作为社会治理和民生保障的重要载体和基础平台，社区服务体系建设是新时期我国全面建成小康社会的重要任务[①]。习近平总书记曾多次强调"社会治理重在社区"，"社会治理的重心必须落到城乡社区，社区服务和管理能力强了，社会治理的基础就实了"。实践也反复告诉我们，"社区建设重在社区服务"。建立健全新时代城市社区服务体系，是当前及未来一段时间内我国城市社区建设、发展与治理的重中之重。

一、社区服务及其体系

加强社区服务及其体系建设是全面落实小康社会的重要任务，是增强社区居民群众获得感和幸福感的民心工程，是稳增长、促改革、调结构、惠民生的基础工程。自从1987年9月民政部在武汉召开全国社区服务工作座谈会上，决定在全国部分城市进行社区服务试点工作以来，经过近30年的发展，城市社区服务设施从无到有，社区服务规模不断扩大，社区服务队伍日益壮大。然而，关于基本公共服务的建设与推进，则是近年随着我国市场经济改革的深化与政府治理能力的不断提升才逐渐发展与完善起来的。

关于城市社区服务（community service）的内涵，应从以下三个维度来理解：一是从提供服务的主体来看，主要包括由政府提供的社区基本公共服务，社会组织提供的公益服务，社区居民提供的志愿和互助服务，以及由市场主体

---

① 《城乡社区服务体系建设规划（2016-2020年）》（民发〔2016〕191号）。

提供的涉及居民多元化需求的社会化服务；二是从提供服务的内容看，主要包括教育、医疗、卫生、养老、就业、治安、社保等基本公共服务，购物、餐饮、保健、娱乐、物业等互助和志愿服务；三是从提供服务的收费标准上看，既有政府、社区组织和社区志愿者提供的无偿或低偿服务，也有按照市场化形式运作的有偿化服务①。某种程度上，为社区居民提供优质的基本公共服务是地方政府和基层政府的核心旨向。社区服务作为社区治理的重要组成部分之一，其最基础的社区基本公共服务质量水平不容忽视。

　　二、社区服务质量及其评价指标体系构建的基本原则

　　所谓社区服务质量，简言之，即社区服务供给的好坏。通常，社区服务的好坏取决于其供给能力及其质量的高低，而社区基本公共服务质量②的高低则有赖于科学合理的社区服务质量评价，这也是新时期衡量社区居民"获得感"的一个重要指标。在这种意义上，加强新时期的社区基本公共服务质量评价指标体系建设，对创新与提升现有社区公共服务的质量标准具有重要意义。为此，结合新时期共建共治共享的社会治理制度要求和社区发展实际，较少实际的做法是，应在坚持公众导向、质量导向、公平公正性与公共公益性相结合、服务质量水平与经济社会发展相适应的指导思想或原则③下尽快建立健全我国城市社区基本公共服务质量评价指标体系。

　　一是公众导向。民意价值的最高体现在于公众是否满意。公众作为服务的终端使用者，不仅其对服务的感知是所有利益相关者都最为关注的，而且其对基本公共服务的质量水平具有优先发言权，因此应将公众的感知及其满意度作为评价社区基本公共服务质量的核心理念之一。所谓满意度，就是服务对象的

---

① 冯呼和."社区服务"涵义辨析［J］.社区，2014（9下）：12.

② 此处本书探讨的重点是社区服务中的基本公共服务。一般来说，城市社区基本公共服务是指城市社区的公共服务提供者（主要指政府）通过一定的组织和形式，向某一个社区或更大区域范围所提供的具有生产上的非排他性和消费中的非竞争性、公益性、福利性的物品或服务，以满足社区居民群众基本生活和工作的各种需求。公共服务质量通常是指政府及其相关部门或其他主体在提供公共服务过程中，终端使用者获得、享用公共服务的实际状况及其需求与满意度的总称。而城市社区基本公共服务质量评价则主要指一定的主体（城市社区的公共服务提供者或独立第三方）采用一套科学的评价方法对一定时期内的社区基本公共服务质量进行测量和评价，以衡量所提供的基本公共服务质量是否满足现阶段社区居民的需求及其是否与提供者的公共服务能力相当。原珂，沈亚平，陈丽君.城市社区基本公共服务质量评价指标体系建构［J］.学习论坛，2017（6）：46-48.

③ 原珂，沈亚平，陈丽君.城市社区基本公共服务质量评价指标体系建构［J］.学习论坛，2017（6）：45-46.

服务体验与期望值之间的匹配。公众满意度，主要强调以人为本，以公众为中心，以满意度为尺度，公众对政府公共部门等意愿的综合反映。公众对质量的评价是服务结果的指示灯，依据公众满意度来改进基本公共服务质量无疑是一项颇具吸引力的改革路径。因此，以公众导向为原则之一建构城市社区基本公共服务质量评价指标，可以为持续提升与完善我国社区基本公共服务质量水平提供有价值的努力方向。这也是提高整体公共服务质量水平的基础。

二是质量导向。质量是判断公共服务是否达到有效供给的重要因素。只有公众导向，而无质量导向，则会使质量评价体系"束之高阁"。因此，质量导向，同样是构建城市社区基本公共服务质量评价指标体系的首位原则。所谓质量导向，本质上是与公众满意度结合在一起的，主要是指政府公共部门基于顾客（公众）的立场，不断识别和理解公众的需求和期望，并将这些需求和期望转化为公共服务的质量特性。其通过导入新的质量观、新的质量理念和新的质量标准，引导政府公共部门提高公共服务质量及其管理水平。21世纪，质量管理和顾客满意日益成为绩效管理的主流，用质量导向理念设计基本公共服务质量评价的指标体系，不仅是公共服务质量管理的一项重要内容，而且也是对政府治理和服务理念的一种创新。

三是公平公正性与公共公益性相结合。城市社区基本公共服务质量评价指标体系的建构应注意公平公正性和公共公益性相结合的原则。这主要是基于对基本公共服务中"基本"二字的辩证性理解。一方面，公平正义是社会有序运行的基本原则。基本公共服务的供给应能满足社会公众最基本的公共需求，即保障民众基本权利，如生存权和发展权等。这也是民众理应享受公共服务的"最小界限"或"最低纲领"，为此，应注意基本公共服务质量指标体系构建中的公平公正性。另一方面，基本公共服务有着强烈的"均等化"内涵，究其根源在于基本公共服务具有社会性、普遍性和公共公益性的特质。由于基本公共服务的覆盖面很广，且涉及公众最基本的日常需求，如衣食住行等。由此可知，基本公共服务的提供一般都是非竞争性、非排他性，且具有福利性、社会性的公共服务或产品，因此，应注意基本公共服务质量指标体系构建中的公共公益性。

四是服务质量水平与经济社会发展相适应。 城市社区基本公共服务质量评价指标体系的建构还应注意服务质量水平和经济社会发展相适应的原则。根据马克思的经济基础决定上层建筑的经典理论和马斯洛的心理需求理论可知，基本公共服务质量水平要以现阶段经济社会发展水平为依据。由于基本公共服务涉及的领域比较广泛，包括基本公共安全、社区教育、基础设施、医疗卫生、劳动就业等，其服务范围与服务水平要基于公众的基本需求、经济社会发展的阶段现状、政府现有的基本财力、提供公共服务的能力以及其他可提供的基本支持等状况来综合决定。特别是基本公共服务的内容、方法及手段一定要与社会公众的需求、基础设施及技术手段相适应。否则，基本公共服务的供给则是"无源之水，无本之木"。

三、案例延伸：国安社区驿站——提供更优质的社区服务

新时期以来，一方面互联网信息技术发展日新月异，另一方面现代社区居民的需求不断提升，且日益多样化。那么，当前城市社区治理中是否设有类似机构或场所，能够给所在社区中的各类服务人员或者常住居民提供休憩、关怀、关爱等不同层次的服务呢？北京国安社区驿站在这方面进行着有益的创新性探索。

2017年3月，北京国安社区服务促进中心开始探索互联网＋公益的全新社区服务新模式——社区驿站[①]。具体来说，国安社区驿站，是指以社区居民需求为导向、以互联网大数据为支撑，为社区服务人员、社会组织、志愿者及社区热心人士提供精准志愿公益服务和公共服务的非营利性平台。2017年底，北京国安社区服务促进中心在北京已建设10个独立社区驿站，同时将驿站功能植入了国安社区（北京）科技有限公司在北京地区的130余个门店，基本实现五环内和天通苑、回龙观、亦庄、通州等其他重点区域的全覆盖。至此，社区驿站已在北京地区整体运营半年多时间，并形成了社区服务的"互联网＋公益"的新模式[②]。

---

① 驿站原指古代供传递官府文书、军事情报或来往官员等人的途中食宿、换马的场所。作为世界上最早建立驿站传递信息的国家，我国已有三千多年的驿站历史。

② 辛华. 互联网＋公益：社区驿站的公益服务新模式［J］. 中国社区报，2017-12-1（3）.

其中，互联网＋，指社区驿站依托国安社区公共服务平台PC端和APP端，通过建设虚拟化的服务平台，将办事指南、政策咨询、代办服务、志愿活动等社区公共及公益服务同步移植到互联网上，为社区居民提供足不出户的掌上服务平台。

公益，指社区驿站提供的休憩、关怀和关爱服务体系。社区驿站服务采用了独立空间或依托国安社区门店进行实体化运营，为环卫工人、快递员、保姆等社区服务人员和常驻社区居民提供属地性的多样化服务。通过公益服务，旨在满足社区不同群体需求，服务内容包括：

一是为琐碎但关系群众切身利益的事项提供公益关爱服务。包括在社区驿站中提供免费饮水、停靠休息、手机充电、临时用餐、打印复印、车胎打气、WIFI上网、工具借用、厕所使用等10项服务。比如下班回家后临时需要找地方给孩子打印作业，环卫工人冬天无处热饭，快递小哥口渴了想喝口水，社区驿站均可提供解决方案。目前打印复印、工具借用、应急充电等公益服务累计受益人数已超一万人次，为有需要的群众提供了极大的便利。

二是让公共服务延伸到家门口以提供各项代办服务。社区驿站内提供政策允许、力所能及的便民咨询、办事指南和代理代办等服务，促进了公共服务在基层的延伸。使得居民可以就近享受各项公共服务。相关资料显示，半年来（至2017年底）社区驿站累计提供了各种咨询达2000次，做到了让前来咨询的居民一次性弄清楚办理证件所需的条件、步骤、材料等。一定程度上避免了居民因不清楚相关要求而多次往返办理的状况发生。

三是动员更为广泛的居民及社会力量参与社区自治。社区参与的第一步是社区需求调研。首先，社区驿站广泛收集居民的服务志愿意愿与服务需求。随后，社区驿站根据居民需求开展互动，如根据需求组织儿童亲子、老年讲座、手工绘画、象棋比赛、读书分享等各类公益活动，并据此形成了老年俱乐部、亲子工作坊、真人图书馆、公益志愿行四类专项公益项目。此外，社区驿站还通过将开展日常服务、组织志愿活动与收集志愿需求有机结合起来，从中提炼有价值的信息，尤其是在服务和活动中了解到反映强烈、亟待解决的公益服务痛点，及时反馈给基层政府与社区组织。最后，社区驿站秉承"诚信、创新、开放、共享"的原则，动员有一技之长、热心公益的专业人士成为专家志愿者，动员普通居民成为爱心志愿者，动员广大爱心人士参与精准扶贫。

当前，国安社区驿站正在尝试运用大数据、云计算等技术开发社区志愿服务平台，建立志愿者服务档案，探索志愿服务时间银行模式，通过志愿服务精准需求对接与有效激励回馈，推进志愿服务的可持续发展。未来，社区驿站将探索时间银行系统与社区公益项目的深度融合。以时间银行为载体和依托，挖掘、培养、组织一大批社区志愿者，积极开展志愿者培训、服务进阶与管理激励。在社区公益项目设计方面，将开展社区空巢老人的送温暖、残疾人的一对一帮扶，组织社区居民共同开展环境清理、志愿巡逻、文明倡导等刚需项目。围绕关爱居民、贴近生活的社区驿站宗旨与使命，满足社区居民多层次需求，激发社区活力，促进居民之间的互动和参与，提升居民对社区的认同感和归属感，形成居民自我服务与社区居民自治的良性循环。由上可知，通过互联网＋公益的社区驿站探索，社区驿站既可以有效解决社区多元群体的精准服务需求，又能够促进社区邻里互助行为，还有助于培养居民间的信任与合作精神，提升社区居民自治能力等，这在很大程度上会将社区建设与社区服务融合发展推向一个新的高潮。

第三节　社区参与

社区不仅是国家治理的基本单元，更是公民日常生活的重要场所。实践中，"社区治理"的"在场境"和目标决定了社区民众参与不但有其权利、责任和策略等方面的合理性[①]，而且是新时期社区可持续发展与城市更新发展深入推进的根基所在。

一、社区参与及其发展

社区参与（community engagement）是指社区的居民群众自愿自觉地参与社区内的各种活动和事务的行为，它能激发社区居民群众参与和自己有关的社

---

① 顾东辉."三社"联动的内涵解构与逻辑演绎［J］.学海，2016（03）：104-110.

区事务的积极性，凝聚社区的居民群众，促进社会组织的发展。通常社区参与被认为是民主的基石，在社区里居民能够行使权利、履行责任、积极参与公共生活（特别是通过在居民和地方选举出来的代表之间维持对话）。在现代社区治理中，社区参与的主体主要涉及三个层次：核心参与者/群体（core group of individuals）、志愿者（volunteers）和外围参与者（wider community）①，而实践中，"有意义的居民参与"则至少涉及三个维度：一是居民参与是否有明确的社区公共问题意识；二是政府能否针对不同的居民，设计出不同的参与方式；三是这些参与能否产生实质性的效果②。

某种意义上，社区参与的关键是社会资本。普特南认为，在一个拥有大量社会资本存量的共同体中，生活是比较顺心的，因为"公民参与的网络孕育了一般性交流的牢固准则，促进了社会信任的产生。这种网络有利于协调和交流，扩大声誉，因而也有利于解决集体行动的困境。当政治和经济谈判是在社会互动等密集网络中进行的时候，机会主义的动机减少了"③。此外，在现代社区参与中，社区参与意愿受居民年龄、性别差异、受教育程度、收入水平、居住年限、婚姻状况以及参与经历等因素的影响。在此，值得关注的是，社区民众中的"意见领袖"。通常，社区"意见领袖"是由社区经济精英人士、社区文化精英人士、社团组织的负责人士和社区社会热心人士等几类人群构成。为此，若要积极吸纳各种社区"意见领袖"参与到社区治理中来，则必须采取相应的策略以充分调动起他们的积极性，使其自愿参与到社区公共事务中来，这样既可以从源头上避免与化解掉很多不必要的矛盾纠纷，而且还可以有效带动社区居民的自发性参与④，使得社区参与更具活力，更具持续性。

此外，当前我国社区居民参与在实践中还存在一些问题，亟须引起关注。

---

① Murray Hawtin, Geraint Hughes, etc. *Community profiling: auditing social needs*, Buckingham: Open University Press, 1994, p.41.
② Sherry R. Arnstein. A Ladder Of Citizen Participation, *Journal of the American Planning Association*, 1969, 35(4), pp, 216-224.
③ 普特南. 独自打保龄球：美国下降的社会资本［C］. 载李惠斌、杨雪冬主编：社会资本与社会发展［M］. 社会科学文献出版社，2000：167.
④ 与"自发性参与"对应的是"被动性参与"。后者则是社会转型期中国城市社区参与的主要特征，其更多地是"参与形式"大于"参与意义"。

一是在参与动机上，多为"被动式"参与（动员型的"被动式"参与），自发、积极、主动性的参与较少；二是在参与方式上，以行政动员型参与为主（社区以行政性的手段动员社区居民参与），自发型参与为辅；三是在参与层次上，当前我国社区居民参与社区事务的层次普遍相对较低，多为非政治性事务，文体类活动居多，即使偶尔参加政治性事务，也非通过制度化的正式渠道，太多通过社区邀请的方式参与，具有较大的随意性；四是在参与程度上，不同类型的社区，居民参与度差异较大。总的来看，老旧小区[①]的参与度较高，现代商品房式社区的居民参与度相对很低。为此，如何有效调动现代商品房社区居民的参与度仍是一个值得探讨的问题。此外，社区居民参与社区事务的整体意识不强，不仅极大地影响了社会组织的健康发展，而且也影响了社会组织参与社区治理过程中作用的发挥。为此，实践中，亟须在以上方面持续改进与提升。

二、社区参与创新：开放空间

"开放空间"（Open Space Technology）是当今我国城市社区参与的重要创新形式或技术之一。它最初是由哈里森·欧文（Harrison Owen）于20世纪80年代提出来的一种对话形式[②]。它使得各种群体可以在非常短的时间内通过自我组织来有效处理复杂的问题。参加者围绕一个具有重要战略意义的中心主题，在同时举行的工作会议中创建并管理他们自己的议程，让人们能够在他们真正关心和投入的领域进行全程参与并作出贡献。它呈现出一种更好举办会谈的新方式，并可以进一步发展为一种适用于整个组织或较小社区的新的组织方式。

开放空间会谈是以一个大型的围圈对话开始，只需要一名协助者。在致欢迎辞后，协助者就通过介绍主题或提出大家都关心的问题来开放空间。他接着

---

① 老旧小区是相对于新建的商品房小区而言的，指的是开发较早的住宅区。1994年3月，原建设部颁布了《城市新建住宅小区管理办法》，强调新建商品房小区必须实行物业管理。该办法的实施，在时间上界定了老住宅区的范围，实际上就是1995年之前建成，或者1995年之后建成但由于某些原因还没有实行物业管理的住宅区。尽管老住宅区中仍存在少量平房，但由于其年代久远，是城市改造拆迁的对象，且目前该类型房屋在全国各大城市还有不少，故此处所指的老旧住宅区主要是指没有实行物业管理、由楼房构成的住宅区。

② Harrison Owen, *Open Space Technology: A users guide*（ 3rd Edition ）, San Francisco: Berrett-Koehler, Inc., 2008. 转引自：常健，原珂.对话方法在冲突化解中的有效运用［ J ］. 学习论坛，2014（ 10 ）：47.

会作出解释，说明后面的会谈都是由参加者来确定和主持。然后邀请参加者来共同制定他们感兴趣的讨论主题和议程。

开放空间的讨论要遵循四个基本原则：① 与会者都是正确的人选：不要去想哪些特定的人应当参加；② 开始时都是正确的时间：当万事俱备时事情就会发生，既不会提前，也不会错后；③ 发生的事都是唯一可能的事情：不要去想事情应当如何发生，而是关注实际已经发生的；④ 结束时就是该结束了：要解决的问题比日程表更重要。开放空间还有一条"双脚法则"（law of two feet），它鼓励人们对自己的学习、平和心境和贡献负责。如果某人在某处感到他们不能学到新知或者不能做出贡献，双脚法则鼓励他们离开并转到另一个他们认为自己会有所贡献并能全身心投入的群体。这些原则和定律为开放空间提供了一种包容性的场境（the container），以鼓励人们为其所学和所作的共享负完全责任。他们创造出一种情境，在那里人们专注而努力地工作，但其对惊奇（surprise）依然是灵活的和开放的。在开放空间集会中，"做好吃惊的准备"（Be prepared to be surprised）是一种典型的提醒。

总之，开放空间不仅能够依其自身的方式来运行，而且开放空间也能平行地或更好地与其他工具或方法结合起来运作，如世界咖啡屋、理解性探寻、场景规划①等其他方法。为什么开放空间与其他方法结合起来运作是重要的，其原因之一在于存在这样一个关键风险：开放空间会议的结束不需要有一个不同群体之间的集会。许多伟大的对话也许已经发生于小群体之中，但是它们并没有充分地交织在一起。对于运用开放空间这一方法的促进者和组织者来说，为发现一个建设性的开放空间会议奠定基础工作的方法和去发现创造这一集会与整体之间的重新联系的方法，是极为重要的一项挑战。另外，尽管哈里森·欧文指出开放空间在冲突情境中是有用的，但是其风险在于冲突各方只选择那些与其持有一致观点的人们一起工作。在这种情境下，把其与那些更直接以化解冲突为目标的方法结合起来使用，则更为有效。此外，随着世界咖啡屋与许多其

---

① 西方近年来提出了诸多新的对话方法，如理解性探寻、变革实验室、围圈对话、深度民主、探索未来、和平学校、开放空间、情景规划、持续对话和世界咖啡屋等。常健，原珂. 对话方法在冲突化解中的有效运用 [J]. 学习论坛，2014（10）：45.

他的对话形式的出现，对话的真正艺术形式在于认同那些正确且具有吸引力的问题，那些真正吸引人们出于自发而投入一种思考与行动共同存在的共享领域的问题①。

三、案例延伸：北京菊儿社区的"开放空间"——第三方社区参与

北京市交道口街菊儿社区68号院（简称68号院）是一个1984年建立起来的大院，是北京标准件二厂的职工家属院。院里有一栋六层楼共三个单元门，住家42户、居民199人，绝大多数是退休职工。在国企改制期间，标准件二厂也进行了组改，后因工程外迁合并，北京标准件二厂也不复存在，于是房子由住户于2000年买下来，产权归个人所有。在此之前，楼内的物业由标准件二厂负责。国企改制后，由于是"房改房"，物业管理并不完善，只有供热取暖是由物业管理，其他绿化、保洁、卫生、治安、维修等则无人管理，导致楼内的环境属于"各人自扫门前雪"的情况。由于长期缺乏统一管理，导致院内环境十分脏乱，道路破旧。特别是因楼内空间属于公共资源，人人都可以无偿占用，有放自行车的、三轮车的，还有放废旧品的，从而使"公地悲剧"再次成为现实。另外，因无人监管，各家都将不用的杂物甚至垃圾堆放在公共空间之中，甚至有居民在自家门前搭建了棚户。这种做法不仅极大地挤占了公共空间，严重影响了社区环境，而且还存在很大的安全隐患。这样，一部分人利益的满足，是建立在侵害他人权益的基础之上，一件件的事情长期积攒下来，抱怨、不满、矛盾、纠纷和冲突一步步发生，社区从此陷入公共环境治理的困境中，每位居民也都可能成为权益被侵害的一方。

面对上述一大堆社区自己难以解决的老大难问题，居委会最终请来了"社区参与行动服务中心"②，该中心介入后，通过"居民动员—居民自我决策：开

---

① Pioneers of Change Associates, *Mapping Dialogue: A Research Project Profiling Dialogue Tools and Processes for Social Change*, South Africa: Johannesburg, April 2006, pp. 49-53/

② 社区参与服务行动中心（注册名称为北京市东城区社区参与行动服务中心）是一家致力于通过创新方式促进城市社区参与式发展的社会组织。该中心宗旨是推动中国城乡社区的参与治理，通过运用参与式方法和技术，支持社区利益相关方在提供有效的社区服务、化解社区冲突、解决社区问题上构建共识和有效合作，以及在此基础上促进基层协商议事制度建设与能力建设。工作领域主要包括城乡社区参与式创新工作试点的行动研究；从事社区创新工作的信息传递、收集和出版物出版；在政府、企业、专家学者、NGO和社区公众间建立沟通、交流与合作的平台；培育社区组织的发展；等等。参见社区参与服务行动中心网站：http://www.ssca.org.cn/

放空间讨论会—居民参与清理行动—选举并成立居民自管会—居民自觉参与社区建设，建立居民公约"等一系列措施，不仅成功化解了社区环境治理的顽疾，并最终取得了较好的成效。具体做法和经验如下①：

（一）居民动员

社区参与行动服务中心在介入68号院这一项目后，首先对居民的利益关切点进行了调查分析，并在调查分析的基础上对居民进行了组织动员。动员的目的并非是一气呵成地解决问题，而是为了使人们认识到问题的迫切性，并希望参与后续的"开放空间"讨论会。

（二）居民自我决策：开放空间讨论会

通常情况下，"开放空间讨论会"是在社区居委会的要求下，由"社区参与行动服务中心"来组织，然后在菊儿社区居委会活动室召开。开放空间是由参与者自行讨论做决定的动态会议形式，其参与者包括社区居民、标准件公司物业代表、菊儿社区居委会代表及其社区社会组织等。该会议一般分为三个环节：第一，"我"的问题。由居民提出68号院存在的环境问题。第二，小组讨论。根据第一环节提出的问题，居民们分成小组分别讨论，大家都将关心自己的问题摆在台面上，一起讨论并提出解决方案。第三，达成共识。大家经过讨论协商，达成共识。

（三）居民参与清理行动

在达成共识之后，社区居委会一般会在社区参与行动服务中心的协助下，将具体清理时间和事项在社区宣传栏贴出，社区居民一般都会按照要求积极参与清理行动。即使少数不积极参与清理行动的，大都也会积极配合。

（四）选举并成立居民自管会

为了保证清理的成果能够持续下去，由"社区参与行动服务中心"动员和倡议，68号院居民们决定成立居民自治管理委员会（简称自管会）。自管会的成员由全体居民选举产生，设会长一名，每个楼门设楼门长2名。自管会在居委会的监督下开展工作，并将配合居委会完成部分原本由居委会负责的工作。

---

① 邓国胜.社会创新案例精选［M］.北京：社会科学文献出版社，2013：223-234；原珂.中国特大城市社区治理［M］.北京：社会科学文献出版社，2019：290-291.

（五）社区居民自觉参与社区建设，建立居民公约

在自管会成立之后，68号院居民又开展了多项活动，如组织修缮院内自行车棚、凉棚，发动居民为环境整治捐款——"68号院环境整治募捐活动"，草拟并经大家讨论出台68号院住户公约，其内容涵盖楼道清洁、休息凉棚、自行车棚、汽车停放、宠物饲养以及房屋出租等方面，并将公约草案发放到每一户家中，征求大家意见，之后通过召开68号院居民公约签字仪式，最终形成了正式的68号院居民公约，并将其制作、悬挂在每个楼门里。

最后，经过前后一年多的努力，68号院的环境整治基本结束，全院42户都积极参与了整个社区环境整治的过程，并取得良好成效。2010年7月14日《人民日报海外版》在有关菊儿社区"开放空间"的报道中，对社区参与行动服务中心的这种新思维模式给予了很高的评价，并对这种居民自治的模式表示了肯定和称赞。而北京社区参与行动服务中心也因其突出贡献，赢得了政府、居民等各个合作方的认可与信任。2010年"社区参与行动服务中心"的"城市社区参与式治理能力建设"项目荣获了中国首届"社会创新奖"。2012年菊儿社区公众参与社区规划实践项目还获得了该年度迪拜国际改善居住环境最佳范例奖。

第四节　社区文化

文化是城市的灵魂，社区与文化不能割裂。文化品位决定社区品质，社区文化如何，不仅影响到居民的幸福指数，而且也直接影响到社区的整体形象。

一、社区文化及内涵

文化（culture）是一个既简单又复杂，既具体又抽象的概念。在中国古代，文化一词通常是文治与教化的简称。古人把"文治武功"作为一种境界，"文韬武略"作为一种手段，"文如其人"作为一种风采。本质上，文化首先是外部事物在人的内心世界的意识化，是作为知识、观念、规范、价值等内在于主体人的意识之中，活跃于人的心灵世界的东西。英国人类学之父爱德华·泰勒较早将文化作为一个中心概念提出来。他认为，"文化，或文明，从广义的民

族学来说，是社会成员的所掌握和接受的任何其他的才能和习惯的复合体，具体包括全部的知识、信仰、艺术、道德、法律、风俗。①"这是综合性的、现象描述性的定义，指出了文化的整体性，这也是目前较为具有代表性的文化定义。

通常，文化是在一定的空间范围和时间向度内生成的，而社区是文化的土壤。关于社区文化（community culture）的概念，从不同视角解读，内涵不一。

1. 从生活方式的角度来定义

吴文藻认为，"简单来看，社区文化是某一个社区的居民所形成的生活方式，也可以说是一个民族应付环境的总成绩。②"郑杭生认为，"社区文化包含人类的精神生活方式和物质生活方式两个层次。前者主要包括人们的价值结构、信仰结构和规范结构诸方面；后者主要指人们衣食住行及工作和娱乐的方式。③"奚从清认为，"社区文化，就是指在一定的社区内，人们在社会生活过程中创造孕育出来的人工环境、行为模式和生活方式。④"

2. 从广义狭义的角度来定义

广义的社区文化，是指社区居民在特定时空内通过生产劳动为社会增加的所有物质财富和精神财富。狭义的社区文化，则指社区居民长期在特定环境活动过程中所形成的各种文化现象的总和。

3. 从特色文化的角度来定义

社区文化"包括在它的语言文字、公共象征、知识信仰、知识体系以及有关行为程序中的惯例、规则与特定方式之中，是指社区内相对统一的一种文化。它与其他社区的行为体系有着很大的区别，例如截然不同的居住形式，差异性较大的语言，不同的经济观念等，这是一种社区居民公认的社区文化，同时这种文化又约束着社区居民的行为方式和思维方式。⑤"

---

① 中国大百科全书. 社会学编辑委员会. 中国大百科全书（社会学卷）[M]. 北京: 中国大百科全书出版社, 1991: 357.
② 吴文藻. 文化表格文明 [J]. 社会学界 [M]. 1939（10）.
③ 郑杭生. 社会学概论新修 [M]. 北京: 中国人民大学出版社, 1987: 259.
④ 奚从清, 沈赓芳. 城市社区服务 [M]. 杭州: 浙江大学出版社, 1989: 159.
⑤ 方明, 王颖. 观察社会的视角—社区新论 [M]. 北京: 知识出版社, 1991: 125.

4. 从群众文化的角度来定义

社区文化是社会文化在社区中的反映，是地域性的群众文化。社区文化的价值取向、道德评价和感情色彩等，深植于社区且被社区居民所认同，并对社区内的居民具有一定的约束力，这种规范作用是法律约束所难以达到和不可替代的①。

5. 从文化系统的角度来定义

社区文化指的是特定社会区域当中人们各方面的行为所构成的文化生态系统。它既包括这一区域内人们的生产方式和生活方式，也包括该区域内社会成员的理想追求、价值观念、道德情操、生活习俗、审美方式、娱乐时尚等②。

6. 从文化活动的角度来定义

美国学者凯西布斯认为："社区文化主要是指社区文化活动，活动内容主要包括：艺术活动、课堂学习、剧院演出、节日庆典、挽救失足青少年教育、环境美化、文物保护和旅游等③。"

由上可知，社区文化的内涵很丰富。简言之，社区文化通常是指在一定区域范围内和一定社会历史条件下，社区成员在社区社会实践中共同创造的具有本社区特色的精神财富及其物质形态。它涉及视觉文化、环境文化、行为文化、制度文化和精神文化等内容，如社区节庆文化是集多种社区文化于一身的典型体现。从根本上来说，社区文化与其他文化一样，是一种独立存在的亚文化，也是整个社会文化的重要组成部分。因此，社区文化同样具有地域性、群众性、实用性、分散性等一般文化的诸多特征。现实生活中，社区文化还具有娱乐和健身功能、认知和育智功能、传承和整合功能、审美和创造功能等。特别是随着新时期我国学习型社会和终身教育的深入开展，新时代的社区文化对居民群众的综合素质影响越来越显著，其愈发凸显在价值导向性、情感归属性、行为引导性和教育实践性等方面。这种意义上，在新时期，文化是魂，使民族走向复兴；教育是根，让花朵承载希望。以社区教育和终生教育为依托，创新社区

---

① 阎志民. 跨世纪治国方略 [M]. 西安: 陕西人民教育出版社, 2000: 252.
② 龚贻洲. 论社区文化及其建设 [J]. 华中师范大学学报（哲学社会科学版）, 1997（5）: 4.
③ 叶南客. 都市社会的微观再造——中外城市社区比较新论 [M]. 南京: 东南大学出版社, 2003: 363.

文化模式，营造平等、公正、相互关怀的社区社会环境，提升人民的归属感和幸福感，是新时期社区文化建设的终极使命。

二、社区文化与社区精神

社区文化与社区精神密切相关，但其有别于社区精神。社区精神是社区文化和社区价值追求，它表现为人们对社区文化、习俗、行为方式、价值观念的支持、接纳、认同与遵从。社区精神既是社区治理的基础与方向，是社区教育的核心，也是联结社区居民之间的情感、关系的纽带，更是社区人的身份认同和价值，心理的归属，是人们形成凝聚力的核心。社区不仅是人们居住的空间，而更应该是人们精神、情感的共鸣与寄予之地[1]。而社区文化是社区的精神"魂魄"与"气质"所在。一个社区的持续发展，不仅需要以发展的眼光来引领，更需要社区文化来支撑，特别是对所在社区特有内在文化的传承与发展。关于社区文化，国家文化部一官员说道，社区文化不单单只是"社区＋文化"，社区文化是一种气质、一种风格、更是一种精神。一个社区的文化，就像一所大学有着自己独特的气质一样，应是这个社区的气质与灵魂。在这种意义上，社区文化的开展并不只是日常的"吹""拉""弹""跳""唱""琴""棋""书""画""摄"，也不是跳跳"广场舞"、上街"打打鼓"、玩玩"柔力球"、成天"斗地主"，而是要用一种精神来充实丰富社区的文化载体，自觉形成社区居民共同的归属感、责任感与认同感[2]。

本质上，社区文化是一种家园文化，它反映的是居民的精神面貌和价值追求，为完善社区治理提供价值认同基础和广泛深厚的群众基础。为此，新时代的社区文化建设应以为社区居民的生活营造良好文化氛围为根本目的，满足社区居民群众的文化需求，通过丰富多彩、寓教于乐的文化活动，增强社区居民的凝聚力和归属感，逐步形成社区居民共同的道德观和价值观，营造具有强烈的时代感，并被社区广大居民广泛认同的社区精神和文化理念。同时，新时代

---

① 李宜芯，李盛聪，李瑞雪.社区教育促进社区治理：意义、问题及路径［J］.继续教育，2018（3）：118.

② 对文化部W同志的访谈，2015年6月8日。转引自：原珂.中国特大城市社区冲突与治理研究［D］.天津：南开大学周恩来政府管理学院，2016：311.

的社区文化在促进现代社区治理进程中也将持续发挥以"魂"铸人、以"德"树人、以"文"化人、以"技"助人、以"情"聚人的功能。

三、案例延伸：云南省安宁市八街社区文化创新

八街社区地处云南省安宁市八街街道集镇，辖区面积1.21平方公里，八街有着深厚的文化底蕴，素有花灯之乡的美名。随着社会经济的快速发展和人民对美好生活的向往，群众对精神文明、文化活动、生活理念的需求不断提高，八街社区党支部以建设文化惠民示范社区为契机，本着文化育民、文化惠民、文化乐民的理念，投入25万元资金，打造八街云程广场舞台，完善灯光、音响舞台背景等设施，为群众开展文化活动提供了保障阵地。这样，一则营造出一个形式多样、积极健康的社区文化娱乐氛围，丰富了社区群众文化生活。二则有效挖掘了本地特色文化，以群众大舞台的方式为群众搭建了展示自我的平台，既弘扬了地域传统文化，又充分激发了广大群众参与的积极性。三则把基层党建与文化建设结合起来，充分发挥了党建促文化，文化促党建的相互作用。其具体做法如下[①]：

一是加强组织领导，注重统筹协调。首先，明确专人负责文化活动的开展，召开"两委"班子会议制定工作计划方案。其次，确保经费到位，以有效有序开展工作，做好年度文化活动经费，确保各项文化活动正常开展。第三，共驻共建，加强与街道各单位的沟通联系，利用节日特点与各单位联合开展文体活动，使活动内容形式丰富多彩。

二是汇集全部力量，打造群众大舞台。通过整合省市专项资金、社区、上级部门、企业等力量共建舞台，多方面筹集资金，建立合理多渠道的投入体系。群众大舞台以集镇云程广场为中心点，对原有舞台进行修缮，音响、灯光、背景等设施更新，保证活动顺利举行。

三是发挥群众文体队伍的作用，打造文明生活。一方面，组织街道文艺队伍参与活动。利用节日特点组织文艺队伍开展文艺演出活动，社区锦绣文艺队的花灯小戏参加昆明台《我家花灯节目》的录制，每年安宁市组织的8·8全民健

---

① 安宁市人民政府网站，2018年9月21日。网址：http://an.km.gov.cn.

身比赛、辖区的文艺队伍都能取得很好的成绩。现在辖区内长期活跃着4支文艺队伍，擅长花灯小戏、广场舞、小品等活动，文艺队节目内容丰富多彩、每次演出都深受观众的喜爱，"四支队伍"成了群众大舞台的活动主体。另一方面，广泛动员群众参与。社区将开展文体活动的时间固定，确定好主题后，通过广播等宣传方式，让街道范围内的文艺队伍、文艺爱好者积极参与活动，群众大舞台让有一技之长的群众，能得到一展身手的机会。

四是坚持文化为民，力求取得实效。一则着力满足群众文化需求。群众大舞台为普通群众搭建了展示自我的大舞台，充分激发了广大群众的积极性、丰富了群众的文艺娱乐生活。二则举办活动主题鲜明、内容形式多样。通过不同的主题来开展活动，既在群众中营造了浓烈的节日气氛，让文艺爱好者展示了自己的才华，同时让"我们的节日"主题活动得到了宣传推广。每年的春节及踩街文艺演出活动，内容形式多样，有自编自演的花灯小戏、表演唱等赞八街的文艺作品，吸引成千上万的外地游客到八街来观看，通过不同形式、内容的表演，让更多的观众了解了八街这个美丽的地方，吸引更多的外地游客到八街来游玩、为打造八街旅游小镇打下了坚实的基础。

通过上述举措，八街社区文化建设取得了显著成效。

一是有效缓解基层文化供需矛盾。群众大舞台以普通群众为活动主体，群众可自编自演节目参与到活动。既充分激发了广大群众的积极性，又提供了展示自我的舞台，有效地缓解了群众文化的供需矛盾。同时，群众自发编排的花灯小戏、扇舞等群众性文化活动，打响了八街的花灯小镇这张名片，使许多业余文艺骨干和文艺爱好者通过这一平台，从田间地头走向舞台，很好地体现了"文化育民、文化惠民、文化乐民"的理念。

二是有效丰富基层文化活动形式。群众大舞台系列活动，既满足了群众参演的文化需求，又丰富了群众的文化生活，其在形式上显得更具活泼性和多样性。同时，群众大舞台在活动中注重与当前的各项国家政策法规知识有机的结合，内容形式多样、活动影响深远、传播力度较强、公众参与度高。既突出主题，又富有时代性，能更好地贴近生活、贴近实际、贴近群众，为人民群众所喜闻乐见，使群众性文化活动更加丰富多彩。

　　三是有效整合基层文化活动资源。为了不断完善群众大舞台的各项设施，使群众大舞台成为党和各级组织宣传政策法规的坚强阵地，同时为当地开展各种文化活动提供了阵地保障，也为今后持续发挥群众大舞台的社会效应创造了有利条件，为群众打造了一个自我展示的大舞台。特别是在挖掘和整理民间表演艺术、提升民间艺术品位方面，成效显著。

　　四是有效转变基层文化角色意识。由上可知，群众大舞台通过"我搭台，你唱戏，明星就是你自己"这一口号，发动社会各界搭建群众大舞台，动员广大群众作为活动主体积极参与社区文化活动，使他们成为提高基层文化队伍素质和提升区域文化特色的主体力量。这一方面打破了原来政府既"搭台"又"唱戏"的局面，从而实现了真正的"政府搭台、群众唱戏"，树立了社区为民办实事的崭新形象。另一方面，还丰富了基层群众的业余文化生活，让社区民众更加坚定的走好文化自信的道路。

　　当然，目前其也还存在一些问题，如文化项目比较单一，没有探索出丰富多彩的其他文娱形式，覆盖群众群体有限；群众参与度有待提升，没有探索出更加吸引群众的文化参与机制等，这些则需在进一步发展中来解决。

第五节　社区教育

　　1960年联合国发表的《社区发展与经济发展》报告中指出：社区发展的重点是人的因素，是人的培养、发展和教育[①]。社区教育是现代城市社区治理的重要方式，办好社区教育能够支撑社区的良性、可持续发展，能够宣扬和引导主流价值观，同时还能够调和人和社会的发展矛盾。由此可知，社区教育既是新时代社区治理能力现代化的基础性支撑，亦是社区治理能力现代化的终极旨向所在。

　　一、社区教育及内涵

　　社区教育（community education），顾名思义，就是在社区内进行的各

[①] 张康之，石国亮.国外社区治理自治与合作［M］.北京：中国言实出版社，2012：221.

种教育活动。其实，"社区教育"这一概念在国际上正式确立和广泛应用则在第二次世界大战之后。目前世界各国对社区教育的界定不一，尚未达成共识。据当代权威的《国际教育大百科辞典》解释，社区教育被广泛认为是一种将学校和大学当作面向所有年龄层开放的教育娱乐中心的过程，即政府在管理社会事务过程中可以利用社区教育的手段，调动人们内在积极性，培养自主意识，从而能动地参与社会的管理活动。我国教育部在2000年4月《关于在部分地区开展社区教育实验工作的通知》（教职成司［2000］14号）中，明确提出"社区教育是在一定区域内利用各类教育资源，开展的旨在提高社区全体成员整体素质和生活质量，服务区域经济建设和社会发展的教育活动"。学者叶忠海认为社区教育是指以社区为范围，以社区全体成员为对象，旨在发展社区和提高其成员素质和生活质量为目的的教育综合体[1]。厉以贤则认为社区教育是实现社区全体成员素质和生活质量的提高以及社区发展的一种社区性的教育活动和过程[2]。综上可知，社区教育是实现终身教育的重要形式和建立学习化社区的基础，其具备"全员、全面、全程的基本特征"。本质上，社区教育是一个"多元立体的系统"[3]，即把人一生各个学习阶段的学习活动连贯起来，实现学习在时间上的"纵向一体化"；把学校、家庭、社会教育因素整合起来，实现学习与生活在空间上的"横向一体化"，使各种教育形式连贯、协调。也就是说，纵向上它贯穿人的一生，横向上它是学校教育、家庭教育和社会教育的三结合。另外，关于社区教育的内涵，还需要从以下几个层面把握。

一是与社区建设和社会工作的关系。社区建设是社区教育的发展基础，社区教育是社区建设的重要内容与载体。它对于满足人民群众日益增长的终身学习需求、促进人的全面发展、推进社区建设及学习型社会建设等都具有重要意义。与此同时，社区教育作为社区社会工作的一种模式，旨在营造平等、公正、相互关怀的社会环境，促进居民行为的改善和意识的提升，增强对社区的归属

---

[1] 叶忠海. 社区教育学基础［M］. 上海：上海大学出版社，2000：24.
[2] 厉以贤. 终身学习视野中的社区教育［J］. 中国远程教育，2007（5）：8.
[3] "面向21世纪中国社区的终身学习的调查与研究"课题组. 社区终身学习理念与我国社区教育转型［J］. 教育研究，2002（11）：40.

感。例如，社区矫正就是社区教育的一种有效实践形式，亦是社区社会工作的一项重要内容。某种意义上，社区教育的目的，既是为了培养成员的社区集体观念和认同感，提高社区居民整体素质及生活质量，又是为了化解社区矛盾、解决社区问题，推动社区发展，实现社区善治①。

二是与学校教育的关系。 现代社区教育是一种区域性的教育社会一体化的教育模式，是有别于传统的学校教育、成人教育、职业教育的一种新型的教育模式。社区教育较之全日制普通教育，其参与群体无论在年龄、职业还是学习能力、时间和需求等方面都更为复杂多样。较之学校职业教育，社区教育更为关注在生活水平提高的同时居民终身学习能力的发展，而不仅仅止于职前终结性的专业技能教育，是终身学习（Life-long Learning）理念②在居民中发挥影响的一个实践性立足点③。另一方面，社区教育的公益性、公平性等特点，容易被百姓接受和认可，使百姓乐意并自觉接受社区教育，社区教育的发展，弥补了原有教育体系的结构性缺失和制度性缺陷，社区教育资源人人共享，特别是弱势群体、困难群体享有平等的教育机会，受到特殊的教育关爱和服务，帮助他们掌握了生活生存的技能。此外，社区教育通过将家庭教育、学校教育、职业教育等整合融为一体，有效克服了家庭教育的封闭性、学校教育的局限性、职业教育的功利性等，这有助于社区教育成为建设和谐社会、推进教育公平的有效途径和手段④。

三是与终身教育的关系。 终身教育是贯穿于人的一生的、并与社会多元化、一体化、平等化等相关联的旨在提升全民素质的教育，具有全面性、普及性、机动性、多样性和系统性等特征。而社区教育作为终身教育体系的重要组成部分，是落实终身教育"最后一公里"重要抓手所在。它不仅有力推进着学历教育与非学历教育协调发展、职业教育与普通教育相互沟通、职前教育与职后教

① 张康之，石国亮. 国外社区治理自治与合作 [M]. 北京：中国言实出版社，2012：222.
② 终身学习是后工业化、后现代、后福利时代出现的教育新理念。在世界范围内，学习型社会与终身学习的理念出现于20世纪七八十年代。学习被认为是解决后工业危险社会所带来问题的灵丹妙药。C. Griffin, Fromeducation policy to lifelong learning strategies. 2001, p. 48. In P. Jarvis (eds), *The age of learning*, London: Kogan Page, pp.41-54.
③ 宋德清. MOOC在社区教育中的应用路径探索——基于开放大学建设的视角 [J]. 远程教育杂志，2013（6）：68.
④ 陈乃林，刘建同. 学习型社会建设中的社区教育发展研究 [M]. 北京：高等教育出版社，2010：167.

育有效衔接，而且还"焊接"着教育体系的缝隙，打造着一体贯通、一脉相承的终身教育体系链。具体来说，终身教育侧重从纵向的时间维度、兼顾空间维度来认识问题，科学定位终身教育在社会化大教育体系中的位置；而社区教育则是侧重从横向的空间维度、兼顾时间维度来认识问题，更多地和全民教育、社会教育靠近。虽二者各有侧重，但又相互交叉与弥合。

四是与学习型社区、学习型城市和学习型社会的关系。社区教育是学习型社区、学习型城区、学习型城市与学习型城市建设的基本单位，它与学习型社区、城市和社会的建设是一脉相承，层层递进的关系。建设学习型社会是实现"两个一百年"奋斗目标和中华民族伟大复兴中国梦的重要内容和有力支撑。党的十九大报告明确提出"办好继续教育，加快建设学习型社会，大力提高国民素质"。党的十八大报告也曾明确提出"完善终身教育体系，建设学习型社会，促进人的全面发展"。21世纪是一个知识经济的时代。放眼全球，创新、知识、学习对于城市、地区乃至国家的财富积累、就业市场及经济发展所具有的巨大推力已经成为广泛共识。而知识经济时代要求与之相匹配的学习化社会，亦要求有应对不断变化的经济与社会环境所需的学习型社区。社区教育作为学习型社区建设的具体形态和有效抓手，也是学习型城市与社会建设的出发点与落脚点所在。某种程度上，新时代的学习型社区既可以是一个城市，也可以是一个城镇或地区，其是以学习作为促进社区建设、发展和治理的核心手段，以完善的社区教育体系和普遍的学习型组织为基础，社区居民广泛参与多样化的社区学习活动，从而有效地提高社区居民的素质和生活质量并促进社区持续发展的创新型社区。

最后，需要说明的是，关于社区教育的意涵，综上既有阐释主要有三个维度：一是为了社区的教育，以社区需求和终身学习为导向；二是属于社区的教育，强调社区参与和公民精神提升；三是通过社区的教育，重视社区教育资源的有效利用与整合开发，注重社区与教育的关联度以及社区教育的结构功能等。然而，本书更为注重的是社区教育作为新时期社区建设与可持续发展的重要内容之一，其与社区发展和社区行动的关系。社区教育只有真正服务于社区行动才能获得社区成员的认同和支持并取得真正的成功，反之大量的社区行动都是在社区教育的激发和帮助下形成并实现自己目标的。而社区发展则以社区教育和社区行动为主要路径，通过社区教育促进社区行动最终实现社区发展，这已经被国际社区发展经验证明为具有普适性的成功路径[①]。在我国，新时期的社区教育需要把服务于社区居民的个体需求与服务于社区行动结合起来，把前者作为后者的手段和载体，实现社区教育、社区组织和社区行动的一体化，以最终促进社区行动特别是治理能力的不断提升。

二、案例延伸：重庆桃源居社区的"校社合作"

重庆桃源居社区的"校社合作"，是中国妇女发展基金会、桃源居公益事业发展基金会两大国家级基金会与中华女子学院和重庆女子职业高级中学强强联手开展的"校社合作"。这在中国社区公益教育史上首开先河。实践中，其以重庆桃源居社区文化教育中心为平台，中华女子学院将在重庆桃源居社区开设大专、本科和研究生课程，以及博雅学堂。同时，借助这一平台，初中学历的社区妇女可以通过重庆女子职业高级中学攻读中专学历。经劳动部门批准，社区文化教育中心还将开设素质教育、职业教育等。按照当初计划，在重庆桃源居社区5年开发期内，25～45岁的社区妇女可望全面普及一次。重庆女子职中将全面承办中华女子学院，为桃源居社区制订全员教育，妇女终生教育战略发展规划等。此外，社区文化教育中心，还将立足社区，面向社区开展学历教育、职业教育和素质教育等。

另外，在社区老年教育方面，重庆桃源居社区文化中心将设立老年俱乐部，开办老年大学，对符合条件的社区老人提供终身式、全福利服务。在儿童教育方面，桃源居基金会将在毗邻社区的两江小学、渝北中学和女子职业高中这三所学校设立培优奖优奖学金，在这三所学校就读的桃源居社区学子，只要符合相关条件，就可享受培优奖学金。选读女子职高的社区学子，只要符合条件，也会享有助学金。学校放学后，社区儿童素质教育中心还将提供午托、晚托服

---

① 某种意义上，社区发展的本质就是一个社区教育与组织的行动过程，是社区教育过程中的社区性在场。所谓社区教育的社区性则是指社区教育主体利用自身的知识、技能、经验和物质、经济等各种资源发动、服务、参与、组织社区行动，促进社区行动能力提高之过程。与非社区教育相比，社区教育的社区性在场主要表现在地域性、直接应用性、多元性和平等性等方面。周业勤，秦钠. 社区教育中"社区性"的缺席与在场［J］. 探索与争鸣. 2010（3）：48-49.

务以及节假日的素质教育服务。

在此，需注意的是，资金充足是重庆桃源居社区教育得以顺利推进的重要保障。在2013年重庆桃源居社区文化教育中心联合兴办启动仪式上，桃源居公益事业发展基金会定向捐赠1亿元，用于重庆桃源居社区开展社区全员教育、妇女终身素质教育和老年大学、社区儿童素质等公益项目。其中，7000万元用于重庆桃源居社区文化教育中心的场馆建设，建成后，该中心面积将达到1万平方米，成为中国社区文化教育的窗口和标志性建筑。另外3000万元用于今后5年重庆桃源居社区妇女、老人、儿童全员终身教育经费。

追根溯源，可以说，重庆桃源居社区教育模式起源于深圳桃源居①，但它并非简单的复制或翻版，而是深圳桃源居的"豪华升级版"：在场馆硬件上，重庆桃源居社区文化教育中心面积达1万平方米，在中国堪称独一无二；在资源整合上，该中心集各项功能于一身，如此巨大的"社区综合生活体"，在全国同样绝无仅有。此外，这块社区福利"蛋糕"所惠及的人群在重庆也将扩大。因为在深圳桃源居，二次置业的社区妇女是不享受社区公益教育福利的，而在重庆桃源居，不管您是二次置业或者租住，凡系桃源居人家会员只要遵守"桃源人家"社区公约，便可享受到不同等级的社区公约服务与福利。

整体来说，重庆桃源居围绕民生，规划先行，建管统一，建设服务型善治社区。在此过程中，政府引导企业承担责任，大力培育社会组织，由此派生出了校社合作的社区公益教育体系。在社区开发期引导社会组织扶上马，在结束开发时，完成公益组织的培育，社区服务转为社区福利，成为政府公共服务的补充，形成了政府公共服务和福利良性转换的可持续发展机制。对此，北京大学法学院金锦萍认为，社区教育对于社区建设和社会的意义不可低估。"没有社区的建设就没有社会的发展；一个强大的社区是医治各种社会疾病的基础；良

---

① 时至今日，深圳桃源居社区全员终身教育体系已日臻完善，形成了以清华实验学校为代表的学历教育，以儿童中心、儿童泛会所为代表的儿童教育，以女子学校、邻里中心为代表的妇女教育，以老年大学为依托的老年教育，以家长学校、家长开放日为代表的家长教育，以及家庭寄宿教育、社区意识教育和社区环境文化教育等8个子系统组建而成，互动而又融为一体的"桃源居社区教育模式"，将整个社区变成了一所"大学校"，实现了社区教育的全员性、终身性、系统性，为社区文化建设和居民文明素质的提升提供了一个强大的载体。这一模式囊括了各种教育形式，涵盖了从小到老各个年龄段，陶行知先生"生活即教育""社会即学校""教学做合一"三大教育原理和"生活教育与生俱来，与生同去。只要生活就要学习"的终生教育主张，在桃源居变成美好现实。资料来源：王莎莎，周长红.社区公益教育的"桃源居模式"[J].西部时报，2013-5-14（3）.

好的社区教育能够加强社区建设；通过社区教育，才能使社会持续性地发展。"其实，社区教育是一个公共领域的扩展，我们会发现有很多非常漂亮的小区，但是小区内的个体都是孤立的，缺乏归宿感和安全感。在重庆桃源居社区，有了社区教育文化中心之后，实际上是把社区中各个孤立的、本身没有血缘、地域联系的个体有力联结的纽带相互连接，这是非常有意义的，可以说，社区教育本身就在构建真正意义上的社区。未来，重庆桃源居社区教育模式还需注意以下三方面的问题：第一，从政府层面，如何有效整合社区妇女教育与区域的中心工作、重庆渝北区各单位的教育职能、教育资源。比如说，渝北区的区教委、卫生部门、文化单位，如何和社区教育工作相衔接。第二，如何激励辖区单位，使其愿意乐意支持社区教育工作，达到共教、共助、共建、共享的氛围。第三，如何从法律、法治层面上来支持社区的教育及社区妇女教育工作等。

第六节　社区生态环境

党的十八大报告首次提出要"努力建设美丽中国"，党的十九大报告再次指出"建设美丽中国"，要"推进绿色发展"，开展"绿色社区"行动与建设。党的十九届四中全会明确提出"生态文明建设是关系中华民族永续发展的千年大计"，"必须践行绿水青山就是金山银山的理念，坚持节约资源和保护环境的基本国策"。某种意义上，开展绿色社区行动，建设绿色社区是建设美丽中国的根基所在。社区美，中国则美；社区和谐，则国家和谐。

一、社区环境及其意义

"美丽中国"首重生态文明的自然之美。这种自然之美既包括农村社区的山清水秀，也包括城市社区里的干净整洁。倘若我们所居住的社区垃圾遍地、污水横流、狗粪满目、车辆乱停，没有任何绿地，没有任何花草树木，这样的中国肯定谈不上是"美丽中国"。但是，不可否认的是，在现实生活中，确实还存在这样"脏乱差"的社区。因而，建设"美丽中国"应从我们身边的"绿色社区"行动与建设开始。当然，绿色社区并非"人造绿色生态"。近年来，随着国内房地产市场竞争越来越激烈，不少开发商望通过层次化的园林设计打破原有的产品同质化，以种植名贵树种提高业主潜在的细节体验。某种意义上，这是一种显摆的心理，动辄几十万元的名贵树种并非真正的"绿色生态"，真正的"绿色生态"是指对大自然的干扰能降到最小，而不是"人造绿色生态"。所谓绿色社区（Green community），应是指在对大自然不造成干扰的前提下，以生态美好、环境优雅为标准，给居民创造空气优良、流水清秀、草木成荫的舒适、优雅、愉悦的人居环境，提高居民的生活环境质量。很大程度上，整洁的社区环境，良好的社区生态，是人与自然和谐发展的具体体现与社区可持续发展的内涵所在，也是现代社区治理的外在展示和美丽中国建设的最基本要求。

特别是随着近年来我国城市化进程的快速推进，社区在城市建设与综合治理中的地位和作用愈发凸显。加强绿色社区建设，对于提升居民生活质量与幸福指数、美化城市环境与维护城市生态、提高城市管理和基层社会治理水平以及美丽中国等都具有重要意义。

第一，绿色社区是美丽中国建设的重要根基。"美丽中国"离不开"绿色社区"，"美丽中国"建设须从"绿色社区"及"绿色家庭"开始。社区，是人们日常生活工作的主要场所，人们在社会生活中的所有事项最终都体现为社区中的一个个家庭、一个个社会成员的生活经历在社区的集体上演。同时，社区作为社会的"全息缩影"，也是社会建设的落脚点所在，社会治理也需从社区治理做起。因此，建设"绿色社区"，既是美丽中国建设的结构基础和重要组成部分，也是当下推进环境友好型社会建设与可持续城市发展的有益探索。

第二，绿色社区是中国城市社区建设与发展的方向所在。城市治理是国家治理的核心所在。社区作为公共治理的最小单位，不仅是构成城市社会的基本单元，更是深化城市治理乃至社会治理与国家治理工作的重要基层平台。城市社区治理水平或程度的高低，不仅决定着城市治理的广度，而且决定着城市治理的深度。一个城市的社会治理水平在很大程度上体现在社区治理的总体水平上。在此意义上，绿色社区是中国城市社区建设与发展的方向所在。其不仅代表着我国城市社区治理水准的高低，而且还是公共治理和城市基层治理的关键环节。与此同时，绿色社区还是社区治理体系和治理能力现代化的具体体现。加快绿色社区建设，不仅对实现社区乃至社会治理体系和治理能力现代化建设具有重要意义，而且还对实现新时期全面深化改革的总目标具有重大战略意义。

社区，是社会治理的基本单元，是党和政府联系群众、服务群众的重要载体。建设绿色社区是推进美丽中国建设的基础，美丽中国的建设离不开绿色社区的稳健运行与有序发展。富裕强大但环境污染不是"美丽中国"，山清水秀而人文素质低下同样也不是"美丽中国"。同理，"绿色社区"也不仅仅是自然生态环境优美的社区，更应是现代文明的人文社区、和谐社区。言而总之，绿色社区，作为中国城市社区建设、发展与治理的方向所在与目标追求，不仅是"管理有序、服务完善、生态宜居、平安文明、人际和谐、持续发展"的社会生活共同体，更是筑牢建构"美丽中国梦"的根基[①]。

二、案例延伸：北京大乘巷社区垃圾分类治理经验

在2016年12月召开的中央财经领导小组会议第十四次会议中，习近平总书记指出，普遍推行垃圾分类制度，关系13亿多人生活环境改善，关系垃圾能不能减量化、资源化、无害化处理。要加快建立分类投放、分类收集、分类运输、分类处理的垃圾处理系统，形成以法治为基础、政府推动、全民参与、城乡统筹、因地制宜的垃圾分类制度，努力提高垃圾分类制度覆盖范围[②]。

垃圾分类概念的提出在我国并不算晚，2000年我国就开始推行垃圾分类试点工作，在此期间各级政府出台了一系列措施对垃圾的回收和处理进行规制。尤其在最近几年，随着社会经济的快速发展、人民生活水平的日益提升，垃圾的排放量也呈现出逐年增加的趋势，给人们的生产生活带来了巨大的困扰。因此，上到中央，下至地方，垃圾治理工作都受到了高度的重视。2017年国务院办公厅发布的《生活垃圾分类制度实施方案》对垃圾回收工作提出了新的要求，该方案指出到2020年底，我国要基本建立垃圾分类相关法律法规和标准体系，形成可复制、可推广的生活垃圾分类模式，在实施生活垃圾强制分类的城市，生活垃圾回收利用率达到35%以上。

从整体上讲，我国的垃圾分类工作的进程相对缓慢，垃圾分类的体系化建设也相对滞后，但是在开展垃圾分类处理建设的二十余年历史中，也涌现出了

---

① 原珂. 发展绿色社区 建设美丽中国［N］. 中国社区报，2017-11-10（3）.
② 孙航，毕浩哲. 社区垃圾分类治理经验：以北京大乘巷社区为例［N］. 中国社区报，2017-6-9（3）.

一大批垃圾分类化运作的先进单位和社区，其中位于北京西城区的大乘巷社区便是一个典型的例子。

大乘巷社区隶属于北京市西城区新街口街道，该社区是北京乃至全国最早一批实施垃圾分类处理的社区之一。1996年时，社区在环保组织的宣传带动下就开启了垃圾分类处理的进程，经过二十多年的发展，如今的大乘巷社区无论是在居民观念还是在配套设施上，都已经形成了相对成熟的垃圾分类运作体系，成为各地争相考察学习的榜样。

总结大乘巷社区垃圾分类的做法后不难发现，该社区至少在两个层面上努力保证了垃圾分类化运作上的成功。第一是思想层面，大乘巷社区最早开始进行垃圾分类是源于1996年一个叫"地球村"的环保组织的倡议，该环保组织将国外先进的垃圾回收经验带到了大乘巷社区，自此该社区便开始了垃圾分类回收的历史。起初，社区居民并没有垃圾分类的意识，垃圾分类工作的进展也十分困难，社区家委会于是借着环保组织的倡议开展了一系列宣传教育活动，先是向社区居民发出了《致居民的一封信》，号召大家进行垃圾分类，其次是对社区居民进行有关垃圾分类知识的培训，从家委会的委员开始，到楼里的党员干部、入党积极分子，再到每一个居民，形成了一条完整的垃圾分类知识传播链条。在家委会的不断努力下，社区居民逐渐培养起了垃圾分类的意识，垃圾分类回收的效果也十分显著。回顾大乘巷社区的垃圾分类历史，我们可以看到一套完整的垃圾分类意识培养体系，在这套体系中至少有四重力量在发挥作用。首先是环保组织的力量，环保组织拥有先进的理念和实践经验，垃圾分类运动的起步阶段离不开这些环保组织的倡导，他们的宣传对启发民众意识发挥着不可替代的作用。第二重力量是家委会的力量，家委会的委员不仅在日常生活中负责督导、劝说社区居民进行有意识的垃圾分类，还在实际行动中发挥党员同志的带头模范作用，在垃圾分类方面为社区居民做出表率。正如大乘巷社区家委会主任所言，党员干部必须走在垃圾分类工作的前列。该体系中的第三重力量来自政府层面，大乘巷社区的垃圾分类工作一直受到政府层面的高度重视，该地区的领导人曾多次视察大乘巷社区的垃圾分类工作，在对大乘巷社区垃圾分类工作给予高度肯定的基础上，广泛听取社区居民对垃圾分类工作的意见和建议，并多次邀请行业专家、垃圾分类指导员以及居民代表召开座谈会，对垃圾分类工作进行指导。在这个过程中，居民不仅学到了垃圾分类的相关知识，也对垃圾分类的长久运行产生了更加坚定的信念。最后一重力量来自社区居民自身，垃圾分类关乎社区居民能否拥有一个干净的生活环境，同时其成功与否，说到底也还是取决于每一个社区居民。正是基于这样的认识，大乘巷社区居民始终能身体力行的坚持垃圾分类，不仅自身坚持，居民之间还互相监督，对缺乏分类意识的行为予以及时提醒。与此同时，家委会还在社区设立了垃圾分类知识学习屋，学习屋中摆放着各种有关垃圾分类知识的展板，居民在茶余饭后可以在学习屋中浏览各种宣传手册，学习最新的垃圾分类知识。

　　第二个层面上的努力是建立起相对完善的垃圾分类回收配套设施。大乘巷社区将垃圾共分为三类，分别是厨余垃圾、可回收垃圾和其他垃圾，与此相对应，社区家委会在社区内配备了绿、蓝、灰三种不同颜色的垃圾桶，分别盛装三类不同的垃圾。走进大乘巷社区可以发现，几乎每隔四五米就摆放着三种不同颜色的垃圾桶，在垃圾分类知识学习屋附近还设有集中投放点，共计有10余组垃圾桶，以方便居民投放垃圾。除此之外，大觉社区居委会还向每家住户免费发放了两个小塑料桶，这两个塑料桶分别盛装厨余垃圾和其他垃圾，在出门遛弯的时候便可顺带丢掉。可回收垃圾由于数量不多，大多数居民都是经过一段时间的积攒，然后统一处理。垃圾能够分类回收还少不了分类回收指导员的指导和社区环卫工人的努力。一方面，为了能对居民进行垃圾分类提供实时指导，大乘巷社区家委会特地聘请了垃圾分类指导员，每天垃圾分类指导员都会定时上岗，对缺乏垃圾分类知识的新租户进行指导，久而久之，这些新租户也加入了垃圾分类的大军；另一方面，社区家委会意识到仅为社区配备垃圾桶还不够，如果这些垃圾桶得不到及时的清理，最终也会出现废物溢出的情况。基于这种情况，家委会找到社区的环卫工人，通过协商，环卫工人最终同意每天清理垃圾桶的次数不少于六次，几乎每次不到垃圾桶装满，环卫工人就会用小车将垃圾清理掉，这样一来，既能防止垃圾溢出，又能防止垃圾因长时间堆积而滋生蚊蝇。

　　总之，大乘巷社区的垃圾分类工作正是在上述思想意识层面和配套设施层面的双重努力下才取得了如今的成绩。这也表明，只有在全民参与的背景下，新时代的垃圾分类工作才能走得更稳、更远。

第七节　社区冲突治理

社区是各种利益群体的汇集区，也是各种矛盾的冲撞处。如何有效地协调各种利益群体，畅通利益诉求渠道，是维护社区稳定和谐的关键。某种程度上，社区作为居民日常生活的基本场域，是基层社会治理的主要载体和政府进行社会管理的重要平台，理应成为消融社会矛盾冲突的"缓冲器"与"解压阀"。然而，正处于转型期的我国诸多大都市的社区却频繁成为城市社会矛盾冲突的爆发点和汇集地，其中以社区物业冲突最为棘手。据相关统计资料显示，中国大陆的群体性事件从1993年的0.87万多起一直上升至2005年的8.7万余起，2007年、2008年和2009年都超过了9万起。到2013年底时，这一数字约达18万起，虽近年来有所平缓，但总量仍高居不下。由此可知，社会转型期中国的矛盾、纠纷或冲突正处于高发态势，城市社会及基层社区将是重中之重。为此，亟须进行前瞻性的冲突分类与化解治理研究。

一、社区冲突及其类型

城市社区冲突（Community conflict），是指发生在城市社区这一特定地域内，以社区居民或其他社区主体因社区内的各种公共事务或问题而引发的对社区整体或局部造成一定影响作用的抵触、差异、对立、排斥等矛盾现象或激烈的、显性化的互动性对抗行为[1]。但追根究底，其源于社会转型期因利益关系格局调整所引发的社会冲突中的一种特殊类型，在本质上则属于根本利益与长远利益一致基础上的一种现实性的、社会性的不同群体之间的冲突。具体来说，新时期的我国城市社区冲突具有以下四方面的属性。

第一，社会性冲突。从冲突的性质来看，城市社区冲突是社会冲突的一种具体类型。因此，在本质上是一种社会性的冲突。

---

[1] 原珂. 中国城市社区冲突及化解路径探析 [J]. 中国行政管理，2015（11）: 125.

第二，群体内冲突。从冲突发生的范畴来看，我国社会转型期的城市社区冲突大都是在人们根本利益与长远利益一致基础上的不同社会群体或个体之间的矛盾冲突。

第三，经济利益冲突主导。我国社会转型期的社区冲突大多都是经济利益性的冲突，当然，在政治、文化、生态领域也存在着一定的冲突。但是，由于经济活动是一切活动的前提和基础，因经济利益差异引起的利益冲突在城市社区冲突中占据主导地位，决定和影响着其他冲突的产生和发展。

第四，现实性冲突。从冲突发生的类型来看，我国社会转型期的社区冲突大多属于现实性冲突。按照科塞的冲突理论，现实性冲突是指个人或群体只是运用冲突这一最有效的方法，来达到自己特定的目的。即使是现阶段我国城市社区中的群体性冲突，其也都是为了引起社会关注，以促进冲突双方的对话与协商，进而求得问题的解决，而不是仅仅为了宣泄某种紧张情绪或所谓的"暴力泄愤"，更不是试图跟社会"对立"。

关于社区冲突的类型划分，不同学者的观点不一。但总的来说，按照社区冲突属性、冲突主体、冲突规模或烈度以及冲突发展程度不同等，大致有如下四种划分方法，如表1-6-1所示。

社区冲突的类型　　　　　　　　　　表1-6-1

划分标准	冲突类型	举　　例
按冲突主体划分	个体间的冲突	邻里纠纷、租客与房东间的冲突、业主与商户间的冲突等人际关系冲突
	个体与群体（组织）间的冲突	社区居民与社会居委会、业主委员会、物业服务企业、驻区单位等之间的冲突
	群体（组织）间的冲突	社区居委会、业主委员会、物业服务企业、社区社会组织、驻区单位等之间的冲突
按冲突烈度（规模）划分	低度冲突	邻里纠纷之类的人际冲突
	中度冲突	一般社区经济利益冲突
	高度冲突	社区群体性事件

续表

划分标准	冲突类型	举　例
按冲突发展程度 划分	竞争	社区失业下岗人员间的冲突
	斗争	物权冲突
	战争	社区不同民族、种族间的冲突
按冲突性质（或引 发冲突的原因） 划分	社区利益冲突	业主与开发商间的冲突
	社区权力冲突	业主委员会与物业服务企业间的冲突
	社区权利冲突	社区选举权方面的冲突
	社区文化冲突	社区城乡二元文化、不同民族间的冲突
	社区结构冲突	社区自治与社区行政化间的冲突
	社区生态环境冲突	社区邻避冲突

资料来源：整理而得。

科尔曼指出判断社区冲突事件的三个标准：一是冲突事件必须触及社区成员生活的某一重要方面；二是冲突事件必须是对不同的社区成员有不同程度上的影响；三是冲突事件必须是这样的一个事件，即能让社区成员感觉到有采取行动的必要，而不是把社区推向绝望、令人束手无策的冲突事件[①]。依据这三个标准，结合社区冲突的不同属性，从公共冲突管理学视角出发，可将社会转型期我国城市社区冲突大致划分为以下六种类型[②]。

1. 社区利益冲突

简言之，即围绕社区公共利益问题而产生的冲突。它具有两大特征：一是公共性，即区别于由个人或家庭利益等引发的人际冲突；二是多样性，涉及社区公共资源的分配、公共环境的维护以及公共利益的共享等多方面。马克思曾深刻指出"人类为之奋斗的一切，都同他们的利益有关"，列宁也曾说过"生活中最敏感的神经就是利益"。的确，一切有着利益追逐的社会，都存在着利益矛盾或冲突。社区冲突也不例外。社区冲突作为一种客观社会现象，所有社区都

① James S. Coleman, *Community Conflict*, Glencoe: The Free Press, 1957, p. 4.
② 原珂. 中国城市社区冲突及化解路径探析 [J]. 中国行政管理, 2015（11）: 125-130.

存在着或隐伏着不同程度的因上述事项而引发的社区利益冲突问题。在一定程度上可以说，社区是各种利益的汇集点，也正是各种社会矛盾和冲突的交汇点。

2. 社区权力冲突

社区研究中的权力，通常是指对社区公共事务的参与权、决策权以及支配权等。桑德斯和达仁道夫皆认为社区内权力分配不均是社区冲突的根源，而非经济因素引起的。一般来说，社区权力冲突主要是指社区不同主体之间对社区"领导权"或"管理权"的争夺。通常这种权力冲突在日常社区生活中广泛存在。某种程度上，社区权力冲突的本质是利益冲突，是具体利益分配不均或相关制度不均衡而引发的对社区公共权力之间的争端。

3. 社区权利冲突

主要是指在正当权利主体之间应得权利与供给之间、实际权利行使与法定权利不符之间，或者因权利边界模糊不清而引发的对立状态。现实社区中，因社区居委会、业主委员会、社区代表选举不规范，社区居民参与社区公共事务与决策程序及结构不规范而引发的冲突，以及同一城市社区中农民工阶层与城市居民阶层之间、社区居民与各级管理者之间的冲突等，往往都是由于权利供需之间的矛盾或权利边界模糊而引发的。此外，关于当前城市社会愈演愈烈的社区邻避冲突，如因PX项目、垃圾焚烧发电厂项目、核设施项目、临终关怀设施以及殡仪馆等的建设而引发的群体性邻避冲突事件，在某种程度上，这些冲突并不完全等同于所谓的"环境冲突"，其在本质上更是一种权利冲突或权利运动，即使它也关注水土、空气等污染方面的生态问题。因此，在一定程度上，社区权利冲突的本质是一种微观层面上的基层政治性抗争或政治冲突，不容忽视。

4. 社区文化冲突

指社区中人与人、人与群体或群体与群体之间由于价值观念、宗教信仰、生活习俗等方面不同而在空间文化、异质文化、工厂文化和公共文化等中，因各自利益差别、对立而产生的复杂矛盾心理状态或社会互动行为。它涉及"显冲突"与"冷冲突"两个层面。前者表现为显性的、激烈的、暴力性对抗或冲突；后者多为隐性的、长期存在、非暴力的排斥与隔阂。例如，多民族聚居社区内的民族文化冲突、社区外来人口与原居民之间的城乡文化冲突以及社区不同阶层或群体之间的文化认同冲突等，都属于社区文化冲突的范畴。在社会转型期，很多社区文化冲突并不是源于人们自身所处的地位高低，而是源于自认为"自己仍处于社会的底层"。这一特征在城市低收入者、外来流动人员等弱势群体身上显现得尤为突出，他们常常把自己定位为"社会底层"或"外来的人员"，从而陷入了自我身份认同的社区文化冲突困境之中。又如，在我国城镇化过程中，"城中村""村改居"以及安置社区的居民常常因社区变迁造成在生存空间转换、生计模式改变、规则意识重建等因素带来的乡村文化与城市文明的碰撞中必会遭遇到一系列文化冲突问题，冲突的消极后果将会阻碍新社区的有序、健康与和谐发展。它可称为"变迁中的社区文化冲突"，它不同于城市文化特质本身所引发的"难以避免的"社区文化冲突（如资源型城市单位社区的衰落而造成的社区文化冲突）和多民族社区内的"不可避免的社区文化冲突"。

5. 社区结构冲突

社区结构包括具体意义上的社区结构和抽象层面的"社区结构"。前者主要指社区工作机构设置、社区管理体制及治理模式等具体性结构；后者则意指社区成员间各种联系纽带的分布方式，如通过友情、亲情、族群认同及工作类型等纽带，可以将一部分社区成员连接在一起，而将另一部分社区成员区分开来。如果我们把权力也看成一种资源的话，那么这种资源在社区一定时间内较为稳定的分布状况就是社区的权力结构。同理，还有社区利益结构、社区权利结构、社区文化结构、社区空间结构等。通常我们对由前者（具体意义上的社区结构）而引发的社区冲突进行分析的较多，后者（抽象层面的"社区结构"）在前述具体社区冲突类型中已有所涉及。整体来看，转型期我国城市社区结构冲突集中体现在三个方面：社区管理体制上的冲突、社区治理结构上的冲突和社区治理体系上的冲突。此外，城市社区空间冲突，也是社区结构冲突的一种类型。一般来说，结构性冲突是更为根本性的冲突。

6. 社区变迁冲突

除了上述主要社区冲突类型外，还有社区变迁冲突，主要是指随着城市化进程的加快，社区出现整体性变迁过程中的冲突，如城市传统社区走向现代社区，农村社区走向城市社区过程中引发的社区冲突，比较具有代表性的是由"村改居"而导致的社区变迁冲突；社区社会冲突，如社区宗教冲突、民族冲突或种族冲突等；社区生态环境冲突，如社区建设与环境保护间的冲突、社区区位差异冲突等；社区复杂性冲突，如社区物权冲突、社区邻避冲突以及社区征地拆迁冲突等。其中，社区物权冲突则是当代城市社区治理中最为棘手的冲突类型之一，其往往是集社区利益冲突、权力冲突、权利冲突、文化认同冲突、结构冲突、变迁冲突等于一身的社区复杂性冲突。所谓复杂性冲突，其首先是一种重叠性冲突（overlapping），如多种矛盾冲突都集中于某一特定社区成员（如弱势群体等）身上等。一般来说，冲突的重叠程度越高，冲突的强度也就越大。同时，复杂性冲突还具有以下七个方面的特征：一是整体性（total）；二是暴力性（involve violence）；三是零和博弈性（zero-contest）；四是中心性（central）；五是难以化解性（unsolvable）；六是耗费巨大精力财力性（demand great investments）；七是持续性（protracted）。当然，克里斯伯格（Louis Kriesberg）认为只要满足其中的四个必要特征，即可构成复杂性冲突，其分别是持续性的、暴力性的、难以化解的、耗费大量精力财力的冲突。其实，现实生活中各种不同的城市社区冲突往往是具有重叠性、互构性的复杂性冲突，而很少是某一种单一、孤立的冲突。

二、新时期城市社区冲突治理的目标与原则

整体来说，中国城市社区冲突治理的目标应包括"质"和"量"两个方面。"质"的方面，要抑制和转化社区冲突之负功能，发挥其正功能；"量"的方面，一是数量之减少，二是要合理管控冲突，防止冲突扩大与升级。在这一目标指导下，探究社区冲突治理的原则更具现实意义。

通常情况下，冲突治理策略的有效选取是研究冲突治理的前提要件。但是，有效冲突治理策略的选择必须依赖于科学合理的冲突治理指导原则。有学者在总结冲突管理的任务时，曾无意中指出了冲突治理原则所涉及的三大核心要素：防范破坏性冲突、利用建设性冲突和保持适度良性冲突[①]。但是，如何达致三者

---

① 张泽梅，陈维政. 权变冲突管理策略分析［J］. 领导科学.2011（8）：45-46.

间的动态均衡，则是社区冲突治理的关键。那么，究竟如何才能使社区冲突化解、转化或治理保持在良性冲突范围之内，则须依赖合理而有效的冲突治理指导原则。在此，苏珊·卡朋特等（Susan Carpenter and W. J. D. Kennedy）曾提出冲突化解与治理的七大原则[①]：

原则一：要找到一个好的化解方法，则必须理解问题所在；

原则二：规划一个战略有助于达成一个更好的化解策略；

原则三：人际关系作为一个重要的技术参数；

原则四：必要信息的不足会促成冲突的扩大或升级；

原则五：冲突各方必须在基本参数方面达成一致；

原则六：冲突化解过程中的所有权导致问题解决；

原则七：持续性化解更多的是基于利益而非立场的冲突。

究其本质，他们其实是在鼓励正处于冲突中的各方停下来思考两个问题：真正的问题是什么？化解与治理冲突最明智的方法是什么？就此，尤里（William L. Ury）等提出了设计争端系统的六大原则：一是关注利益；二是建立非循环的流程，这样可以鼓励冲突方使用谈判的策略；三是制定低成本的权利和权力流程；四是在冲突开始之前建立咨询机制，之后建立意见反馈机制；五是安排一个成本由低到高的流程；六是提供需要的动力、技巧和资源使流程运作正常[②]。同时，通过对当前我国一些城市社区冲突化解与治理改进探索和实践的观察与总结，也可以大致归纳出来一些实用有效的社区冲突治理指导原则：① 调查研究，搞清真相；② 透彻说理；③ 以身作则、带好头；④ 批评与自我批评；⑤ 统筹兼顾，从大局着眼；⑥ 多种方法并用；⑦ 不走极端，持中，贵和的冲突处理原则。鉴于此，结合近年来我国城市社区冲突化解与治理改进的实践探索，提出现阶段我国城市社区从"冲突管理"走向"冲突治理"进程中应遵循的六大基本原则。

---

① Susan Carpenter and W.J.D. Kennedy, Managing Environment Conflict by Applying Common Sense, *Negotiation Journal,* 1985(04), pp. 149-161.

② William L. Ury, J. M. Brett & S. B. Goldberg, *Getting disputes resolved: Designing systems to cut the costs of conflict*, San Francisco: Jossey-Bass, 1988. 转引自：原珂. 中国特大城市社区治理［M］. 北京：社会科学文献出版社，2019：231-232.

（一）以人为本，服务于人

社区治理的出发点与归宿点在于人和人的发展。习近平曾在党的十八届一中全会上阐明本届政府领导人的执政目标时，明确指出"人们对美好生活的向往，就是我们的奋斗目标"。这为社会治理特别是基层社区治理指明了发展方向。同理，社区冲突治理归根到底也应是"以人为本、服务于人"的活动。这就要求在社区冲突治理过程中，首先要"以人为本"实行全过程、全方位、全要素、全对象的冲突治理，而不是仅限于事后的冲突控制和解决冲突的原则。其次，要求冲突治理必须根植于冲突各方的偏好，考虑各式各样且需求各异的具体的人，在公平、平等权的基础上以人为本进行精细化的冲突治理，努力满足冲突各方的真实需求，真正实现"服务于人"，多元共赢。如江苏扬州竹西社区的"居民论坛"，就践行"以人为本"的原则，拜民众为师，把居民作为最好的老师，把一线作为最生动的课题，邀民议事"化冲突、解难题"，最终实现"服务于人"之目的[①]，参见扬州市竹西社区案例。

【案例1-8-1】以人为本，服务于人：江苏扬州市竹西社区"居民论坛"

竹西社区位于扬州市北郊，邗沟侧畔，东濒京杭运河，南邻古运河，占地1.25平方公里，是扬州建城开端——古邗沟所在地，有着独特的地理优势与人文环境。现如今，这儿都成了扬州市典型的城乡接合部地带，与其他社区相比，具有住户分散、面广量大，人员复杂、管辖的小区均为老旧小区等特点，各种社区矛盾、纠纷与冲突频发，给社区工作带来了很多的困难与挑战。为此，竹西社区党支部、居委会多次召开居民听证会，采取宣传教育的方式，树立居民的自治意识，充分调动居民管理自身事务的积极性，有力推动了社区民主自治建设，在全市率先设立"居民论坛"，定期邀请居民议大事解难题。主要做法有二。

一是居民论坛园地和论坛箱。竹西社区率先成立了扬州市区居民论坛园地和论坛箱。社区在每个小区都设立了"论坛箱"，只要居民有困难、有建议，都

---

① 在社区"居民论坛"中，首先要做好居民自治工作，党的领导是保证；扩大居民群众参与是实现居民自治的前提；拓展社区服务是开展居民自治的关键。

可以写条放进"论坛箱"里。社区工作人员每月开箱两次，统计并解决这些居民反映的问题。而居民论坛园地，则是不定期召开19个小区的居民代表论坛会，对小区的卫生、安全、纠纷等问题进行讨论。如今，社区又推出社区民意调查，即每家每户逐一拨打电话询问他们有何需要，整理完成后，再在论坛会上听取居民代表的意见。如针对各住户景观铁艺护栏严重风化脱落是否拆除一事，社区居委会组织古运河拆迁安置小区居民组长、居民代表召开流动圆桌议事会，征求大家的意见和建议，以避免因盲目拆除而引起不必要的矛盾争端。

二是来信来访簿。竹西社区的来信来访登记簿，简言之，就是社区各主体对社区各方面工作献言谏策或提意见的地方。它有效架起了居民和社区沟通之桥梁。在来信来访登记簿中，从小区养狗扰民、房前屋后乱搭乱建以及种菜到公交车不通等事件，五花八门，应有尽有。对于社区的建设，许多来访居民写道，希望修缮社区"民心路"，方便居民出行，组织社会文娱活动丰富居民生活，多关注孤寡老人、下岗工人、失地农民……针对居民反映的种种问题，竹西的社区工作者每月统计一次登记簿，除了当场办结与已办结的案子外，复杂案子社区都有专人专盯进展。目前，一个月收集大小30多起意见，社区办理成功率达98%（资料来源：改编自郭庆丰等."居民论坛"邀民议事解难题［J］.社区，2014（6）下：20-21）。

（二）防治结合，重在有备

防治结合，重在有备。理念是行动的先导，"预防而不是治疗"[1]。然而，在公共冲突管理视角下，"预防"有两层含义：一是预备防止出现，二是预先作出应对准备。显然，第一层含义与冲突管理之概念不合，故此处取第二层含义，即"有备"。社区冲突治理的重点，首先在于"有备"，其次才是"治理"。在社区冲突防范与治理中，"重在有备"至少涉及两个层面：一是注重对引发社区冲突的个体性因素的防备。俗话说，"无风不起浪"，任何矛盾冲突的发生必定有着预先的征兆。对此，应及早防备。在社区冲突防范与治理改进实践中，内蒙

---

[1] ［美］戴维·奥斯本，特德·盖布勒. 改革政府：企业家精神如何改革着公共部门［M］.周敦仁等译.上海：上海译文出版社，2006：162.

古鄂尔多斯市康和社区推出的"一线二队三栏四站五点"社区民情气象站①就在很大程度上反映了这一层面上的社区冲突防备，并取得良好成效。二是注重对引发社区冲突防范性体制机制的建设，特别是对社区群体性事件的防范性体制机制建设。党的十八届三中全会通过的《中共中央关于全面深化改革若干重大问题的决定》中明确指出"创新有效预防和化解社会矛盾体制"。如广州市越秀区黄花岗街首创的"五早、四主动、三和气"基层矛盾冲突防范化解机制（如图1-6-1所示），则在很大程度上反映了对社区冲突的防治结合之实况。

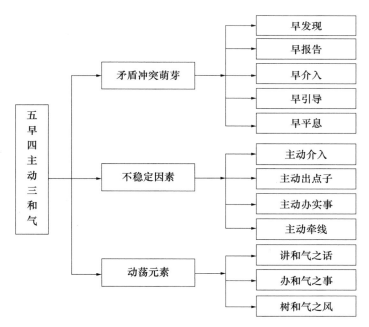

图1-6-1 广州黄花岗街"五早、四主动、三和气"矛盾冲突防范化解机制

（三）民主开放，多元参与，协同共治

现代社会是多元社会。多元社会要求有开放、包容的社会空间与环境，这

---

① "一线二队三栏四站五点"的"社区民情气象站"服务新模式："一线"畅通民情民怨诉求渠道；"二队"组建两支民情服务队伍；"三栏"设立流动服务平台；"四站"建立四个民情驿站；"五点"开办五个民情观测点。这种模式通过搭建居民与社区沟通交流平台，畅通民众诉求渠道、及时了解社情民意，不仅有效解决了许多与社区居民日常生活相关的实际问题或矛盾争端，而且还成功起到了预防社区冲突之功效。详见：王莉. 一线、二队、三栏、四站、五点［J］. 社区，2014（10）上：23.

样不同主体才能有效参与进来。换句话说，多元社会必然意味着多元主体的参与。政府虽是社会治理的重要主体，但并不是唯一主体，企业、社会组织、社会公众等也都是十分重要的治理主体。譬如，针对社区冲突化解与治理，其涉及的参与主体就有基层政府、驻区单位、社区居委会、业主委员会、社区物业服务企业、社区社会组织、房地产开发商、社区内的商户及居民业主等，这些众多主体都是社区日常运行中不可或缺的角色。同时，社区不仅仅是这些多元主体日常生活的共同体，还是城市公共管理责任的回收器和基层民主建设的天然试验场。在社区成为社会整合与社会建设的微观组织基础的背景下，原有的社区管理模式已无法让社区冲突获得内在化解的动力，强调"民众开放，多元参与"的社区冲突治理新模式已成为社区建设与发展的新方向所在，如浙江宁波红联社区的"百姓议事厅"就属于践行这一原则的典范。

与此同时，为了保证"多元参与"的合理、有效与有序，则还需"协同共治"。特别是在多元参与的社区冲突治理格局中，往往需要一个资源整合的平台①和机制。其实，在社会转型后期的我国城市基层社区冲突治理改进实践中，这一平台通常表现为三种形式：一是议事会模式，如社区联席议事会；二是理事会模式，如社区发展理事会；三是联合会模式，如社区社会组织服务中心。并且这三种模式的自治组织（或社区社会组织）在实际应对社区冲突中，存在着一定的差异：议事会模式一般比较适合单一单位式的工业社区、"城中村"社区；理事会模式一般较适合"村改居"社区、综合混合式社区；联合会模式一般则比较适合纯居民社区。当然，具体还应结合社区的发展阶段，如针对纯居民社区，在传统街坊式社区和现代商品房式社区中，两者的居民素质、人口融合度以及社会组织发育程度肯定存在差别。因此，只有设立契合社区类型和发展阶段的冲突治理平台型组织，才能有效整合多元主体力量，达致多元协同共治，从而有效化解社区冲突，提升社会治理水平，推进和谐社区建设。另一方

---

① 平台，通常是指具有一定功能的载体。在社区冲突化解与治理中，相应的冲突化解组织或机构则是发挥"平台"这一功能的重要载体。例如，本书所提到的群众诉求调处中心、和事佬协会、百姓议事厅、"体能发泄室"等都是这样的平台。其中，天津市唐家口街道的新时期群众诉求矛盾调处中心，不仅提供了这样的一个平台，而且其创新化的诉求调处机制，更是实现组织化和制度化解决群众诉求的重要途径。同时，这一矛盾诉求调处中心的接待员既是重要的参与者，也是社区舆情制度的具体实现形式，其自身也是一个"移动"载体或平台。

面，"协同共同"还要求有相对健全的冲突化解与治理的运行机制，以保障冲突化解与治理平台功能的有效发挥。如天津市河东区唐家口街道的新时期群众矛盾诉求调处中心就是这样的一种协同运行机制。

（四）分类治理，精准化解

分类治理，即依据类型不同、属性不同的事项进行有针对性的差异化治理。针对社区冲突，分类治理主要包括两大类：一是对不同类型城市社区（如传统街坊式、单一单位式、综合混合式、过渡演替式、现代商品房式社区等）的冲突特征采用不同的治理策略；二是对不同属性的社区冲突（如社区利益、权力、权利、文化、冲突等）采取不同的化解对策。我国疆域幅员辽阔，东西南北差异较大。不同城市因其历史文化传统不同而有其特质。因此，在城市社区冲突化解方面，不应拘泥于某一形式，而应因地制宜，积极探索不同的社区冲突治理方法。不仅针对不同类型的城市社区应有所区分，而且针对同一类型社区内不同种类的社区冲突也应进行归纳研究，以做到"具体问题具体分析"。例如，针对现代商品房社区中的权力冲突，特别是社区居委会与物业公司、业主委员会三者间的权力争夺，其解决模式除全国范围内采用较广泛的"三社"联动，把物业纳入进来的模式（以政府为主导）外，还有多种民间模式：深圳桃源居的"社区基金会模式"、天津的"丽娜模式"（由业主自主成立的自主管理委员会管理）、武汉的"百步亭模式"（企业式管理）等，其不仅形式多样，且充满了地域性特色。为此，推进社区冲突分类治理，不仅可以契合当地社区实际，精准定位社区多元治理主体的角色及功能优化，而且还有利于实现传统行政型社区政府职能的转变，为解决以往社区居委会"大包大揽"、社区行政化严重等问题提供了理论与实践依据。

所谓"精准化解"，就是针对不同类型、不同属性的社区冲突，坚持"有所为，有所不为"，抓典型，重点治理，以点带面，逐步推广。社会转型期，社区发育程度、居民素质参差不齐是转型期社会的常态。特别是转型后期城市社区发展程度相距甚大，居民异质化现象更为突出，居民的收入水平分化严重，服务需求多样化和差异化特征明显等状况下，要求每个人都做积极公民是不现实的。因此，在实际社区冲突化解与治理中，坚持"有的放矢，精准化解"，不仅是社区服务供给与矛盾冲突治理的现实选择，而且还有利于推进社区治理及社会治理的精细化。如天津市武清区东蒲洼街道对"村改居"过程中产生的矛盾冲突采用精准化的"居民跟踪服务管理"新模式，在很大程度上遵循了社区冲突治理改进中"精准化解"这一原则。

（五）原则性与灵活性相结合，刚柔并济

所谓"原则性与灵活性相结合"，是指在社区冲突化解过程中除应坚持一些大的原则方针（如以人为本、注重预防，依法治理，尽量不使用暴力解决的原则等）外，还应有所"灵活性"，因地制宜，针对具体冲突情境进行具体问题具体分析，以实现"刚柔并济"之效。因为只有适应所在社区实际条件、扎根于社区民众生活的冲突化解与治理方法才能真正调动居民的积极参与性，才更具持续性与生命力。在此，在当代社区冲突化解中，还应注重冲突化解"包容性"与"持续性"相结合之原则，只有冲突各方相互包容，持续性的冲突化解方案才有可能实现。总之，原则性与灵活性作为一对孪生兄弟，二者只有统一起来，刚柔并济，融突共生，才能包容兼蓄，实现可持续性地冲突化解与治理。上海浦东新区塘桥街道的"潮汐式"停车案例，则是这一原则在当前众多城市社区因停车难而产生的社区空间冲突治理方面的有益尝试，目前这一方法已逐渐被北京、武汉、广州等城市所吸纳与采用。这也充分说明，在社区冲突化解与治理中，灵活性与原则性相结合，刚柔并济，不仅可以使冲突各方更具包容性，而且还可以使冲突化解与治理的成效更具持续性。

【案例1-8-2】"潮汐式"停车

停车难，是除违章搭建外，每个大都市现代社区都面临的"老大难"问题之一。例如，上海浦东新区塘桥街道停车资源本来就十分匮乏，但是该街道在保证停车主体（主要是在附近商务楼宇中工作的白领和各小区业主）不变的前提下，借助"潮汐式"停车的方式，白天让商务楼白领的车辆"涌入"空闲小区，晚上则让小区业主的车辆"溢出"到商务楼停车场。这样，可以通过"错时互补"提高停车资源的使用效率。根据塘桥街道提供的数据，各居民小区给白领腾出了430余个白天停车位，小区居民也多了622个夜间停车位。如今，浦

东新区其他地区也已经开始尝试"潮汐式"停车。（资料来源：笔者根据调研资料整理而得）

（六）依法治理，良性管控

冲突是社会及其组织生活中无法避免的事实①。但是，现代社会是法治社会。依法治理是现代社区冲突治理的基本原则。所谓依法治理，主要是指冲突方要善于运用相关法律、法规、规定依法解决冲突、维护自己的合法权益，并敢于同违法犯罪行为作斗争。这也是依法治国的最基本要求。依法治理，不仅为法治中国建设及维护社会和谐稳定工作指明了前进方向，而且也为和谐社区、法治社区及平安社区建设确立了科学的总体原则。未来，城市社区冲突依法化解与治理必将在矛盾纠纷预防、社会风险预警、基层社会稳定与秩序维护等方面发挥更大的作用。杭州德加社区的案例在一定程度上反映了依法治理这一原则通过"网络虚拟"方式在社区冲突治理中的有效尝试。

【案例1-8-3】依法治理：浙江杭州德加社区的"虚拟社区论坛"

浙江省杭州市西湖区文新街道德加社区②，近年来通过网络把法律法规送到社区居民或业主手中。德加社区通过建立网络虚拟社区论坛，在网上社区论坛里讨论化解居民之间的矛盾纠纷，充分发挥了网络虚拟论坛在社区冲突治理中的教育与调解功能。例如，社区一位居民，在网上发帖对另一户居民在顶楼搞违章建筑危及邻居居家安全的情况进行了网上举报。社区居委会看到后，第一时间上网要求后者拆除违章建筑。而这户人家一拖再拖，不愿意拆除。双方对立情绪严重，同时引发了许多网民参与讨论，从法律和道德两个层面进行评判。考虑到这个问题涉及法律，而社区没有执法权，于是，社区请求城市执法大队

---

① D. Kolb & L. Putnam, The multiple faces of conflict in organizations, *Journal of organizational behavior*, 1992(13), p. 311.

② 德加社区成立于2001年3月，位于蒋村商住区，由德加公寓、中兴公寓、科技新村、美都新村四个小区组成。面积约18.77万平方米，楼栋数78幢，共2766户，约6900人，其中60岁以上老年人577人，残疾人3人。该社区是一个典型的现代单元型社区。参见：郭夏娟，吴理俊. 城市社区治理中的道德调控［J］. 浙江社会科学，2005（9）：198；中国社会科学院社会学研究所社区信息化研究中心. 社区建设与社区治理［M］. 北京：社会科学文献出版社，2012：58-61.

出面依法下达了整改通知书，责令限期90天内拆除。但是，举报者并不理解为什么知道他们违法了，还不立即强行拆除，而要等到90天以后呢？这不是有意偏袒这种行为吗？此时，社区通过发帖进一步说明：这90天，是法律赋予当事人的申请复议期限，是他的权利，是法定程序。不久，违章建筑的住户自己拆除了。这个事件的调解既宣传了法律法规，也使社区了解了更多的民情民意，同时还使社区居民都从中受到了法制和公德教育。其实，更为关键的是，通过网络虚拟社区的优势而有效避免了冲突双方在现实中直接正面接触的机会，从而有效遏制了冲突的扩散与升级。由此可以看出，网络民主在社区冲突化解中作用虽与其他形式民主一样，虽并不是完美无缺的，但是其确实有着独特的优势。另外，德加社区网上论坛还开设有《党务公开》《居务公开》《道德评判庭》等专栏，从而使这一虚拟社区成为社情民意的显示、预警平台与公开监督平台。（资料来源：根据网上资料及相关报道整理而得）

　　另一方面，由于现实中的社区秩序乃至社会秩序都是构造物，而不是生成物。在这种意义上，合理、良性的冲突管控是弥合城市社区冲突治理的一条重要路径，也是其最后的底线。其实，在有些社区冲突治理过程中，特别是在复杂性社区冲突的解决过程中，有时我们唯一能做的就是防止冲突恶化到难以控制的地步，或协商出令人不安的"恐惧的制衡"[1]。如河南省平顶山市新华区西高皇街道园林路社区的"体能发泄室——摔摔打打解冲突"[2]和重庆市渝北区的"蓝丝带"物业解纷调委会[3]等都在一定程度上反映了对社区冲突的良性管控。

---

① [美] 威廉·W·威尔莫特，乔伊斯·L·霍克. 人际冲突：构成和解决 [M]. 曾敏昊，刘宇耘译. 上海：上海社会科学院出版社，2011：102.

② 河南省平顶山市新华区西高皇街道园林路社区，是一个新建社区，和老社区不同的是，在这里居住的大部分居民是年轻人。社区工作者在前期登记各户信息、发放居民对新社区的建议时发现，随着社区社会生活节奏的加快、竞争加剧，年轻人心理承受的压力越来越大，但他们很难找到一个合适的渠道将内心集聚的晕闷、怨恨宣泄出来。有时候，他们不愿意向别人倾诉，就想找个地方发泄。为此，社区居委会就决定建立一个"发泄室"，为这些心情压抑、情绪苦闷的居民提供一个尽情宣泄的场所。后来，居民将其戏称为"忘忧空间"。资料来源：社区 [J]. 2014（5）上：32.

③ "蓝丝带"代表感恩、鼓励、关怀和爱。其源于美国纽约一位女中学教师发起的一项"蓝丝带赞美行动"。重庆渝北区通过引入"蓝丝带"的形式和理念，希望拉近业主与物业以及业主之间的距离，让双方更多尊重、理解、包容、关系和支持，并通过"心灵的沟通"来化解社区物业矛盾冲突，故以"蓝丝带"冠名物业纠纷调解委员会。现如今，类似"蓝丝带"物业解纷机构或组织在全国很多城市也陆续出现，虽名称有所不一，但其工作机理、目标指向等都大同小异，如上海的"李琴工作室"、"桂英工作室"等。

另一方面，在社区冲突化解或治理中，对少数难以化解的社区冲突，有时除了良性管控外，别无良策。但是，尽管如此，实践经验告诉我们，受到控制的冲突最有可能得到高效解决，而受抑制的、没有有效地避免的冲突和未受控制的、失控的冲突往往都不会得到有效解决[①]。由此可知，"良性管控"也应是社区冲突治理的重要原则之一。当然，这种良性管理应保持在合理、合法的适度范围之内。

总而言之，智慧蕴藏于民间。上述六大原则并不是孤立的、截然分开的。相反，它们在发展过程中往往是相互影响、相互汲取，相互补充，共同构成现代城市社区冲突治理之基本原则。

三、城市社区冲突的分类治理之策

社会转型期的中国城市社区，是一个基层社会不断地"国家化"（国家基层政权建设）、"市场化"（建立契约关系）和"社区化"（围绕日常生活的社会自我整合）三者合一的场域[②]，在这一大背景下的中国城市社区建设、发展与治理进程中必然蕴含着三者之间的相互交织与叠加共生的复杂过程，各种社区矛盾、纠纷或冲突往往难以避免。显然，中国的城市社区正面临着改革开放以来最为激烈和广泛的变革，且这一变革因关涉整个中国城市基层社会的稳定而备受各界关注[③]。然而，随着现阶段城市社区类型的多样化，如传统街坊式、单一单位式、综合混合式、过渡演替式和现代商品房式社区等，城市社区中因融合和分化程度不同而呈现出复杂的冲突情境。因此，对不同类型城市社区冲突的成因进行分类研究，有针对性地化解城市社区冲突连带的紊乱秩序，是摆在政府面前的重要课题。

（一）传统街坊式社区的冲突治理

针对此类老旧住宅社区内的冲突，特别是老旧开放式社区所面临的流动人口多、单位多、经营门店多、出租屋较多、公共设施老化、停车位不足、流动

---

① [美] 威廉·W·威尔莫特，乔伊斯·L·霍克. 人际冲突：构成和解决 [M]. 曾敏昊，刘宇耘译.上海：上海社会科学院出版社，2011：226.
② 肖林. 现代城市社区的双重二元性及其发展的中国路径 [J].南京社会科学，2012（9）：55.
③ 原珂. 中国城市社区冲突及化解路径探析 [J].中国行政管理，2015（11）：125.

摊贩集中等引致社区矛盾冲突发生的共同性问题或管理难题。首先，应注重居民切实利益的维护与改善，如加快对老旧社区的改造提上议程等。其次，进一步规范社区治理结构，如进行居站分设等。再次，加大市场机制的引进，实行物业管理的社会化和专业化；最后，注重居民社区意识培养，增强居民参与。尤其是对很多老旧社区呈现出的"低保户多、老年人多、流动人口多、低收入群体多、整体性文化水平偏低"的"四多一低"特点，还应结合其特征合理引导老旧社区原居民与外来人员间的和谐相处，以及加强对老旧社区弱势群体的特别关照。

（二）单一单位式社区的冲突治理

针对单一单位式社区内的冲突，应逐步"破单位化"（或"去单位化"），进一步推进市场化，使其逐步与附属单位或企业"分离"，探索与现代商品房制度相适应的社区自治机制或治理模式，提高社区治理现代化水平。其实，在以往单位制社会下，国家之所以对社区矛盾纠纷管控得较为有效，是因为单位从结构上已将社会成员分成了不同的群体，从而"分而治之"，这样矛盾冲突自然就相对比较少，也易于掌控。但是，随着单位制的解体与现代社区居民的多样化需求提升，单位式社区的冲突很可能将随之增加，为此应及早预防，防患于未然。

（三）综合混合式社区的冲突治理

针对综合混合式社区内的冲突，首先要关注到该类型社区内居民异质性较大、人口流动率较高等方面的影响，以改善社区环境、增设和加强社区公共服务基础设施、解决居民在就业和帮困扶贫等方面为主要内容。其次，应注重社区社会资本的培育。因为缺乏信任往往是引起综合混合式社区中各种冲突产生及其频发的重要原因之一。特别是针对混合式社区内较易发的社会冲突社区化，如宗教冲突、民族冲突、种族冲突等的社区化，更应加强社区居民间的沟通与交流。再次，利用现代信息技术，推进社区信息化建设，尝试推行"社区网格化管理"。实践中，北京、上海、深圳等推行的社区管理网格化，就是在社区工作中，把冲突管理融入社区服务，推行"网格化管理，组团式服务"，建立起承载社情民意和民生改善的"直通车"，依靠群众建设社区，依靠服务建好社区，特别是在社区冲突预防与治理方面取得了良好成效。

（四）过渡演替式社区的冲突治理

在此类社区冲突治理中，存在非正式制度不能有效解决社区问题而正式制度建设又相对滞后的尴尬局面。首先，要加强制度性的规范建设。以转型社区（"村改居"社区、"城中村"社区等）中的利益冲突为例，冲突程度较高的当属这类社区中的股份合作公司问题，当前最主要的是将股份合作公司从居委会分离出来，进一步推向市场化，使其实现"政企分开"，并以制度化的规范固定下来；其次，政府应逐步承接起股份合作公司的公共服务提供职能，加强社区工作站的行政服务及社区党组织的领导地位；第三，切实考虑社区外来人口的权益，而不使其产生过大的"相对剥夺感"，促进城乡二元人口间的融合，增强社区居民的有效参与，提升社区意识。

同时，针对"村改居"社区过程中产生的矛盾冲突，要先改"制"后改"居"，即先对原有村集体资产进行股份制改造，产权量化到人，保护好原村民的利益，解除原村民的后顾之忧，然后再按法定程序改居。对于已改居、但尚未对集体资产进行改制的，应抓紧制定改制方案，交原村民会议讨论后实施。改居后，要依照《居民委员会组织法》，开展"村改居"社区的民主选举、民主决策、民主管理、民主监督等基层民主自治活动。

此外，在动迁安置社区过程中，因安置进度不协调、动迁居民就业难、村级经济发展困难、配套设施功能不足、物业管理难、社区管理薄弱以及外来人员增多等而引发的社区矛盾冲突，往往情况复杂、矛盾多元，极易形成复杂性的社区冲突。目前针对此类动迁安置社区建设管理中所存在的共性矛盾冲突问题的有效化解或治理方法，还仍处于探索之中。在此，仅从配合推进城镇化建设工作的视角，在统筹规划的基础上加快安置进度，增强动迁村或社区造血功能。同时，强化物业管理，理顺动迁村与社区管理关系，增强社区管理力量，促进动迁居民充分就业，提升动迁居民社区意识，实现社区民众的认同感与归属感等。

（五）现代商品房式社区的冲突治理

针对现代商品房式社区内的冲突，特别是业主、业主委员会、物业公司、开发商及社区居委会等不同主体间的冲突。首先，要处理好业主、业主委员会与物业公司之间关系的协调。其次，规范和加强业主委员会的建设，增强业主自治能力。三是物业服务企业要准确定位，明确它在社区服务与冲突治理中的重要地位与功能。四是加强不同业主间的交流，提升业主参与社区公共事务的积极性。此外，还应积极规范开发商上的行为，极力减少因开发商遗留问题而因引发的各类物业问题。总之，现代商品房式社区应以逐步社会化的社区服务、丰富多彩的社区文化为主要冲突治理内容，营造良好的社区氛围，于无形之中化解冲突。

第八节　社区安全

在一个日益不确定的、动态的、可变的世界中，现在的人们需要社区（更确切地说，是"共同体"）给予他们安全、持久和稳定的感觉。社区安全是确保人民安居乐业、社会安定有序，建设更高水平平安中国的基础。中医常言："通则不痛，痛则不通"。其主要是说一个人体内的血气运行情况，凡筋骨痛症，都是血气运行不畅导致的。同理，社区作为城市的基本单元，经常被形象地比喻为"社会的细胞"，在构建和谐社会中起着基础性作用，这个环节若是"不通""不畅"，整个社会也难言和谐、稳定。

一、社区安全

社区安全（Community safety），主要是指社区内一切事务运转的有序与稳定。其涉及社区治安、社区公共安全、社区安全服务、社区安全规划、社区警务等。现实生活中，社区安全治理的主体包括街道、地区综治委、公安部门、社区居委会、业主委员会、物业服务企业、驻区单位、志愿组织及居民群众等。某种意义上，社区安全的目标应是建设平安型社区[①]，即实现社区的稳定与安全。安全是每一位社区居民最基本的诉求，正如马斯洛的需求理论所指出的那

---

① 社区安全与社区平安。社区平安是人们安居乐业的重要保障，也是社区社会治理的基本内容。社区平安不仅关系到和谐社区的创建，而且影响到社区社会的稳定。也有学者认为社区平安涵义更宽泛些，包含社区稳定和社区安全两个方面。前者强调治安良好、邻里和谐、矛盾及时化解；后者强调生产安全、交通安全、消防安全等。

样："安全"是仅次于"生理"之外的第二大需求，是人的最基本需求之一。同时，社区的稳定与发展也离不开社区平稳的秩序和安全的环境。因此，新时期依然要加强城市社区安全工作，这亦是降低城市更新与转型风险、应对城市化挑战的基础性工作。

社区安全是社会稳定安全的"基石"，同时也是社会治安稳定工作中的第一道防线。利莫大于治，害莫大于乱，安全稳定是人民安居乐业的可靠保障和坚强后盾。社会治安稳定关系到人民的生命财产安全，关系到群众的安居乐业，是保证地区经济社会健康有序发展和社会主义现代化建设顺利进行的基本前提和重要保障。但在此需明确的一点的是，社区安全治理的重点是服务，而非管控。特别是在社区综治安全方面，过去更多强调的是对部分人群及部分行为的管控，而现在注重的是对所有人群安全的保障服务，并在保障服务过程中实现对少部分人群及其行为的管控。实践中，21世纪以来，我国在城市社区安全视阈下的网格化管理即是如此。某种程度上，城市社区网格化管理作为一种基层管理制度创新，其在提高行政效能、维护社区治安、保障社会秩序与稳定等方面成效显著，但也逐渐暴露出一系列的非预期性后果，如网格化管理的自身风险与固有缺陷、机构膨胀问题凸显、社区自治与创新受到影响等。若不及时加以调整、改进或完善，则会陷入社区治理之迷思。

此外，在现代城市建设和发展中，"门禁社区"（也称"封闭社区"）①越来越多。对于此类社区，安娜·米顿（Anna Minton）认为封闭社区虽在表面上增加了我们的安全系数，但实则带来了更大的安全风险，并列出其具有的七个消极影响：制造社会隔离；加深对罪犯的恐惧；诱导具有针对性的犯罪发生；过度的安全保护措施；降低公共空间的品质和使用效率；不利于社区管理和民主建设；不利于诸如健康、教育和交通等公共服务的发展②。

---

① 门禁社区（Gated community）的概念于1997年由美国学者爱德华·J·布雷克利和玛莉·盖尔·辛德尔提出。他们认为，门禁社区就是通过限制性的入口设置使居住地由公共空间转化为一种私有空间的社区模式。这种社区模式出于安全考虑，通常用围墙或者栅栏明确地标出边界，设立大门来限制非本社区人员的进入。就中国而言，1998年后，随着住宅商品化和私有化程度的提高，具有门禁社区特征的住宅小区开发模式愈发成为一种趋势。当前随处可见的大门围墙、安保监控等措施也成为中高档住宅销售的广告卖点，从开发者、设计者到消费者，也基本认可这种社区建设与管理模式。

② 刘银，李振. 从门禁社区到中国式节约社区［J］. 时代建筑，2009（2）：20-24.

二、案例延伸：社区充电设施治理规范化

社区充电设施的配套建设是新能源汽车快速普及和商业化的重要前提，是新能源汽车实现大规模推广应用的关键所在。当前，我国新能源汽车基础设施建设已取得很大进展。据相关数据显示，2018年中国纯电动汽车产销分别为98.6万辆和98.4万辆，比上年同期分别增长47.9%和50.8%，这表明我国新能源汽车市场已进入高速发展的黄金时期[①]。同时，根据中国充电联盟统计数据，截至2018年底，全国建设安装公共类和私人类充电桩共计约77.7万台，其中私人类充电桩约为47.7万台[②]，然而这距2020年新增超过430万个用户专用充电桩的规划目标仍相去甚远，推进社区内新能源汽车充电设施建设迫在眉睫。

与公共领域的推广建设不同，社区内新能源汽车充电设施建设受到权责不清的现实性治理问题和安全性认识问题叠加的影响，使得居民充电诉求与社区物业管理之间存在障碍。

（一）社区内充电设施建设的安全性认识阻碍

在主观意识层面。作为新兴事物，新能源汽车大规模推广的时间尚短，同时伴随着充电起火等个别事故的报道，使得社会群体对其能否安全使用及充电仍存在怀疑。具体到社区治理环节，这种疑虑就转化为是否应该在社区内进行充电设施建设的现实问题。

在客观条件层面。由于物业项目的用电负荷是既定的，而老旧社区线路运行年限较长、原有线路线径较细，使得其电力承载能力有限，不具备充电设施进小区的配套基础；同时，现行统一的充电设施国家标准于2016年起才开始正式实施，在这之前建设的充电设施需要进行新老标准的更替，这期间充电设施的兼容性等问题依然存在。

充电设施到底安全吗？这种在新能源汽车的消费者与社区物业的管理者之间形成的认识区别性，也带来了社区治理中的"准入"难题。

（二）社区内充电设施推广的制度性约束

---

① 罗林. 2018年全年中国新能源汽车行业分析：产销量均突破120万辆，前瞻数据库. 参见网站：
https://d.qianzhan.com/xnews/detail/541/190131-6667f279.html

② 中国电动汽车充电技术与产业联盟官网：http://www.cctia.org.cn/

当前，结合各社区发展特点和发展情况，在充电设施规划和建设方面采取的是"老人老办法、新人新办法"的区别式配套方式。即对于已建成居民社区，结合社区内设施改造、设备更新等契机，进行电力增容和充电设施建设；而对于新建社区，根据国务院办公厅发布的《关于加快电动汽车充电基础设施建设的指导意见》，原则上配建停车位100%建设充电设施或预留建设安装条件。

根据现实情况来看，由于存在法规要求，"新办法"具体执行基本到位；但针对已建成社区的"老办法"，尚未形成充分的约束条件。这种制度上的权责不协调，让作为社区公共环境治理主体的物业方，更加侧重于社区安全。具体说来，这种情况是由于"两个不清晰"现象决定的。

一方面，社区内推广充电基础设施存在"权责不清晰"的情况。虽然消费者在社区内自建充电设施属于自费行为，但由此占用的电路和变压器是开发商、物业、全体业主所有的公共资源，相关成本也是全体业主均摊，但由此导致的可能安全问题却是外溢的。另外，当前一些社区采用的是车位只租不售、产权属于开发商的模式进行服务提供，这种模式下充电设施产权、安全、管理责任等问题又出现新的交叉。

另一方面，社区内推广充电基础设施存在"管理不清晰"的情况。一些省市为了配合新能源汽车充电设施建设，出台了一定的惩罚性措施，如对于不配合安装的物业公司，将其记入信用"黑名单"并公开曝光。但是，由于当前社区治理采取的是居民自治的模式，这使得尚未有特定公共管理部门有权对其进行硬约束，投诉无门、投诉无用的情况随之产生，使得看似有形的保障措施因为相关渠道未打通而名不符实。

社区内充电设施建设的治理难题，需要在制度规范和认识层面进行建设和创新。与此同时，这一问题也暴露出充电设施相关商业模式、保险模式的缺失。未来各地如何因地制宜地进行相关治理和配套跟进仍然道阻且长。

第九节 社区自治

社区自治是社区治理的终极目标。伴随着21世纪以来社会的不断发展变迁，政府在社区建设与发展过程中扮演的角色已在悄然发生着变化。在社区追求善治的过程中，政府的权力呈现分化的态势，社区各类组织开始承担之前由政府负责的部分社区事宜，社会开始由多重利益相关者、多元化权力中心主体协调治理。

一、城市社区自治

社区自治（Community autonomy），主要是指社区居民依法通过民主协商的方式，凝聚社区共识，共同解决社区公共事务，以实现自我管理、自我服务、自我教育与自我监督。从本质上来说，社区自治是我国政治经济体制改革与城市社区建设中城市基层管理体制的创新，是我国城市居民直接参与基层事务管理，依法行使管理国家和社会事务的民主权利的一种具体方式。它同村民自治一样，都是一种具有中国特色的社会管理方式和民主参与制度。

现实生活中，社区居民既是社区治理的主体，也是社区治理的客体。因此，必须运用各种方法，充分调动全体社区居民通过一定的组织、一定的方式主动参与到社区治理当中，实现自我管理、自我服务、自我教育与自我监督。同时，居民自我组织社区内外部资源，管理社区事务，解决社区问题，实现民主自治，也是长期以来政府失灵与公民自治力量增长双重博弈下的现实选择。

此外，推进城市社区自治，不仅有利于促进社区管理体制改革，创新社区治理模式，而且也有助于加强基层民主建设，提升城市治理水平，从而将进一步助力于推进我国上层建筑体系改革，加速民主化进程。

二、案例延伸：天津HX园业主自治模式

（一）HX园概况

HX园，位于天津市X区城乡接合地带的LQZ街道XD社区内，是XD社区组成中的六个小区之一。全园总面积约为6.8万平方米，建筑面积10.73万平方米，总户数740户，常住户587户，入住率79.30%，楼栋数14座（含4栋高层住宅）[①]。

（二）HX园业主自治的缘由

---

① 原珂. 城市社区治理模式创新：以天津市HX园业主自治为例［J］. 济南大学学报，2018（3）：91-98.

1. 主观因素

全体业主的主观需求，即公民意识的觉醒。HX园小区自建立以来，一直是隶属于XD庄园业委会管理的六个小区之一。后来，由于种种原因，XD庄园业委会于2012年8月解散，与此同时，跟其合作的CSJ物业公司开始弃管小区，并于半年后的2013年3月正式全部撤出。自此，该小区处于无序混乱状态：一楼私搭乱盖，侵占公共绿地；业主疯狂抢占车位，私自安装地锁，并时常发生口角；高层多次停水停电；小区多次垃圾停止清运，小区环境脏乱差；夜晚漆黑一片，小偷频频光顾，多家被盗，甚至有车辆丢失，居民安全受到威胁等。在此期间，虽有小区志愿服务工作小组的志愿者维护秩序或进行公益服务，但随着时间的推移，其渐渐都失去了热情。基于以上混乱状况，小区的绝大多数业主建议成立业主自主管理委员会，以满足全体业主的迫切需求，因此，在原小区志愿服务工作小组基础上成立了HX园业主自主管理委员会。

2. 客观因素

社区发展的必然趋势与相关法律法规的客观要求。现代城市商品楼住宅小区大都施行业主委员会治理与现代物业管理。根据《天津市物业管理条例》第十条规定"一个物业管理区域成立一个业主大会，应当由一个物业服务企业实施物业管理服务……物业管理区域的划分，应当考虑物业的共用设施设备、建筑物规模、社区建设等因素，并遵循相对集中、便于管理的原则。物业管理区域划分的具体办法，由市人民政府规定。"《天津市物业管理区域区分办法》第七条指出"原有物业项目内，已分割成两个以上相对封闭区域的，在明确附属设施设备管理、维护责任的情况下，可以分别划分为独立的物业管理区域"。鉴于目前XD庄园HX园小区已经成为一个相对独立的封闭区域，具备独立成立一个本小区的业主委员会的客观要求。因此，HX园业主自主管理委员会成立的法律依据充足且合理。

（三）HX园业主自治模式

HX园的社区自治模式可以概括为以业主自主管理委员会为主导的"业主自治模式"。这一模式的主要特征是业主自发成立业主自主管理委员会、业主自主选聘物业服务企业、业主自主管理社区各类事务。在本质上，这一新型的社区自治模式是自下而上、居民自发的真正意义上的居民自治，而不是以往那种自上而下由行政力量推动的社区自治[①]，也有别于传统的以社区居委会或者业委会与物业公司为主导的社区自治模式[②]。HX园业主自治模式的组织架构如图1-6-2所示。其各部门具体概况及功能如下。

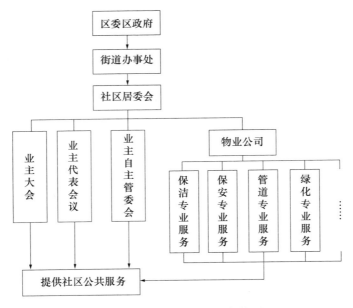

图1-6-2 业主自治模式架构图

1. XD社区工作站

XD社区工作站，作为天津市X区政府及其派出单位LQZ街道办事处指导下的社区自治组织，应按照"自我完善，自我教育，自我服务、自我监督"的原则，对社区内的业主自主管理委员会、物业公司及其相关社区组织进行指导与监督，以促进社区自治组织的健康发展，进一步提升城市社区自治能力。

2. 社区业主大会

HX园社区业主大会，其成员由小区全体业主组成，是社区内的最高权力

① 目前我国部分城市推行的社区自治模式有沈阳模式、江汉模式、青岛模式以及大刀阔斧撤销街道办实行大社区制的铜陵模式等，这些本质上都是有行政力量自上而下推行的社区自治模式，但其各具特色。
② 此处主要是指在现代商品房小区推行的以业委会、物业服务企业为主导的社区自治模式。

机构和决策机构，但其本质属性是所在街道办及社区工作站指导下的一种社区居民自治组织。HX园社区业主大会一般以业主代表书面征求业主意见的形式举行，如需要即可召开社区业主大会。社区业主大会商讨和决定的事项主要包括以下七个方面：① 制定和修改业主大会议事规则；② 制定和修改管理规约；③ 选举业主委员会或者更换业主委员会成员；④ 选聘和解聘物业服务企业；⑤ 筹集和使用专项维修资金；⑥ 改建、重建建筑物及其附属设施；⑦ 有关共有和共同管理权利的其他重大事项。

3. 社区业主代表会议

HX园社区业主代表会议是HX园社区业主大会的一般组织形式，其成员由全体社区业主代表组成。该小区业主代表会议本着"保障物业的合理安全使用，创造整洁、文明、舒适、和谐的工作、生活环境"的原则决定事项。HX园社区管理中的相关事项由本社区管理区域内的全体业主委托业主代表召开业主代表会议共同决定，由业主自主管理委员会执行。业主代表会议一般由业主自主管理委员会担任召集人负责筹备、主持召开，没有业主自主管理委员会或业主自主管理委员会无法履行职责，或业主自主管理委员会拒绝主持召开时，由20%以上联名业主自行推选三名以上代表担任召集人负责筹备、召开。业主代表会议商论事项主要包括：① 业主会议议事规则；② 管理规约；③ 选举业主自主管理委员会或者更换其成员；④ 物业管理服务内容和服务标准；⑤ 涉及业主共有和共同管理权利的其他重大事项。

HX园社区业主代表由每栋楼门的楼门长组成，其产生由每个楼门内的业主民主选举产生。HX园共14栋楼（含4栋高层），共51个楼门，约54位楼长代表（高层2位楼长代表），即社区业主代表。其具体产生办法为：本社区管理区域按照每栋每个楼门为单位，推选1名业主代表。业主代表候选人，由三名以上业主推荐与业主自荐相结合的方式产生。在推选单位内，候选人只有1人的，其所代表业主二分之一以上书面同意即可当选业主代表，未超过二分之一以上书面同意，则重新提名选举；候选人为2人以上的，所代表业主二分之一以上书面同意的即可当选业主代表，未超过二分之一以上书面同意的，在得票多的2名候选人中重新选举，票多者当选。

4. 业主自主管理委员会

HX园业主自主管理委员会（以下简称"管委会"），是应HX园全体业主的要求，在原HX园志愿者工作小组的基础上，经业主代表（各楼门长）大会推选，全体业主同意成立的，并报送街办事处和社区工作站备案。管委会组成人数为单数，为11人，其中女性4名（目前1人因搬家退出，待补中）。管委会设召集人1人，负责牵头召集管委会会议，就HX园物业管理等问题作出决定；设执行秘书1人，由管委会授权负责起草相关文件、掌管印鉴、会议记录、档案管理等相关事宜。管委会成员公开承诺：主动承担园区公益责任，奉献爱心，积极热诚为业主服务。在工作中不谋求个人私利，严于律己，率先垂范，并保证不在为本园提供服务的物业公司任（兼）职。

管委会的职能。管委会接受园内全体业主委托，并作为社区业主大会与社区业主会议的执行机构，以维护广大业主权益，保障园内物业管理正常运行，让广大业主基本生活得到保障，并逐步提高物业管理水平，努力创建美丽社区为宗旨。管委会工作以公开、公正、公平为原则，坚持科学决策、民主决策，实事求是，达成共识，涉及重大问题需三分之二成员同意，并提交业主代表会议进行表决通过。管委会对全体业主负责，实行集体负责制，并承担相应法律责任。为了更好地开展工作，管委会拟设宣传组织推动组、物业管理监督组和财务经费监管组，如图1-6-3所示。同时，欢迎园区内具有宣传文化、财务会计、法律咨询、工程管理等方面的专业人士和志愿者，积极参与园区管理事务，大家齐心协力，为建设美好家园献计出力。

管委会每月召开一次工作例会，汇总情况，研究问题，提出建议。提议每季度召开一次业主代表会议，报告园内物业管理工作情况，听取业主代表的意见和建议，研究决定相关重大事宜。如遇突发事件或重大情况，可临时召开紧急会议，尽快予以解决。每次会议形成决议后，管委会成员要签字认可，执行秘书做好记录，留档备案。此外，管委会以"HX园业主自主管理委员会"的名义，刻制长条印章一枚，用于对外签署相关协议、发布公告。印章交由专人保管，每次用章均需填写用章记录，由会议召集人和不少于三个管委会成员签字确认。同时，管委会按照相关规定提取活动经费，主要用于召开业主大会及代表会议、维护业主权益的相关支付、园区公共文化建设与活动经费等。活动经费专人管理，合理支出，明细账目，量入为出，每季度向业主代表会议通报费用支出情况，并接受全体业主的监督和咨询。此外，管委会的各项规章制度报备XD庄园社区工作站，并接受社区工作站的业务指导。

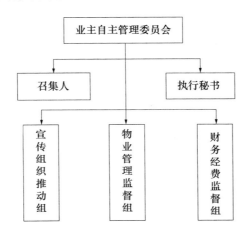

图1-6-3　业主自主管委会的职能分工

5. 物业服务企业

物业服务企业的主要职能是负责小区的日常运营，提供社区与物业相关的公共服务。其中，资金管理及运营是社区稳定运行的重要保障。在日常运营中，HX园小区的收入项目主要由三大块组成。一是物业费。HX园物业收费标准初步拟定为多层楼0.9元/平方米；高层楼一楼0.9元/平方米，二楼至五楼1.2元/平方米，六楼至十楼1.3元/平方米。（7号楼1门另议）。二是车位费。业主每辆车每月拟定收取60元。三是其他公益性收入。如社区广告牌收入、社区出租共有用地收入等。这些所有收入全部用于小区公共设施的完善与提高。支出项目主要包括以下十余项：① 人员工资，具体包括物业公司人员（职业经理1名，文员1名，会计1名）、保洁、保安、水工、电工、绿化等相关人员；② 托管费；③ 办公用费；④ 绿化用费；⑤ 垃圾清运；⑥ 监控维护；⑦ 地沟清掏；⑧ 公共责任险；⑨ 应急维修费；⑩ 公共用电；⑪节日布置；⑫电梯维护；⑬消费维护；⑭ 根据小区实际情况需要的其他项目。收支结余后的资金暂由驻区物业公司统一管理，并一律进行公示。如进驻HX园的DD物业公司按照"大家参与，大家交费，大家监督，大家管理"的原则，依照"物权自主，量化公开"的模式，采取"按月付费，公益为公"的方式，提供"管家式服务"①，并且要求把每一项物业事项与费用详单都贴在管委会的公开栏中，供全体业主查看与监督，同时，管委会也具有监管功能。

（四）业主自治模式及其优势

HX园业主自治模式，主要是基于社区发展的实际需要和社区全体业主根在建筑物区分所有权、物权自主的基础上以业主自主管理委员会为平台，依据相关制度规范，自主管理本社区内相关事务的过程。其在本质上是社区居民自我权利的实现和要实现自己对房产的使用与管理，及由此延伸出的对社区秩序和环境的维护、治理等。其与以往的社区自治模式相比，具有以下显著优势。

一是实现真正的居民自治。业主自治模式最大的特点就是"自治"二字，即业主实现真正意义上的完全自治。HX园业主自主管理委员会从酝酿之初到成立之后，一直都完全是由业主自发组织、自下而上进行的。这也就决定了业主要对社区的所有相关事务具有绝对的知情权、参与权与话语权，如社区的发展规划、社区物业服务企业的选聘、社区公共设施的建设与维护等都由社区自主决定。

二是降低物业管理成本。与传统主要以物业公司为主导的物业管理模式相比，HX园施行的"自主物业管理模式"由于采取精简物业服务企业管理人员、具体物业服务项目进行外包等方面的措施，社区物业管理成本大幅度降低。其二者的区别如表1-6-2所示。同时，物业服务企业在管委会的委托下对社区共有财产部分进行经济创收，这样不仅节约了成本，而且拓展了社区资金的来源渠道，实现了"节流开源"的双赢，甚至连物业服务企业的运营都不需要收取

---

① "管家式服务"，即DD物业公司接受全体业主的委托，按照业主们的意愿，并以DD物业公司的名义对外聘请保洁、保安、管道疏通、绿化管理等专业服务企业或人员为我园提供物业服务，并协助业主自主管理委员会实施自主物业管理。它们只按月取得物业管理人固定报酬，剩余资金均由全体业主自己支配，这样可以做到收支透明，共同监督，协商管理，确保业主利益不受侵害。HX园业主自主管理委员会经过考察与筛选，一致同意DD物业（天津）有限公司进驻本园。该物业公司是由"和谐社区发展中心"创会理事、打假英雄王海先生创办，注册资本200万元人民币。其法人代表王海先生、顾问崔丽娜女士都是知名社会维权人士和注册志愿者。他们创建的"管家式物业管理服务模式"，正在被社会广泛关注与认可。

物业费了。

自主物业管理模式与传统物业管理模式的主要区别　　表1-6-2

	传统物业管理模式	自主物业管理模式
管理主体	以物业公司为主	以业主委员会为主
管理目标	公司利润为主	业主利益为主
管理性质	营利组织	非营利组织、自治组织
工作内容	维护公司利益	维护业主财产权
人事权归属	物业公司决定	业主决定
经费来源	服务收入与经营收入	业主共有收益
运行方式	自上而下	自下而上
管理模式	被动接受	自主探索、主动创新
管理制度	公司统一供给	业主制定
激励机制	物业公司的一套激励体系	很少物质上的收入，主要是无形的精神激励（如业主的肯定与尊敬，自我价值的实现等）

三是社区自治机制规范透明。业主自治模式通过一系列的规章制度，保障了社区运行机制的规范化。例如HX园制定的《天津市X区HX园管委会规约》、《天津市X区HX园业主会议议事规则》、《天津市X区HX园业主自主管理委员会规则试行办法》等规章制度。同时，这一模式通过一系列的公开与监督措施，保障了社区运行机制透明化。如HX园的财务公开，包括月月公开，季度性公开，年度性公开等，并且每次公开都必须"上墙"，供管委会、业主等随时监督。

四是社区业主或居民参与热情高涨，公民精神凸显。HX园的许多相关制度都是在全体业主的积极参与、自主探索下所创立出来的。如针对社区的安全问题，是否需要安装摄像头一事，部分业主积极主动联系相关公司进行前期调研，核算相关成本。之后，在管委会的共同参与下，比较最经济实惠和最安全的实施方案，大家共同协商决定最终的方案，并公示于社区宣传栏。还有诸如此类的对社区车位的管理、社区绿化的实施，甚至社区宠物及其粪便的管理，都是在业主自发参与下实施推进的。

　　综上分析可知，经过几年来的发展，HX园社区的自治组织架构日益完善，自治能力不断提升，社区内外部环境也有了很大改善，但是我们还应清醒地意识到：业主自治模式，其在本质上是一种基层民主制度的创新，其发展在当代中国还受到诸多方面的阻碍和限制。

　　一是业主自主管理委员会的身份定位问题。目前，由于HX园业主自主管理委员会是脱离于XD社区业委会而独自成立与运作的管委会，其虽在法律层面上合情合理，并且已上报所在社区工作站及其所属街道办事处相关部门进行备案，但时至今日尚未得到完全认可。因此，其身份的合法性在一定程度上还受到个别业主和外界的质疑。为此，亟须尽快合理界定管委会的身份问题。

　　二是业主自主管理委员会与社区工作站及街道办之间的关系问题。业主自主管理委员会作为一种社区自治组织，其势必影响到以社区居委会为代表的"基层政府"在社区中的权威。况且，管委会的发展壮大，有可能将会与社区居委会、社区工作站等争夺相关资源，其间的矛盾纠纷或冲突不可避免。另外，即使社区居委会作出让步，管委会能否单独管理好社区相关事务，也还是个问题。这也是业主自主管委会下一步发展急需解决的问题。但从长远来看，应形成管委会与街道办、社区居委会、社区工作站之间优势互补的长效机制，协作共治，共同营造社区的发展。

　　三是公有、共有资金的监管问题。新成立的业主自主管理委员会由于缺乏有效的内部运作机制，管委员委员的腐败问题难免时有发生。针对社区公有、共有资金的监管问题，本应成立HX园社区基金会来管理盈余资金（其人员有管委会成员兼任，以与驻区物业公司之间形成制约关系），但鉴于目前管委会作为一个新生的生命体，身份问题还没解决，暂不能刻其公章，因此还不能注册成立基金会。目前HX园的盈余资金由所聘物业服务企业代管，但这只应当是一个过渡阶段，不应成为一种长效机制。

　　四是居民（业主）参与问题。要实现真正的社区自治，社区参与就不能是"象征性"的居民参与，而必须是有实质意义的参与。按照阿尔斯坦（Sherry R. Arnstein）的理解，"有意义的居民参与"至少包括三个维度：第一，居民参与是否有明确的社区公共问题意识；第二，政府能否针对不同的居民，设计出不同的参与方式；第三，这些参与能否产生实质性的效果①。目前HX园业主在社区参与中已不存在第一层面的问题，第三层面的问题有待于实践的进一步检验，既有最大困难和障碍在于第二层面的问题，即首先获得身份的认可，其次再谈相关部门有针对性的支持性参与。

　　社区自治，其旨向在于实现基层群众依法自我管理、自我教育、自我服务和自我监督。城市社区自治的根本目的在于要保障城市居民直接行使自己的民主权利，而天津市HX园正在尝试中的以业主自主管理委员会为主导的"业主自治模式"正好证实了这一城市社区自治模式的可行性与可操作性。HX园社区自治模式与我国目前部分城市实行的社区自治模式，如沈阳模式、江汉模式、青岛模式等，甚至大刀阔斧撤销街道办实行大社区制的铜陵模式等，最大区别就在于其是真正意义上的由社区居民自发的由下而上进行的城市社区自治，是社区居民直接行使民主权利的一次伟大尝试，而其他社区自治模式大都是在相关政府的直接或间接推动下被动式地自上而下进行的、是居民民主权利被民主化的社区实践模式。因此，尽管HX园社区自治的根基还很薄弱，其体制机制还不成熟，其取得的成果也仅仅是阶段性的，但是，我们应对这一新生的生命体更多的呵护，而不是批判。

---

① Sherry R. Arnstein. A Ladder Of Citizen Participation, *Journal of the American Planning Association*, 1969, 35(4), pp, 216-224.

第二部分

新时期城市社区治理与服务创新

　　从党的十八大报告首次将"社区治理"写入党的纲领性文件到党的十八届三中全会提出"创新社会治理体制""改进社会治理方式""提高社会治理水平"和推进"城乡社区治理"的系列改革任务，再从党的十九大报告提出"打造共建共治共享的社会治理格局"到党的十九届四中全会提出"加强和创新社会治理，完善党委领导、政府负责、民主协商、社会协同、公众参与、法治保障、科技支撑的社会治理体系，构建基层社会治理新格局"可知，新时期以来我国社会治理的重心不断向基层下移。2016年3月5日，习近平总书记在参加十二届全国人大四次会议上海代表团审议时就曾明确指出："基层是一切工作的落脚点，社会治理的重心必须落实到城乡、社区。"2019年11月初，习近平总书记在上海社区考察时再次指出，"城市治理是推进国家治理体系和治理能力现代化的重要内容。衣食住行、教育就业、医疗养老、文化体育、生活环境、社会秩序等方面都体现着城市管理水平和服务质量。同时，要推动城市治理的重心和配套资源向街道社区下沉，聚焦基层党建、城市管理、社区治理和公共服务等主责主业，整合审批、服务、执法等方面力量，面向区域内群众开展服务。"由此可知，社区作为居民日常生活的基本场域、城市基层治理的主要载体和政府进行社会管理的重要平台，其在新时期将发挥着越来越重要的作用。

　　现实生活中，城市社区是一个亟待改善的治理领域，也是一个受到多方因素影响的复杂治理区域。如果说20世纪的人类是从"社区"迈向"社会"，即社区社会化发展趋势的话，那么21世纪的人类则是从"社会"回到"社区"，即社会社区化发展的趋势。前一个趋势是社区发展或社会现代化的过程，后一个趋势是社会建设或社会人文化过程。社会社区化并不是从现代化的城市倒退到落后的农村，而是经历了"社区—社会—社区"这种"否定之否定"之后的一种螺旋式地提升运动①。进入新时期以来，我国城市社区治理与服务创新不断，取得诸多实质性进展，涌现出社区协商、社区营造、社区基金会、"三社"联动、

---

① 张康之，石国亮. 国外社区治理自治与合作［M］. 北京：中国言实出版社，2012：107.

社区医养结合、社区时间银行、智慧社区、学习型社区等系列创新举措。未来，要持续认真学习贯彻习近平新时代中国特色社会主义思想和党的十九大、党的十九届四中全会精神，奋力开启新时代城市社区治理新征程。具体而言，要继续坚持把握城市社区治理的基本经验，以党的领导为社区治理提供政治保证，以理论创新为社区治理提供行动指南，以制度建设为社区治理提供结构支撑，以改革实验为社区治理提供有效载体[①]，全力聚焦加强社区治理体系建设，着力构建共建共治共享的城市社区治理格局。

---

① 民政部官网. 民政部在上海召开全国城乡社区治理创新现场会［DB/OL］. 参见网站: http://www.mca.gov.cn/article/zwgk/mzyw/201712/20171200007126.shtml

第一章　社区协商

　　社区协商是新时代我国社会治理创新的重要领域，是中国特色社会主义协商民主在城市社区的具体实现形式。党的十九大报告指出"有事好商量，众人的事情由众人商量，是人民民主的真谛"，同时还提出要"推动基层协商以及社会组织协商"。党的十九届四中全会再次明确提出要"统筹推进基层协商以及社会组织协商，构建程序合理、环节完整的协商民主体系，完善协商于决策之前和决策实施之中的落实机制，丰富有事好商量、众人的事情由众人商量的制度化实践"。社区居民作为社区的主人翁，既是社区治理的核心主体，也是社区协商主体的重要构成力量。换言之，社区协商是新时期社区民众参与社区治理、推进社区自治的主要形式与重要载体。

第一节　社区协商及发展概况

　　社区协商（协商民主①），主要是指社区多元主体以社区为平台，通过理性协商取得共识，消解矛盾分歧，进行民主决策、民主管理、民主监督，实现社区公共利益的民主形式。2015年7月22日，中共中央办公厅、国务院办公厅联合印发了《关于加强城乡社区协商的意见》，首次以中央文件的形式提出"城乡社区协商"的概念，开启了中国基层协商民主的新篇章。其中，《关于加强城乡社区协商的意见》中明确提出"城乡社区协商是基层群众自治的生动实践，

---

① 协商与民主是两个不同的概念。协商民主并非意味着投票民主，而是通过协商实现民主。协商民主形式也是多样化的，如单中心的协商民主、多中心的协商民主以及更为创新性的形式等。博曼（James Bohman）在《公共协商：多元主义、复杂性与民主》一书中提出"什么是协商民主？首先且最重要的是，民主就意味着某种形式的公共协商。如果决策不是强加给公民的话，他们之间的协商肯定是必不可少的。毕竟，同意是民主的主要特征。"国内学者俞可平认为，协商民主就是公民通过自由而平等的对话、讨论、审议等方式参与公共决策和政治生活。[美]博曼.公共协商：多元主义、复杂性与民主[M].黄相怀译，北京：中央编译出版社，2006：4，1.

是社会主义协商民主建设的重要组成部分和有效实现形式"。某种意义上，该文件是对2015年2月9日中共中央印发的《关于加强社会主义协商民主建设的意见》所提出的"基层协商"精神的进一步细化和发展，有助于推动协商民主的理论资源与中国城乡社区治理的实际工作相结合。到2017年6月12日中共中央、国务院联合印发的《关于加强和完善城乡社区治理的意见》，重申要"进一步增强基层群众性自治组织开展社区协商、服务社区居民的能力""推动形成既有民主又有集中、既尊重多数人意愿又保护少数人合法权益的城乡社区协商机制"。

其实，早在20世纪后期，伴随着社会管理体制从"单位制"向"社区制"的转型，原来由单一基层政府主导的社区治理模式愈发难以适应社区群众内部的利益主体多元化、关系复杂化结构特征。在这样的背景下，社区多元主体围绕社区公共物品供给与分配、社区冲突与化解等议题，通过多元协商达成共识的治理方式迅速铺展开来，如在全国层面应对基层社区问题与决策的"居民议事会""社区议事会""民主恳谈会""村民评议会""党员议事会""党群议事会""决策听证会""民生评议会""协商对话会""参与式预算"等蕴涵着某种成分的协商民主实践方兴未艾。其中，较早也是颇为著名的案例是1990年代末就开始探索的浙江温岭"民主恳谈"，它起始于温岭各乡镇"农业农村现代化建设论坛"等听证会、对话会、沟通会，涉及预算、规划、项目建设等多个重要领域。此外，四川彭州的"社会协商对话会"，云南盐津的"参与式预算"，吉林安图的"民意裁决团"，南京市鼓楼区的"社区议事会"等，皆自主探索了如何把协商民主的精神运用到城乡社区治理中[①]。

与此同时，20世纪后期试图通过理性沟通、多元参与、平等讨论的协商民主理论，与多元治理理论不期而遇，迅速聚合延展成为协商治理理论，被中国学者快速引入到基层实践中，并于2015年被国家通过顶层设计渗透到基层社区治理实践中。其标志性事件是2015年中共中央公布的《关于加强城乡社区协商的意见》，明确提出开展多样形式的基层协商，将社区协商由以往的碎片化、非

① 陈家刚. 城乡社区协商民主重在制度实践 [J]. 国家治理, 2015（34）: 22; 张等文, 孙泽亚, 刘彤. 中国城乡社区协商民主发展的现实形态与推进理路 [J]. 理论探讨, 2016（3）: 29-33.

制度化、非常态化实践推向制度化、规范化和程序化的探索。在此，需注意的一个现象是，近年来由民政部评选的"中国社区治理十大创新成果"，以及民政部确认的"全国社区治理和服务创新实验区"，成为中国社区治理创新的重要风向标。对这些获奖、获确认项目进行回顾可以发现，很多项目虽然并未使用"社区协商"这一名称，但仍然具备显著的基层协商要素（详见表2-1-1）[①]。

近年来民政部颁奖及确认的全国社区协商典型案例　　表2-1-1

	中国社区治理十大创新成果	全国社区治理和服务创新实验区
2013年	北京市朝阳区"政社共商共治"基层社会治理新模式	—
2014年	深圳市罗湖区"活化赋权"	北京市东城区、北京市朝阳区、四川省成都市成华区
2015年	北京市朝阳区"居民提案"激活社区居民自治细胞、福建省厦门市思明区"社区参与式治理工作坊"实践、广东省深圳市龙岗区"民生大盆菜"创新社区治理新模式、四川省成都市温江区"343"社区协商共治机制、北京市东城区"多元参与协商共治社区新模式"、河南省焦作市解放区"334"楼院协商治理模式	河北省廊坊市广阳区、吉林省长春市朝阳区、上海市静安区、江苏省南京市鼓楼区、贵州省安顺市西秀区

值得注意的是，其实在《关于加强城乡社区协商的意见》印发后不久，民政部就于2016年8月8日印发了《关于深入推进城乡社区协商工作的通知》，强调"城乡社区协商是中国特色社会主义民主政治建设的重要组成部分，是最广泛、最直接、最生动的社会主义民主协商形式"，要求各省"扎实推进城乡社区协商制度化、规范化和程序化"，并在2016年底前出台实施意见。实践中，北京、重庆、黑龙江、辽宁、内蒙古、新疆生产建设兵团、甘肃、青海、陕西、宁夏、河南、山东、安徽、湖北、江苏、四川、贵州、云南、浙江、江西、福建均已在2016年底公布了具体实施意见，这就为各地因地制宜地推动城乡社区协商提供了具体指导。例如，南京市鼓楼区等地通过将其正在开展的社区治理

[①] 张汉. 朝阳区提升城市社区协商水平的思路与措施研究 [R]. 2017（内部资料）.

创新工作纳入到城乡社区协商的新理念、新思路、新模式中进行改造和提升，从而焕发出新的社区协商活力①。由此推知，社区协商已日渐成为新时期推进社区民主治理的有效载体。但是，如何使协商成为一种制度化的过程，则需对社区协商的主体及其类型、议程规则以及与政府协商的衔接机制等问题进行系统探究，以构建契合中国社区发展实际的协商治理体系。

一方面，关于社区协商的主体，主要包括社区党组织、社区居委会、物业服务企业、业主委员会、社会组织、相关的政府部门和专业机构，以及最为重要的社区居民。多元社区主体协商的要义在于实现不同主体之间的沟通与交流，减少彼此之间不必要矛盾、纠纷或冲突，实现社区生活的稳定与和谐。同时，根据社区协商主体的不同构成，可以将当前我国城市社区协商创新实践的类型划分为以下几种：党领群治联动型协商、政社协同共建型协商、政群平等对话型协商、社群精准议事型协商等。

另一方面，关于协商的形式、过程和结果可能是民主的，也可能是不民主的。为什么要协商？以老旧社区为例，在我国实行住房制度改革之前，绝大多数社区只有代表政府的社区居委会和居民两大主体，尽管在法律层面上社区居委会是法定的群众自治组织，但在当时以政府为主导的社区管理体制下，社区居委会通常作为街道的"腿儿"，是基层行政权力的延伸，往往代行着街道办事处的职能，所以这种情况下很多社区的公众事务基本上就由上级领导决定了或组织上"为民做主"了，很多事情是"不需要协商的"。但自从20世纪90年代末实行了住宅商品化改革后，社区就出现了多元化的利益主体，如社区党组织、社区居委会、业主、租户、物业服务企业、业主委员会、驻区单位以及其他不同类型的社区社会组织等利益主体。这些利益主体之间或同一主体内在决定公共事务时产生意见不一致，甚至发生矛盾、纠纷或冲突，就需要坐下来谈判和商量，这种协商只能是平等协商、民主协商，而再不能用强制和行政命令的方式去解决。协商不成，再通过调解、仲裁或者法律渠道解决。

---

① 闵学勤. 社会实验：嵌入协商治理的可能及可为——以南京市鼓楼区社区协商实验为例 [J]. 人文杂志, 2017（3）: 111.

第二节　社区协商创新实践

由上文可知，社区协商是新时期我国国家治理和社会治理特别是社会主义协商民主建设的重要基础。通过社区协商，既可以实现街头政治向圆桌对话的转变，化解社会矛盾，防范社会风险，促进社会和谐和社会稳定，又可以促进公民意识和民主精神的发扬，推动新时代中国特色政治文明的发展。简言之，社区协商之共治的重点在于引导居民通过协商来表达利益诉求、化解利益矛盾、增进社会共识，巩固执政根基。一定程度上，社区作为我国地方治理的基本依托和公民群聚的基层组织，是最根底的自治组织，在社区运行和发展的不同阶段，依靠社区公民社会的自我管理、自我发展，本身就昭示着民主治理的意蕴①。然而，实践中，在我国基层社区更多的是各类问题、各种矛盾和诉求的集聚地、高发地，社会治理和社区建设工作的重点、难点在基层，活力源泉也在基层，基层干部群众是民主协商的原动力，基层协商民主具有创新和发展空间。在此，通过介绍北京市朝阳区麦子店街道社区协商共治的主要做法和江苏省南京市鼓楼区热河南路街道小桃园社区的"有一说一"工作室创新实践来诠释这一模式。

【案例2-1-1】北京朝阳区麦子店街道的社区协商共治

北京市朝阳区麦子店街道成立于1987年，面积约6.8平方公里，现辖5个社区，总人口为6万余人，其中有来自90多个国家和地区的外籍人口近万人。特别是麦子店街道外国使馆多、社会单位多、涉外高档住宅多，酒店写字楼云集，集国际政治、商务、休闲、文化等功能为一体，具有典型的综合性国际化社区发展特点。近年来，麦子店街道在社区发展与治理创新实践中，逐渐形成了以"区——街道——社区——楼院"为层级的四级议事协商平台与体系建设，详见图2-1-1。这一体系较为注重强化议事代表队伍建设和议事能力培养，明确议

---

① 张康之，石国亮. 国外社区治理自治与合作 [M]. 北京：中国言实出版社，2012：13.

事规则、议事流程、议事边界等。具体来说，如图2-1-1所示，麦子店街道构建了四级议事协商平台，即楼院层面、社区层面、街道层面和市区层面的议事协商平台。其中，以楼院层面为动员基础，以街道和市区层面为辅助，以社区层面的议事协商平台为建设重点。实际工作中，社区层面的议事协商平台主要由社区党组织、社区居委会牵头，组织开展议事协商。社区议事协商委员会在广泛征求社区居民意见的基础上，由社区居民代表会议推选产生，一般为20人左右，由本社区"两委一站"、"两代表一委员"、居民、业主委员会、驻区单位和社会组织等共同组成议事代表。且与此同时，建设规范化的社区议事厅，使代表"议有所地"。

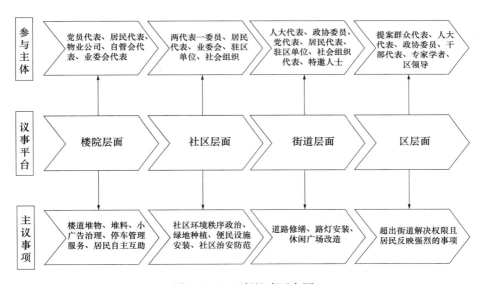

图2-1-1　四级议事平台图

另一方面，在构建四级议事平台的基础上，针对不同层面、不同渠道、不同地域特点，合理确定每一级议事协商平台的协商内容[①]。鉴于楼院和社区层面的议事协商平台是建设重点，因此这两个平台集中了社区大部分协商事项，如社区层面协商事项的性质为涉及本社区居民切身利益的公共事务、公益事业；

① 吕维霞，贺天，孙航. 社区共商共治模式研究——以北京市朝阳区N社区为例［J］. 北京航空航天大学学报（社会科学版），2018（6）：28.

本社区居民反应强烈、迫切要求解决的实际困难问题和矛盾纠纷；社区治理中的重点难点问题以及各类协商主体提出协商需求的事项，这些事项一般包括社区环境整治、绿地补植补种、便民设施安装、社区治安防范等。上述大部分事项通常皆在社区层面解决，只有少部分解决不了的事项会上升到街道和区级层面处理。当然，这些事项一般都是由社区上报的、涉及众多居民切身利益但社区又无力解决的事项，从而切实保障社区居民的权益。

【案例2-1-2】南京鼓楼区小桃园社区"有一说一"工作室创新实践

2014年4月，江苏省南京市鼓楼区热河南路街道小桃园社区建立了社区党组织引领、职能部门、社会资源整合对接、各类利益主体广泛参与的社区协商创新模式，成立了"有一说一"工作室。工作室制定了"开放说事、分类理事、民主议事、合力办事、公开评事"等一套完整的运作制度。

在实际运作中，小桃园社区采取"一室一会一日"的操作模式。所谓"一室"即指设有专门的工作室，每个工作日组织轮值主任接待居民说事，"说事"内容包括：为民服务的实事、助人为乐的好事、社区发展的难事和邻里之间的急事；所谓"一会"即组建"说事协商"调委会，具体负责社区各类协商事宜；所谓"一日"即将每月11日（遇节假日顺延）定为社区居民"说事协商日"。

实践中，"有一说一"工作室之所以能取得成效并得到大家认可，其主要做法如下。一是通过"三级说事"搭建民情收集平台。通过"说事"热线、"说事"专岗、"说事"网格，改善了以往居民诉求不畅的状况。社区公布"说事"热线，安排专人到老弱病残户家中登门"听事"，通过党支部、党小组、楼栋长，全面覆盖"说事"网络，及时把群众的呼声和诉求反映上来，实现了社区工作思路由上级指令向民意诉求的转变。二是通过"三级协商"搭建民情化解平台。社区聘请两委班子成员、辖区党组织负责人、党员群众代表、公共利益代表的主体社区党代表、人大代表及社区民警等17人组成"说事"调委会，并进行"三级协商"。按照轮值主任报议题、"说事"调委会定思路、居民大会定方案的程序，认真分析问题，查找原因并解决问题。三是通过"三级理事"搭建民情服务平台。按照"即时办理、协调化解、会商共处"的理事模式，实现了"小事立马能落实，大事协商能解决"，使社会服务资源与社区需求的对接更加精准，实现了"社区的事大家办"。四是通过"三步监督程序"搭建民情监督平台。按照"提前公告、结果公示、办结回访"的"三步监督程序"，以群众是否满意验证居民"说事"落实的成效，实现了"社区的事大家评"。这样，经民主协商得出的结论或做出的重大决策能够得到积极落实或反馈，进而促进了居民参与社区协商民主的主动性。

由上述两个案例可以看出，北京朝阳区麦子店街道的社区协商共治较为注重协商议事平台建构及其运作流程和体制机制的建设，而南京鼓楼区小桃园社区的工作室则更为注重多元主体参与的便利性、实效性和解决问题的针对性等。但不论何种形式，其都是基层社区民众自我协商的生动实践。总之，社区协商有助于解决新时期群众反映最强烈、最迫切的热点问题，化解矛盾纠纷，汇聚力量，凝聚共识，让社区的事大家办，让民众得到多样化需求的最大化满足。

第二章　社区营造

　　近年来，关于社区的话题成为国内外理论界和政策研究者持续关注的焦点议题。特别是随着社会主义市场经济的愈发深化和社会转型的不断深入，中国的城市社区正面临着自改革开放以来最为激烈和广泛的变革，并且这一变革因关涉整个中国城市基层社会的稳定而备受各界关注。在某种程度上，这种变革集中体现在城市社区冲突的积聚与频发方面，如社区利益冲突、社区文化冲突、社区环境冲突、社区物业冲突以及社区邻避冲突等。然而，社区营造作为社区重塑或社区再造的一种有效路径，对解决当前我国城市转型与更新中面临的问题和日益频发的社区矛盾、纠纷与冲突等都具有重要作用。

第一节　社区营造及其特征

　　社区营造（community empowering）一词，最早源于1951年联合国提出的"社区福利中心计划"，后来又改为"社区发展计划"。这一计划在全球得到积极推动，诸多国家相继将该计划付诸实践。台湾地区的社区营造即始于此，但直到20世纪90年代因得到政府主导的"社区总体营造计划"而取得实质性的快速进展，之后又历经"新故乡社区营造计划"（2002）、"台湾健康社区六星计划"（2005）[①]等不断的摸索与实践，才取得今天众所周知的如"桃米村"生态社区等类的社区营造典范。我国大陆地区的社区营造实践主要受台湾的影响而得到发展。特别是近几年来社区营造像一股潮流似的在很多城市和社区如火如荼地"热起来"。实践中，各地提法各异，如"社区共同缔造""社区协商治

---

① 涉及社区治安、人文教育、社福医疗、产业发展、环保生态与环境景观等面向。

理""社区院落自治""社区总体营造"等，但其内容均为社区营造之本质。其中，以北京"清河实验"和成都市的"城乡社区总体营造"较为典型。

通俗来说，社区营造，主要是指居住在同一社区的居民，持续以集体行动来处理共同面对的社区生活议题，如居住环境的改善、公共空间的营造、安全秩序的维护、居家养老的需求、邻里守望的期待等。在居民们解决这些问题的过程中，提高居民的自治参与意识和协商共治的能力，提升社区的集体社会资本，创造社区共同生活福祉①。同时，因为共同行动，居民彼此之间以及居民与社区环境之间建立起紧密的社会联系，这一过程就是社区营造。简言之，社区营造，即指从社区生活实际出发，集合各种社会力量与资源，通过社区中人的动员和集体行动，社区完成自组织、自治理和自发展的过程。大致来看，新时期的社区营造具有以下特征。

一是社区居民的全体参与，发展自组织是一种重要形式。社区居民是社区营造的主体，贯穿于需求调查、讨论协商、方案设计、推动实施、效果评估及成果反馈的全过程。居民在营造中不断创造沟通对话的场域，在知识课程的学习和实作经验的积累中形成社区共同体的意识。然而，现实中让社区居民了解和接受营造的目标和内容，并非一件易事，这涉及社区内部的资源分配、居民的生活习惯、个人及群体的利益博弈等。为此，鼓励居民自组结社，以团体身份参与到营造中，成为组织居民的重要手段②。

二是关注本社区发展的相关议题。日本学界将社区营造概化为"人、文、地、产、景"五个方面，分别指社区居民的福利及人际关系、社区特有的共同文化、地理环境、产业及经济活动以及公共空间或生活环境的永续经营③。某种

---

① 庄优波. 社区营造与遗产地发展：台湾"桃米村"社区营造案例分析 [J]. 世界遗产，2015（7）：106.

② 莫筱筱，明亮. 台湾社区营造的经验及启示 [J]. 城市发展研究，2016（1）：93.

③ 具体而言，"人"，指的是社区居民共通需求的满足、人际关系的经营，和生活福祉的创造；如何掌握社区的属性，了解其共同需求，进而运用创意找出解决之道，其行动内涵就是社区中"人"的营造。"文"，指的是社区共同历史文化之延续、艺文活动之经营，以及终身学习等。社区营造的首要工作是引导出每个社区中具有独特历史和个性化的人和事物，成为展开行动的基础，具体行动包括地方文史调查整理、策划及举办艺文活动、在地节庆祭奠的创发等。"地"，指的是维护与发扬社区自然地理环境的特色，强调地方特质，不仅各地景观有异，风俗也有不同，都必须在"社区营造"过程中得到可持续的维护和传承。"产"，指的是在地产品的创发与行销，以及在地经济活动的集体推展等，"地产地用"是"社区营造"在"产品/产业"层面的核心主张。"景"，指的是社区独特景观之营造、生活环境之永续经营、居民自力投入社区景观的营造等；一个具有社区感、让居民自豪的社区，势必在景观上也呈现出独特的风貌。曾旭正. 台湾的社区营造 [M]. 台北：远足文化事业股份有限公司，2013：16-19.

意义上，"社区和人一样，拥有各自不同的个性和历史，也因为不会有两个完全相同的社区，所以每个社区都是世界上独一无二的①。为此，社区营造同样需要依据居住人群和地理环境的特点而有针对性地选择切入点，在交流碰撞中激发出社区的生命力②。

三是需要凝聚共识、聚集资源、集体行动。社区是大家（家庭），营造靠大家。学理上，社区是个"共同体"，但缘于现代社会的多元性，异质性愈发成为现代社区的时代特征。为此，拥有多样化需求的不同社区居民如何求同存异，探寻社区治理的"最大公约数"，无疑成为现代城市社区营造中凝集共识与一致行动的关键。当然，这亦是社区营造旨在"营造"的内核。此外，社区营造之目的除了凝聚共识，有效促进社区稳定、和谐与健康发展外，还旨在变革当前我国诸多地区将社区建设作为应付上级检查的政绩工程和向媒体宣传的形象工程之"怪象"。

由上可知，本质上，社区营造是对社区各方面资源的整合和"活化"，即以居住在同一地理范围的居民为主体，通过集体行动共同应对社区问题，在居民之间及居民与社区环境之间，建立起紧密的社会联系，推动社区方方面面的改变。另外，社区营造是一个长期的社会系统工程。在这一进程中，涉及分期计划的制定、营建资金的筹措、居民共识的建立、公约或契约的签订、民主程序的维持等。这需要有持续稳定的营造政策、在地性深厚的专业辅导团队和完备的公众参与制度③。

第二节 我国台湾地区社区营造：社区培力及其运行机制

正如上文所述，20世纪90年代以来，台湾地区的社区营造在政府主导下日渐成熟，出现了诸如"桃米村"生态社区等类的社区营造典范。

---

① 台湾文化建设事务主管部门. 最小的无限大：文建会社区营造纪实1994-2010［M］. 台北：商顾，2010：9-17.
② 莫筱筱，明亮. 台湾社区营造的经验及启示［J］. 城市发展研究，2016（1）：94.
③ 张力亚.建构台湾永续社区治理能力的制度课题之研究［J/OL］. 参见网站：
   http://www.rad.gov.tw/wSite/public/Attachment/f1403749495408.pdf.2013.

（一）社区培力

分析台湾地区社区营造之经验，发现相较于过往直接下放资源的社区建设方式，社区培力模式是其成功的最大特点。实践中，台湾地区通过一整套培力机制培养和提升居民的参与意识、归属意识以及参与能力。这既是社区意识形成的关键过程，又是社区由"自在"到"自为"的过程，有利于实现社区的永续发展。理论上，居民参与社区治理，至少需要从两个方面提升社区能力：一是提升社区居民的自主能力[①]，即培育具有社区概念、社区热情、有公共事务素养的社区人才，并逐步带动社区自主运作能力，唤起更多社区民众对社区的关心及参与；二是具体提升社区的实务能力[②]，即获取资源的能力、调动社区资源的能力、建构与管理方案的能力、为方案或计划进行募款的能力，以及动员民众支持社区关心议题的能力。

所谓培力（empowering），这一概念源于20世纪60年代意识形态与70年代自助观（self-help）的社会运动。弗雷尔（Freire）强调"培力"的目的，是让群众"批判意识觉醒"，同时，这个批判意识的觉醒是一个结合"反思"与"行动"的实践过程，是一个除去压迫与被压迫关系的社会变革[③]。20世纪80年代以后，培力的概念逐渐被运用于管理学、社区心理学、护理工作及教育行政等领域。其实，培力运用在社区心理学时，多半是强调藉由社区教育的过程，以唤起都市中较贫乏、文化不利之社区居民的自觉，进而促进其自我培力感（self-empowerment），同时带动并鼓励社区中低阶层居民多参与和自我生活相关的社区决策过程之层面[④]。关于社区培力（community empowerment），里泽尔（C. Rissel）认为，社区培力是在提升成员心理培力的层级，成员政治行动的构成必须是积极主动的，且能够达到资源的重新分配或制定有利于社区

---

① 郭瑞坤，谢政勋，陈可慧. 台湾社区培力机制成效评估研究：以区域型培力中心为例 [J].公共管理研究，2008（5）：215.

② Norman J. Glickman, Lisa J. Servon. More than bricks and sticks: Five components of community development corporation capacity. *Housing Policy Debate*, 1998, 9(3): 497-539.

③ 张丽春，李怡娟. 赋权概念分析 [J]. 护理杂志，2004（2）：84-90.

④ 张心怡，国民中学校长授能领导之研究 [D]. 台北：台湾师范大学硕士学位论文，2001.

问题的决策①。沃勒斯坦（N. Wallerstein）则认为，社区培力是一种社会行动的过程，能够促进民众、组织及社区的参与，以朝向增进个人和社区控制、政治效力、改善社区生活以及社会公平的目标②。综上，本书认为社区培力是社区的人关心且了解社区的事，社区的人能藉由讨论社区议题凝聚社区共识并建立社区网络关系，进一步有能力提出计划申请经费，有能力促进社区动员，以获取资源来使社区更加进步。此外，根据培力内涵的三个基本面向：权力、能力、效能，社区培力相应有以下三方面的内涵：一是权力授予。为贯彻社区民主协商的理念，应倡导社区"由下而上"的自我决策，让社区人决定社区的事，将社区治理权下放给社区居民。二是使人具有能力。社区居民藉由人与人之间、社区与社区之间的讨论互动，学习如何让社区更好，并藉由主管部门与专业的资源，去除居民对于社区问题的无力感，增进其改善社区问题的实际操作能力。三是激励与提升自我效能。藉由培力的过程，唤醒居民潜在的社区意识，鼓励居民勇于表达自己的想法，参与社区的行动，激励居民对于社区切身问题的关心与重视③。

（二）社区培力机制

鉴于社区培力是台湾社区营造的重要组成部分，故台湾地区在组织机制上则由文建会（现文化事务主管部门）进行统筹管理。本质上，社区培力机制是一种"以自上而下推动自下而上"之过渡时期的"辅导型社区治理"机制，以公众参与的方式形成政府、社会组织和社区三者之间的良性互动和合作伙伴关系。同时，正是在社区培力的过程中，社区成员和社会组织积累了对公共生活领域的问题意识和参与经验。具体到实践操作层面，台湾文建会下设的专案辅导管理中心负责社区营造具体事务，专案辅导管理中心会将台湾分为北、中、南、东四区，分别设立各区培力中心，培力中心引入专业的社会组织对各

---

① C. Rissel, Empowerment: The holy grail of health promotion, *Health Promotion International*, 1994(9), pp. 39–47.

② N.Wallerstein, Powerlessness, empowerment and health: Implication for health promotion programmes. *American Journal of Health Promotion*, 1992, 6(3), pp.197–205 .

③ 郭瑞坤，谢政勋，陈可慧. 台湾社区培力机制成效评估研究：以区域型培力中心为例［J］. 公共管理研究，2008（5）：210.

社区营造点进行培力辅导，其中重点辅导的是社区发展协会的工作人员。详见图2-2-1。

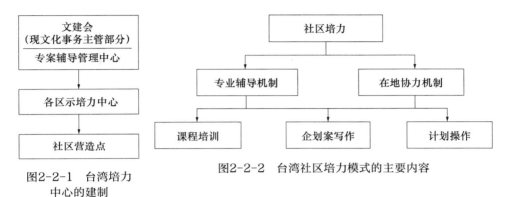

图2-2-1 台湾培力
中心的建制

图2-2-2 台湾社区培力模式的主要内容

　　如图2-2-2所示，社区培力模式既包括由社会组织提供培训服务的专业辅导机制，也包括培力中心、专家学者以及各社区营造点之间串联起来的在地协力机制。两个机制相互联系，互为补充。专业辅导机制包括课程培训、企划案写作、计划操作三个阶段，由专业社会组织聘请专家学者进行辅导和培训。

　　课程培训注重对社区营造的认知和对社区问题的深度理解，其通常分为基础课程、进阶课程、专业课程、分区选修几个阶段。课程以演讲、讨论、工作坊等多元的方式进行，内容可分为理论概念、组织动员、社区观摩等[1]。在课程过程中注重学员与社区之间的沟通，构建互动网络，在各区形成互动机制。

　　企划案写作是辅导机制的重要内容，培训的主要目的是希望通过学习的过程让社区团队不断深入理解调查，并互相讨论社区真正的问题与需求，因此培力中心的辅导机制在此过程中显得十分重要。主要任务是帮助社区干部们制定一个切实可行的社区计划。计划的形成是基于社区的实地调研、发现社区内存在的问题并制定出针对那些能够解决的社区问题的具体解决方案。在此过程中，以培育社区干部的方案能力作为重点，培力中心会调派专业人员对社区干部进行辅导，这其中就包括有专业社区社会工作者。专业社会工作者在这一阶段主

① 郭瑞坤，谢政勋，陈可慧. 台湾社区培力机制成效评估研究：以区域型培力中心为例［J］. 公共管理研究，2008
（5）：206-230.

要承担了发起者、评估者、分析者、协调者、教育者的角色。发起者与评估者主要体现在社会工作者首先带领社区干部意识到社区的发展存在着不足，并且带领社区干部着手进行改变。评估者体现在社会工作者对社区能力及社区意识进行评估，并对社区进行SWOT分析。同时社会工作者与社区干部一道，基于对社区的评估结果设计切实可行的社区计划方案。在这个过程中，社会工作者成为协调者，协调各种不同意见，并且动员社区干部进行筹备，制定出一套方案，最终指导社区干部进行方案撰写，这体现了教育者的角色。

完成企划案之后，接着就是实际操作，其目的不在于漂亮成果的呈现，而是培养执行计划与社区动员的能力，让社区参与成为社区持续发展的动力[①]。在此阶段，社会工作者带领2～3名社区干部组成工作小组执行计划。执行中，社会工作者推进着方案的进程，同时针对社区干部所遇到的问题，给予及时的指导与培训，提升社区干部的组织能力以及政治能力。在方案进行中，社会工作者与社区干部一起，帮助社区扩大志愿者队伍、提升志愿者能力，示范实务工作推动及内部的沟通模式，提高团体内部的沟通能力，以提升社区的运作能力，增强居民的社区归属感。

在企划案写作与执行的过程中，培力中心不仅由专业社会组织提供辅导，而且提供小额补助计划以保证企划案得以执行。主要方式包括两类，第一类是政府评选出各类优秀社区，如评选出守望相助社区、家户卫生社区、网络信息示范社区等，给予这些社区资金方面的奖励；第二类是政府支持社区的相关发展计划，即社区撰写相关社区营造方面的推行计划，如推行社区健康计划、社区环境治理计划、社区老人服务计划等。当社区发展计划提交到政府手中后，社区发展协会同时也就将社区的需求上传给了政府，起到了需求传达者的作用。

培力中心通过整合专家学者与相关资源，形成了专业辅导架构。社区营造点之间通过课程培训、陪伴社区、社区观摩及社区营造点互访的方式还串联起社区协力网络。各个社区在社区营造中遇到的问题很可能是相似的，社区间沟通交流有利于高效地找到问题解决的答案。这就使社区能力的提升不仅来自于

---

① 郭瑞坤，谢政勋，陈可慧.台湾社区培力机制成效评估研究：以区域型培力中心为例［J］.公共管理研究，2008（5）：206-230.

培力中心的专业辅导，更重要的是来自在地协力机制的自主性力量①。

由此可知，通过对台湾地区社区营造中社区培力机制的分析，可以发现，社区培力机制恰以专业化辅导提升居民参与治理的能力，是一种自上而下与自下而上相结合的辅导机制，更是一种完善社会协同、公众参与的社会治理创新机制。

（三）社区培力的制度目标：共同体治理

社区培力机制通过引导社区居民积极参与社区事务、集聚社会组织力量以合作的方式服务于社区、促进社会工作职业化在地化发展等方式，为"打造共建共治共享的社会治理格局"奠定坚实的民众基础。在社会治理视角下，从共同体治理结构这一角度来审视，社区培力有利于完善社区共同体主体性及其自治性建设，培育居民主体责任意识与自治能力，增强社区凝聚力以及民众的归属感，发展相应的社区组织，进而在政府、社区、居民之间形成合理高效的共同体治理结构，填补在政府治理和自治理中间的断层，从而培育、巩固和有效利用社区治理资源，以有利于政府简化相关职能，敢于向基层赋权、赋能、赋制②。

一是社区培力有利于共同体参与式民主基本架构的建立。提升社区参与是社区治理现代化的前提要件。社区培力有助于营造开放包容的社会空间与环境氛围，这样社区治理中的多元主体才能有效参与进来，进而为实现社区共同体参与式民主奠定基础。**一方面，有利于商议民主决策机制的构建。**社区培力既能够培育社区骨干，也能够增强普通社区居民参与讨论与做出决策的能力，从而拓展多样化、平行化且制度化的诉求表达方式，构建商议民主的决策机制，最终实现善治的可持续发展。这一基本架构的建立使社区中的每位居民都能够平等、合理、有效地参与公共政策的制定过程，通过对话、协商和妥协，在充分的理性讨论中做出协商一致并具集体约束力的决策，从而达成平衡和整合的商议民主治理过程。**另一方面，有利于实现政府与公众良性互动的协作共治。**公民社会蕴含着解决社会问题的丰富经验和无穷智慧。社区培力能有效吸纳民众的日常诉求和参与意愿，有助于化解社会政治实践性难题。特别是在这一过

① 向家弘. 社区总体营造专业工作团队成果专辑［M］. 台北："行政院文化建设委员会"，2003.
② 胡雯，原珂，宣朝庆. 社区治理与服务创新：社区培力助力"三社"联动［J］. 理论探索，2019（4）：82-83.

程中，社区培力通过将利益相关者纳入公共服务供给过程，通过政府与公众良性互动实现协作共治，增进治理的有效性。

二是社区培力促进社会资本与社区共同体发展的双向互动。社区培力能够有效耦合社会资本与社区共同体的发展，实现二者间的双向互动。**一方面，通过整合社区资源支持社区共同体发展。**同经济资本、文化资本等形式一样，社会资本也是人类社会发展的重要资源。在社区层面，社会资本是一种"公共物品"，代表着社区中存在着的资源及其公共利益，包括成员间的信任、互惠规范以及正式和非正式的社会支持网络等，既能够在社区发展中组织和动员民众，又能够为社会干预的实施提供基础。社区培力恰是通过社会组织和社会工作者为社区联结各方资源增加社会资本，为社区共同体的发展提供支持。**另一方面，通过培育社区共同体创造新的社会资本。**社区培力通过培育积极公民、促进社区归属感和凝聚力、建立社区信任和网络，从而重构甚至创造新的社会资本。此种意义下，社区共同体是培育基本的社会信任甚至是培养公民精神的重要场所。而普遍的社会信任和公民精神是减少社会发展交易成本、提高社会发展效率的重要条件。

三是社区培力促进多元主体的平等合作关系。社区培力通过促进政府、社区居民、社会工作和社会组织的角色转变及能力提升，加快传统社会管理模式向新时代社会治理格局的过渡，从而实现多元主体的平等合作关系。**具体而言，其一，促进政府从单一管理主体"支配者"到多元治理主体"服务者"的角色转变。**从社会管理到社会治理的转变中，行动主体的多元化打破了政府曾经的垄断地位，以至于政府必须在服务型政府的建设过程中寻找自己的位置。在社区培力中，政府以政策规划和计划补助引导居民参与治理。在政策推动上，政府部门逐步从传统由上而下的计划补助模式，转向采取分权与培力的方式，鼓励社区由下而上的自主营造。社区通过培力中心向政府提出申请，由官员、专家学者和社区精英组成的评审会进行审核，政府部门予以经费支持。政府与社区形成"政府预算＋社区导向＋社区申请＋政府经费支持＋政府评鉴（辅导）"的协作关系。在共同体治理中，国家的力量并非完全退出，而是减少具体的直接性干预，逐步增强宏观层面的"抽象治理"。**其二，促进社区居民从"自在"**

到 **"自为"的角色转变**。传统社会管理模式下，社区发展项目是各级政府的行政作为，社区居民多是被动的参与。社区培力的辅导对象——社区居民，是达成社区共同体自主治理的基础，只有其具备社区能力，社区才"知道要做什么、该怎么做"。发现和阐明具有共识性的价值观念，具有一种发自内心的认同的功效，有利于共同体的稳定和持续发展。**其三，促进社会工作从协商共治到服务型治理的角色转变**。和政府与一般的非营利组织的双方治理关系有所不同，社会工作突出地将提供社会服务纳入治理体系的建构之中。例如，将专业的社会工作嵌入社区治理体制结构，调整、重新分配治理结构中的各种资源，以解决社区弱势群体、福利供给等问题，让社区在"打造共建共治共享的社会治理格局"中成为重要的生长点。**其四，促进社会组织以其专业性提高政府部门与社区之间的沟通效率**。在社区培力中，社会组织承接了组织推动项目进行、链接资源和协调各方的载体作用，在此过程中促进社区服务管理向精细化、专业化、标准化方向迈进，从而有效补充公共服务和公益服务的不足。更重要的是，社会组织还凭其专业性促进资源的平等共享。弱势社区由于社区力量有限，往往无力发声从而不断加深弱势社区的困境。而社会组织的有效介入不但能协助弱势社区争取权益，还发挥着社区动员和组织作用，对社区的自力和成长起到积极推动之效。

第三节　成都社区可持续总体营造

成都市城乡社区可持续性总体营造行动项目于2016年正式启动，是由成都市民政局做顶层设计，委托四川光华社会工作服务中心整体运营，采用政府购买社会组织服务的方式，让社会组织以项目的形式，直接入驻到社区，以"引领者"和"助推者"的角色培养社区居民的公共意识和参与意识，协助其成立自组织，建立协商议事规则，逐步实现社区居民从接受服务到参与到主动参与的转变，从而实现社区自治，创新社会治理。成都市社区营造行动项目周期将持续三年，是成都市民政局首次在全市范围内大力推行"社区营造"。另外，成都市民政局除了提供资金支持，还将会链接多方资源，为成都市城乡社区可持续总体营造行动的这些项目提供智力支持、技术支持、人员支持、管理支持和服务支持。

2016年8月，成都市民政局专门发布了《关于开展城乡社区可持续总体营造行动的通知》，要求在全成都地区推动社区营造的发展。实践中，2016年成都市全面开启了营造100个"温暖社区"行动，获得成都市民政局总计820万元的资金资助。2017年资助的项目类型更加多样化，涵盖社区营造入门培训、议事规则培训、社区书记培训、行动研究、社区基金研究等多方面。截至2017年底，成都市级共投入约2000万元资金，支持了208个示范项目，发动社会组织在社区开展参与式陪伴工作，引导专业社工对居民骨干进行能力建设，整合试点社区资源，支持居民组织化参与社区公共事务。经过一年的探索，成都社区营造走出了独具一格的"成都社造模式"，即"政府主推，第三方运营，社会组织广泛参与"的"社造模式"。

2018年4月8日，为进一步提升居民的生活品质和幸福指数，成都市民政局、成都市委组织部、成都市委社治委联合发布了《关于进一步深入开展城乡社区可持续总体营造的实施意见》，旨在通过前期示范项目带动全面实施，到2020年，实现不低于90%的城乡社区开展可持续总体营造行动。该《意见》明确提出激发社区居民建立自组织、引导自组织转化为社区公益组织、培育社区自组织领头人、开展社区公共意识教育等10项任务，计划通过3年时间，努力将成都市城乡社区营造成为具有共同情感联结、共同社区意识、共同文化凝聚的美好家园。同时，该《意见》还对推动社区营造的具体路径进行了细化。例如，成都将以多元化、开放化为支点，撬动社区营造行动：既可从需求导向、社区资源为本入手，也可开展兴趣活动等务虚事务，还可从发展产业、管理公共事务等社区实务角度切入。实践中，如从满足居民服务需求入手，为空巢老人、留守儿童、困难残疾人、需要就业的妇女等特殊群体提供公益服务；从管理社区公共事务入手，建立院落自治委员会、小区自管小组、沟渠维护小组等自我管理的自治小组；从共建社区公共空间入手，建立长者空间、连心驿站、风雨长廊、社区花园等，并同步建立公共空间共享维护机制；从发展社区产业入手，挖掘当地优势资源，兴办社区社会企业、改建民房兴办特色民宿、发展乡村体验旅游，吸引更多群众参与乡村振兴等①。

　　2018年4月24日，为进一步激发城乡社区发展治理活力，成都市委社治委联合市委组织部、市人社局、市财政局、市房管局等部门，在"成都市城乡社区发展治理配套政策"专场发布会上，发布了成都市城乡社区发展治理"1＋6＋N"配套政策体系。具体来说，"1"，即为2017年9月发布的"城乡社区发展治理30条"，这是当时成都城乡社区工作的纲领性文件；"6"，是指社区发展治理中涉及面广、改革力度大的6大配套文件，主要涉及乡镇（街道）和村（社区）优化调整、转变街道（乡镇）职能、社区专职工作者管理、社区总体营造、社区发展规划、高品质和谐宜居生活社区标准体系等6个方面；"N"，是指用于指导具体工作的配套文件，当时主要涉及"五大行动"、"一核五体系"、社区志愿服务、政府购买社会组织服务、提升物业管理水平、改革社会组织管理制度、培育社会企业、社区工作者职业化岗位薪酬体系共8个方面，日后还将逐步增加、优化与完善。时至今日，成都市社区营造已经日渐取得了诸多实质性成效。在此，借用成都市委社治委的话表述则是：针对成都社区营造，"在已出台和正在编制的文件基础之上，将持续加强部门协作，积极研究重大问题，挖掘基层创新经验，进一步丰富政策制度体系、创新优化实践策略，全面推进'城市有变化、市民有感受、社会有认同'，推动新时代城乡社区发展治理不断取得新成效，争取形成在全省乃至全国可推广复制的示范经验"②。

---

① 杜静. 成都全面开展社区营造行动 两年覆盖九成以上城乡社区［N］. 四川新闻网，2018-04-13.
　　http://scnews.newssc.org/system/20180413/000869595.html
② 李杰. 成都城乡社区发展治理系列配套文件"1＋6＋N"政策体系进一步完善［N］. 四川新闻网2018-04-13.
　　http://hssq.voc.com.cn/content-691-16.html

第三章 社区基金会

新时期以来，我国政府对基层社会治理创新与社区建设的重视程度日渐增加，并积极将社会组织发展与社区建设进行有机结合，鼓励发展与壮大社区社会组织，且强调社会组织应当"立足于社区、服务于社区"。社区基金会，作为西方的一种舶来品，但恰恰就是这样的一种社区社会组织。2017年6月《中共中央国务院关于加强和完善城乡社区治理的意见》中首次将社区基金会写进中央文件。自此，社区基金会在我国深圳、广州、上海、成都、天津、重庆等地得到快速发展，并产生了广泛社会影响。

第一节 社区基金会及其类型与特征

社区基金会，作为一种基金会类型，在欧美等西方发达国家和地区有着悠久的历史和广泛的社会影响。特别是在美国，社区基金会经过一百多年的摸索与发展，不仅已形成了相对稳定且成熟的运作模式，而且还积累了较为丰硕的理论成果和实践经验，特别是社区基金会在整合社区资源、发展社区公益、满足社区需求、参与社区治理、增进社区融合、壮大社区资本、推动社区发展等方面具有一定的比较优势①。相较于欧美等西方发达国家和地区社区基金会的漫长发展史，中国的社区基金会尚处于起步阶段，不论其在理论研究还是实践探索方面都还很薄弱。

一、社区基金会及缘起

现代意义上的社区基金会源于1914年美国的克利夫兰社区基金会。当时美

---

① 王杰秀. 社区基金会发展的国际经验与中国本土实践 [M]. 北京：中国社会出版社，2018：10.

国为了解决城市化、工业化过程中层出不穷的社区与社会问题，银行家兼克利夫兰信托公司总裁弗雷德雷克·戈夫（Frederick H. Goff）率先在克利夫兰发起并成立了克利夫兰社区基金会。该社区基金会作为美国乃至全球第一家社区基金会，戈夫本人也因此被誉为"社区基金会之父"。此后美国社区基金会发展迅速，如1915年成立的加利福尼亚社区基金会以及后来的纽约社区信托基金会、旧金山基金会、印第安纳州中部社区基金会、西雅图基金会、硅谷基金会等。1921年加拿大成立了除美国外的首个社区基金会。到了20世纪80年代之后，社区基金会在英国兴起并得到快速发展，这也是社区基金会首次在北美之外的地区成立。随后，世界其他国家和地区也相继出现社区基金会，如日本于1991年成立首家社区基金会——大阪社区基金会（The Osaka Community Foundation），韩国于2000年成立了首家社区基金会——美丽社区基金会（The Beautiful Foundation），中国于2008年成立了首家社区基金会——深圳桃源居社区基金会。据相关统计数据显示，截至2018年12月底，全国登记注册的社区基金会有148家，占当年全国基金会总量7046家的2.1%。其中，广州、深圳和上海较多，如上海有75家[①]。由此可见，社区基金会在我国正蓬勃兴起，且伴随着当前我国城乡社会治理创新与公益慈善实践的快速发展而迎来其发展的黄金期。

　　社区基金会，作为西方的一种舶来品，究竟谓何？按国际惯例，社区基金会中的"社区"更多是指"区域"或"地区"概念，而非"居住社区"之意或者国内行政层面的社区居委会或社区工作站之辖区范畴。美国的社区基金会有时辐射一个郡、州，甚至几个州、片区等，由此可见社区基金会核心在于"本地"概念，而非"区域"大小。鉴于此，不同国家和地区根据其国情不同，对社区基金会的概念界定也略有不一。在美国，通常将它定义为某一地区或区域的居民为解决本地区问题而成立的具有独立性的非营利性公益组织。在北欧，通常将它界定为一个免税的、独立的、获得公众支持的慈善组织，通过接受捐赠机构的资助致力于一个特定区域的长期利益。在发展中国家和东欧，一般将

---

① 中国社会组织网. http://www.chinanpo.gov.cn/index.html

它界定为一个独立的慈善组织，致力于满足一定地区的需求，提升当地人民的生活质量。在中国台湾，社区基金会更多地被理解为"在一定地理范围的社区内，结合了当地社区居民、专业人士与社区银行，使基金会的基金管理与会务运作能够永续发展，进而能提供各种符合社区需求的资源、服务与协助"。而根据全球资助者支持者倡议（Worldwide Initiative for Grantmaker Support，简称WINGS），社区基金会可以定义为满足以下条件的公益组织：

（1）致力于提高特定地理区域居民的生活质量；

（2）不受其他组织、政府以及捐赠人制约与控制的独立机构；

（3）由具有代表性的社区居民组成的理事会负责治理；

（4）通过资助非营利组织，解决当下和未来的各类社区问题；

（5）社区基金会所回应的社区问题不局限于特定领域或社区中的特定人群；

（6）为社区积累永久性资源，通常方式是筹集和运作永久性捐赠基金；

（7）寻求多元的捐赠渠道，捐赠者包括本地居民、企业和非营利组织，不局限于单一捐赠者；

（8）服务捐赠者，尊重捐赠者意愿，协助他们实现公益目标；

（9）发挥社区领导力、促成跨界合作以解决社区问题；

（10）运营过程保持透明，有义务定期向公众公开任务目标、活动情况以及财务状况。

这一概念也强调，社区基金会需要因地制宜，因而不要求所有社区基金会都具有如上特征[①]。综上可知，不论对社区基金会进行何种界定，其都与三个因素密切相关，即利用本地资源，依靠本地利益相关者，提出本地解决方案。这也是彼得·沃肯霍斯所认为的社区基金会应具备的三大核心特征：本地资源、本地利益相关者和本地解决方案。结合中国实际，笔者将社区基金会定义为：

---

① E. Sacks, The growth of community foundations around the world: An examination of the vitality of the community foundation Movement [EB]. Worldwide Initiatives for Grantmaker Support (WINGS). http://wings-community-foundation-report.com/gsr_2010/assets/images/pdf/2000_COF_Growth_of_Community_Foundations_Around_the_World.pdf.2000.转引自：饶锦兴，王筱昀.社区基金会的全球视野与中国价值 [J].开放导报，2014（10）：29.

在一定地域内（以社区居委会或街道地域为界限）为解决本社区问题而成立的具有独立性、公益性的一种枢纽型社区社会组织。在本质上，社区基金会是一个慈善组织，是一种资金源于社区而又服务于社区的基金会形态。它是由一个社区的人们为了这个社区的人所创设的。通常，这个组织由当地捐赠者支持并且由代表个人的公民组成的一个理事会进行治理，这些公民为这个社区人们能生活得更好而努力。

二、社区基金会的类型与特征

在美国，基金会通常分为五类：独立基金会（Independent Foundation），也被视为真正意义上的"民间基金会"，如洛克菲勒基金会、卡耐基基金会和皮尤慈善信托基金等；公司基金会（Corporate Foundation），也称公司资助基金会，如埃克森美孚基金会、福特汽车公司基金会、可口可乐基金会等；社区基金会（Community Foundation），如克利夫兰社区基金会、硅谷社区基金会、半岛社区基金会等；家族基金会（Family Foundation），如洛克菲勒兄弟基金会、亨氏家族基金会、保罗·艾伦家族基金会等；运作型基金会（Operating Foundation），如卡耐基国际和平基金会、拉塞尔·塞奇基金会、斯坦利基金会、查尔斯·凯特林基金会等。在属性上，前三类属于捐赠型（grant-making）的基金会，而后两类具有"业务型"基金会的属性。但是，相较于其他四种类型的基金会，社区基金会则更是一种兼具免税性、非营利性、自治性以及公众支持性的慈善机构。

关于社区基金会的类型，根据使用途径不同一般可分为资助型和运作型两大类社区基金会，根据关注焦点不同大致可分为社区导向型、捐赠导向型和链接型的社区基金会，根据推动主体不同可划分为政府主导、企业主导、居民主导的社区基金会等。但不论何种类型的社区基金会，其都是各个收入阶层的人行善的媒介。出于管理成本的顾虑，社区基金会通常无法为小额捐赠单独设立一个基金会，但有各种各样的基金①可供捐赠者选择，如资助基金（Endowment funds）、运营基金（Flow through funds）、永存基金、期

---

① 基金与基金会的区别在于，前者不具有独立的社团法人资格，而后者具备独立的社团法人资格。

限基金、捐赠者建议基金（Donor advised funds）、指定基金（Restricted funds）、主题基金（Themed funds）、命名基金（Named funds）、兴趣领域基金、机构基金、参与基金、奖学金基金及非限定基金等。由此可知，现实中社区基金的实践形式是多种多样的，特别是在设立独立基金时，其更多的是采取一种基于上述各种基金类别相互组合的形式。而关于社区基金会的特征，其主要体现在以下四个方面：

一是公益性与无派别性。通常来说，公益属性是社区基金会的本质属性与价值取向，但正源于这一属性，国外的社区基金会通常不受任何党派控制或影响。

二是资金来源的多样性。社区基金会的资金来源既可以是个体捐赠者，也可以是公司企业、慈善组织、政府、家庭等，甚至还可以是私人基金、单位的遗赠或捐赠以及资产投资增值等。社区基金会资金构成的多元化是其区别于其他类型基金会的一大重要特征。

三是服务范围的有限性与弹性化。服务范围的有限性是指该基金通常旨在服务于本社区，但这种有限性是相对的，社区基金会的服务范围还具有弹性化特征，即可伸缩性。如克利夫兰社区基金会就由一家地方性的社区基金会逐步演变为全美乃至全球性的社区基金会。中国深圳市社区基金会的服务范围一开始就被明确界定为社区服务站之服务范围，后来部分市区（如福田区）逐渐突破这一限制，尝试在街道范围内组建社区基金会。未来还可以由若干个街道（乡镇）联合共同发起设立区域性层面的社区基金会等。

四是运行方式的同步性。其运行方式是一边筹款，一边资助社区的公益事业，在二者的同步推进中双螺旋发展。

第二节　社区基金会发展的本土推进策略

社区治理是一种地方性实践过程。事实反复证明，单一的政府主导或者短期内的支援行为难以为继，社区治理绩效的关键在于地方性知识和地方性资源。地方性知识是源于本土，具有本土意义的认知规范要素；地方性资源指源于本土的配置性资源和权威性资源。社区基金会作为一种"依靠本地利益相关者，利用本地资源，解决本地问题"的社会组织，能够有效链接地方性知识和地方性资源，其成立与发展对于基层社区乃至整个社会都具有重要意义。就微观层面而言，社区基金会能够有效提供社区公共服务，激发社区活力；就中观层面而言，社区基金会能够切实转变基层政府职能，强化基层自治；就宏观层面而言，社区基金会能够有效激发社会活力，优化社会治理结构，促成社会共治。结合中国实际，应从以下几个方面着手推进我国社区基金会的本土化建设。

一、认清使命，合理移植理念

在欧美，社区基金会扎根社区，利用本土资源，通过本土途径，解决本土社会问题。它改变了以往富人慈善的理念，培育出一种"人人可公益，时时可慈善"的理念；让慈善和社区居民的日常生活为伴，让慈善成为社区民众的生活方式之一，时刻解决社区的问题。随着中国社会原有单位制的瓦解和居民原子化的出现，大量的社会管理职能向社区社会组织转移。目前国内社区组织的管理功能并未很好地发挥出来，而社区基金会作为一种有可能胜任此功能的组织，其首先需要对欧美成熟的社区基金会运作模式及经验予以借鉴。在这一过程中，理念移植的合理与否至关重要，这直接决定着其未来"水土服不服"的问题。理念作为行动的先导，国内在成立与推进社会基金会的过程中，始终应有明确的愿景与使命，即"人人可公益，时时可慈善"，为社区的未来而努力。其次，应有明确的指导原则。社区基金会的指导性原则理应是帮助捐赠者满足社区的特定需求，同时也应建立起当地人的自豪感与责任感。这一原则在当前我国社区参与度不高与社区认同感持续弱化的际遇下亟须引起重视。

二、抓住需求，民众参与，政府支持

在某种程度上，社区基金会要成功完成其使命与愿景，一要必须深入了解社区需求，特别是要掌握社区的深层次需求。唯有这样，才能提出契合实际的社区项目。尽管当代中国的部分城市社区已近乎发展成为"陌生人"社区，居民参与热情也早已削弱，但实践证明，当社区民众切实感受或真正意识到自己的声音和行动能够改变社区现状时，他们对参与社区事务的热情依然会高涨起来。

　　二要激发社区活力，鼓励社区多元主体参与，是社区基金会立足本地之基。正如丹佛基金会慈善合作伙伴（philanthropic partnerships）副主席Lauren Casteel所指出的那样：社区基金会是社区拥有的基金会。它并非一个银行，而是成千上万民众将其视为一个可以信托的资金看管者（keepers）和公共捐赠者（a public endowment）。也就是说，社会基金会的良性运转是建立在社区居民彼此的关爱精神和慈善热情基础之上。这也意味着社区基金会在服务本社区民众的同时还理应受到社区民众的重视与关注。

　　三应积极获取政府支持。在我国现行条件下，政府支持是社区基金会得到快速发展的重要推动力之一。中央和地方各级政府应加强对那些立足社区的社会组织及基金会的支持力度，在购买公共服务项目时予以适当倾斜。在此，需注意社区基金会的独立性问题。特别是在社区基金会与企业、政府关系上，一方面，基金会需保持独立性，不受二者之控制，尤其是要防止出现以捐赠人为导向的带有"慈善家长主义"（Philanthropic Paternalism）或"慈善业余主义"（Philanthropic Amateurism）等倾向性问题；另一方面，又必须积极寻求与二者的合作，以整合资源，为政企社跨界合作提供"磨合"的空间与契机。此外，社区基金会作为跨界合作的平台、代表民意的中立慈善机构，还能够培育起社区领导力，从而进一步在各方博弈互动中增强其自身的独立性。

　　三、实事求是，因地制宜，分步骤、分阶段地推进社区基金会建设与发展

　　社区基金会的建设与发展，不是朝夕之事，而是一项具有专业化、系统性的综合社会工程。因此，设立社区基金会切忌搞"一刀切"或"一阵风"，而是要在注重可操作性、可持续性的基础上，从实际出发，分步骤、分阶段地稳步推进。在此，笔者认为设立社区基金会的基本原则应是：以充分发挥基金会在社区治理中的积极作用为出发点和落脚点，因地制宜、适度竞争，有条件成立社区基金会的街道（乡镇）社区可以成立社区基金会，尚不符合条件的可以在现有基金会下设专项基金，等条件成熟时再转换为社区基金会。在此，赵小平和陶传进曾专门论述过在中国构建（发展）社区基金会的三步法：第一步，构建一个有专业服务能力的NGO；第二步，将该NGO的品牌项目转变为专项基金；第三步，将该专项基金转换为社区基金会。同时，他们也指出在这一过程

中，社区基金会的合法性问题（即登记注册问题）只是其功能发挥的一个条件而已，更为重要的是，在这一有机生长的过程中，基金会本身在实践中已经愈发成熟，具备能够引领社区善治、完成其组织使命的一系列能力。

另一方面，鉴于没有任何一种社区基金会的模式可以灵活处理地区和优先拨款的关系，也没有任何一种政府的模式能让一个特定的社区利益最大化，所以还应加强引导、广泛动员，积极探索由辖区内的自然人、法人和其他组织自主自愿发起的社区基金会，以结合实际不断创新与尝试符合我国特色的社区基金会。然而，不论何种类型的社区基金会，一旦成立，就必须接受市场检验与社会选择。特别在参与社区治理、满足社区需求的过程中，社区基金会将会在这种汰换机制中保持良性发展。此外，还需注重不同社区基金会之间互助网络的搭建与培育，以不断形成合力，协同推进。

总之，对待一种新的基层社会与社区治理创新方式或模式——社区基金会，人们总是会迫不及待地去模仿和推广，但这常常会犯下一个致命性错误：重结果而轻过程，重形式而略本质。这样，"削足适履"之现象和"南橘变北枳"之后果便时有发生。为此，对待社区基金会及其发展，应取其精华，去其糟粕，稳打稳扎，逐步推进①。

---

① 原珂，许亚敏，刘凤. 英美社区基金会的发展及其启示 [J] . 社会主义研究，2016（6）：154-155.

第四章　"三社"联动

2017年6月，中共中央国务院印发了《关于加强和完善城乡社区治理的意见》，对加强和完善城乡社区治理作出了全面部署，明确提出推进社区、社会组织、社会工作"三社"联动，完善社区组织发现居民需求、统筹设计服务项目、支持社会组织承接、引导专业社会工作团队参与的工作体系。"三社"联动首次被写进中央文件。诚然，社区、社会组织、社会工作者（简称"三社"）是现代社区建设、发展与治理的重要主体，且在基层社会治理中发挥着重要作用。

第一节　"三社"联动及其内涵

一般来说，"三社"是指社区、社会组织和社会工作（者）。然而，目前理论界对此尚存较大争议。既有观点主要集中在三个方面：第一种观点将"三社"均视为行动者主体，认为社区即社区居委会，社会组织是独立注册的服务机构，社会工作包括社工机构、社会工作专业者和社会工作者，以此为基础的"三社"联动是社区居委会、社会组织和社会工作基于平等原则的互动；第二种观点是将"三社"视为多维、抽象的概念，社区是由若干具体议题组成的实践场域，社会组织是具体服务的载体，社会工作则指社会工作专业方法，以此为基础的"三社"联动是社会组织特别是社工机构运用社会工作方法提供社区服务，回应民众需求；第三种观点是对前述两者的整合，即社区居委会、社会组织、社会工作机构及社会工作者运用社会工作方法，基于平等原则进行伙伴式协作与互动，以回应社区居民多样化需求，实现社区善治[①]。由上可知，目前学界对"三

---

① 马晓晗等."三社"联动机制求解［J］.中国社会工作，2015（13）：17.

社"的分歧，一方面体现为量上的"实指"还是"虚指"，另一方面则聚焦于质上的意涵与延伸。虽有些地方提出"四社联动""五社联动"等，其大都是在"三社"的基础上根据实际而增加了社区志愿者、社区业主委员会以及社区物业服务企业等主体，但是，不论是实指还是虚指，其都包括社区、社会组织、社会工作者三大核心主体。其实，在广泛意义上，社区志愿者也属于社区社会工作者，只是相较于专业社工来说其更具"兼职性""业余性"等特征，但他们在本质上与服务社区的旨向上是一致的。而社区业主委员会、社区物业服务企业则是不同的社区组织而已。因此，本研究中不严格区分是"三社"还是"四社"或"多社"联动或者其他。综上可知，很大程度上，"三社"联动中的"三社"更多地是虚指，而并非实指，是一种便于表述的多元统称。

所谓联动，即协同（collaboration），通常意味着协调配合、友好协商、齐心协力、分工协作、取长补短、求同存异、相生相克、相辅相成、统筹兼顾、合理配置、合情合理、兼容并存、全局优化、综合集成、相互适应、和平共处、协调和谐、动态平衡、持续发展等①。在学理层面，根据协同学之父哈肯（Hermann Haken）的协同理论，主要是指以各方在相似行动上的自由为基础而形成的一种"自组织"现象。这表明真正的协同并非不同主体或系统之间的机械协作，而是在各主体或系统正常功能发挥基础之上的一种相互促进与合作，以协同推进。只有这样，才会形成稳定的"自组织"结构。其实，在现实社会系统中，正是这种不同（"自组织"的自主能动性）才使社会多元主体具有多样性，而协同则又增强了社会整体的弹性和包容性②。在此，本书所探讨是"三社"联动，实质乃是这种意义上的"自组织"之间的协同治理。

关于"三社"联动的内涵，国内学界大都认为，指在现代社区发展与治理中，建立起在社区党组织领导下，社区、社会组织和社会工作者三位一体的社区治理体系。在此基础上，本书将"三社"联动界定为社区居委会、社会组织和社会工作者等不同社区行动者主体基于平等、协商、互助的原则进行伙伴式合作治

---

① 涂序彦等.协调学［M］.北京：科学出版社，2012：前言.
② 王思斌.试论社会工作对社会管理的协同作用［M］.东岳论丛，2012（1）：17.

理，以回应社区居民多样化的需求，实现社区善治①。也就是说，以社区需求为导向，通过社区建设、社会组织培育和社会工作现代化体制建立的方式，围绕社区居民与服务而形成"三社"互联互动互促、资源共享共建共融，优势互补、相互弥合之局面，实现政府与社会之间合作共治的社会治理新格局。从根本上来讲，"三社"联动旨在以政府转型、政社分开为基本前提，构建起街道、社区、社会组织、共建单位、物业服务企业、社会工作者以及社区居民等"多中心"的治理秩序。同时，在保持各主体地位的基础上相互嵌入（包括结构、功能等的嵌入），建立起相互合作的规范与共识、交涉与协作机制，进而实现不同组织在功能上的互补、行动上的协调和资源上的整合，推进社区协同治理创新。

第二节　成都武侯"项目式""三社"联动实践②

　　项目（式）作为社会组织运作的一种方式，是开展社区治理与服务创新的一种有力抓手。有学者曾断言，项目（式）制的社会组织治理将成为贯通国家与社会、实现监控与服务的国家治理模式③。"项目式""三社"联动，主要是指以项目为抓手来积极探索社区、社会组织和社会工作者的分工协作和互动发展协同机制。进一步说，则是旨在以政府购买服务为牵引、以居民需求为导向、以社区为平台、以社会组织为载体、以社工专业人才为支撑的社区治理与服务导向下，通过街道这一平台对项目进行分包、发包、接包等层级分工，促使社会组织引入外部资源和社会力量，社工提供专业化、个性化服务，探索出"社区发现需求、社会组织开发项目、社工提供专业服务、政府予以财力保障"的"三社"联动模式。详见图2-4-1。

　　提供更优质的社区服务是社区建设、发展与治理的根本出发点和落脚点，是开展"三社"联动的核心旨向。如图2-4-1所示，以项目为载体和纽带将社区、社会组织和社会工作者有机联系起来，从而更好、更有效地吸引社会组织、

① 许亚敏，原珂等."三社"联动机制建设与协同治理［M］.北京：社会科学文献出版社，2019：32.
② 原珂."三社"协同的社区治理与服务创新：以"项目"为纽带的协同实践［J］.理论探索，2017（5）：42-51.
③ 王向民.中国社会组织的项目制治理［J］.经济社会体制比较，2014（5）：130.

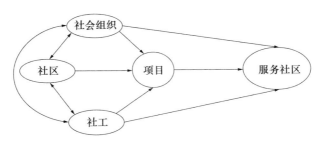

图2-4-1　"项目式""三社"联动模式图

社区服务机构及社工人才参与项目实施，实现"三社"相互促进、共同发展。换言之，这是一种"政—企—社"结合以项目为中心的"链接型""三社"联动方式。项目制作为一种体制，也是一种能够使体制积极运转起来的机制。某种程度上，其更体现了一种思维模式，决定着国家、社会集团乃至具体的个人如何构建决策和行动的战略和策略[①]，从而有效实现社区、社会组织和社会工作者共建共享共融，协同提升社区公共服务质量与创新治理绩效。

一、成都武侯区及其社区发展基本概况

武侯区位于蓉城锦江之南，总面积约76.56平方公里，常住人口约108万。截止2016年末，武侯区下辖17个街道、1个管委会，87个社区。武侯区文化底蕴深厚，有武侯祠、望江楼、薛涛井等名胜古迹闻名中外。同时，武侯区高校云集，人才荟萃，智力密集，是国务院命名的"高科技文化区""中国科技进步先进区"，是"中国区域教育均衡发展特色示范区""中国社区卫生服务示范区"等。近年来，武侯区始终坚持把推动社区治理创新、提升社区服务作为社会建设的重要内容来抓，高起点、高标准推进现代新型社区建设，在社会治理创新方面发展迅速，基层社会治理创新举措不断，社区治理和服务水平不断迈上新的台阶，先后获得了"全国社区教育示范区""全国和谐社区建设示范城区"等荣誉称号。特别是在"三社"联动探索实践方面，更是处于引领地位。

二、武侯区"项目式""三社"联动模式特点

当今的"政府角色已经发生了变化：政府已很少是公共产品及公共服务的

---

① 渠敬东.项目制：一种新的国家治理体制［J］.中国社会科学，2012（5）：114.

生产者，而更多地成为实际从事公共服务的代理人的监督者"①。特别是随着近年来我国市场经济的逐步深化，公共服务市场化已成为我国政府改革的主流方向之一，其中公共服务合同外包作为市场化改革一种重要机制，已愈发成为地方政府治理的核心工具之一。成都市武侯区按照"资源整合、多方参与、共同治理"的原则，建立起相对完善的政府购买社会管理和公共服务的制度体系。其主要以项目为抓手，大力发展和培育具有公益性、服务性和互助性的社会组织及志愿服务组织等，采取竞争性选择方式，通过政府购买服务，把适合的社区行政事务与公共服务事项交给相关社会主体（主要是社会组织，也涉及个体）承接。这一模式具有以下两大特点：

一是资源链接性。主要是指项目的资源链接性。在这一模式下，项目是资金和服务的统一体，是整合和连接服务对象与政府等资助主体的桥梁。实践中，武侯区以项目为抓手，将基层政府、街道、社区居委会、社会组织、社区志愿团体、社区物业服务企业、驻区单位以及社区居民等多元主体有效链接起来。

二是竞争性的公共服务供给方式。处理好政府与市场的关系是经济体制改革的核心问题，要充分发挥市场在资源配置中的决定性作用。实践中，武侯区竞争性的公共服务供给方式主要体现在购买方式上，包括常规购买方式和应急购买方式等（下文将重点论述）。

三、武侯区"项目式""三社"联动运行机制

实践中，成都市武侯"项目式""三社"联动遵循"出现社区问题—发现社区需求—进行项目包装—提供社区服务"的逻辑思路，实现社区、社会组织、社会工作者及社区志愿者间的协同联动。详见图2-4-2。

由图2-4-2可知，"项目式""三社"联动可以有效解决社区多元治理中的三大难题，即钱从哪来？事情怎么做？事情谁来做？

（1）钱从哪来？创新思维，做好项目包装，社区加强为社会组织"补台"和"造血"机制建设，建立项目合作机制。

---

① [美] 乔治·弗里德里克森. 公共行政的精神 [M]. 张成福译. 北京：中国人民大学出版社，2003：79.

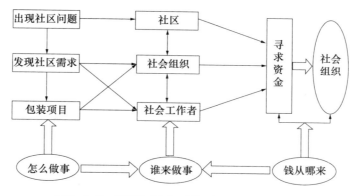

图2-4-2 "项目式""三社"协同运作逻辑架构

（2）事情怎么做？以社会化服务为目标，以社区为平台、社会组织为载体、社工队伍为抓手，通过"项目化"的运作方式，社区"两委"、社区社会组织、社工队伍、社区志愿者及社会力量等共同协作，建立多社合作联席会制度，实现各类信息和数据交流共享平台，并籍由社区社会组织孵化中心，形成"多社协同"，解决社区及组织"怎么做事"。

（3）事情谁来做？通过项目执行，探索构建社区协商共治新机制，营造有利于社会组织发展的良好氛围，帮助社会组织建立资源共享机制，逐步形成以社区党组织为核心、社区自治组织为主导、社区居民为主体，社区社会组织、社工人才队伍、志愿者和驻区单位等共同参与的社区治理新机制，解决"谁来做事"。

实践中，成都武侯区"项目式""三社"联动之所以能够有效运转且取得初步成效，其主要得益于武侯区在组织建设、平台搭建、主体参与、经费保障、监督机制等方面所进行的积极探索。

一是组织建设。一方面，成都市委、市政府及相关部门出台了《关于大力推进"三社"互动的工作意见》《成都市社区公益创投活动管理办法》等政策措施。另一方面，市级层面成立了城乡社区治理协调领导小组，武侯区等区（市）县成立了深化社区治理机制改革工作领导小组等机构。着力推动了两项工作：一是推行网格内购买服务制度；二是严格执行政务事项准入制度。

二是平台搭建。在"三社"协同与联动中，社区（居委会）、社会组织都是发挥"平台"这一功能的重要载体。二者区别在于：社区作为一种"场域"，更多的是一种"固化"平台，而社会组织作为一种组织，更多的是一种"移动"载体或平台，但前者比后者更具有基础性的作用与功能。因此，应充分发挥社区在"三社"联动中的基础性平台作用。实践中，武侯区通过积极在各个社区成立社会组织居民服务中心，搭建社会组织参与社区服务的平台，指导和帮助社区社会组织参与社区社会管理和公共服务，规范社区社会组织的服务。调研中也发现，相当部分社区社会组织居民服务中心已充分发挥其平台性的资源整合服务功能。

三是实施主体：多元参与，合同购买。社区、社会组织、社会工作者作为"三社"联动的重要主体，自然也是推动"三社"联动的实施主体。但是实践中作为公共服务购买主体的，通常是代表社区整体利益的街道办事处。街道办事处是公共服务或物品需求的确认者、购买者和检验评估者，同时也是税赋的有效征收者和谨慎的支出者，并享有对合同履行、变更或解除的优益权。武侯"项目式""三社"联动中的购买主体主要是武侯区各街道办事处，同时，街道办事处授权委托相应社区作为购买社会服务的执行人。按照公开、择优、以事定费的原则，通过政府公开招标、竞争性谈判、比选、委托等方式将社区公共服务和社会管理事项交给社会组织、志愿服务组织，以及其他符合条件的社会力量来承接。另一方面，社区作为政府购买社会服务的项目执行人，按照《武侯区关于社区平台购买社会服务的指导意见》规定执行，接受区政府采购办、政府采购中心等相关部门的监督。

多元参与。武侯区充分发挥社区居委会、社会组织、社会工作者、社区基金会、专业社工及社区居民群众等多元主体在社区治理中的协作共进、参与共享作用，实现"三社"联动主体的多元化。同时，大力推动社会组织等各类社会主体以竞争性方式承接社区公共服务，满足居民服务需求，实现社区服务的"社会化"。此外，还积极推动政府行政管理、公共服务与多元治理有效衔接和良性互动，努力实现社区建设从社会管理向社会治理转型。

参与机制。武侯区充分发挥社会组织、驻区单位等社会资源在社区治理中的重要作用，逐步形成以社区党组织为核心、社区自治组织为主导、社区居民为主体，社区社会组织、志愿服务组织和驻区单位等共同参与的社区治理新机制。其主要体现在两大方面：一是积极探索社会资源参与社区治理机制；二是积极探索建构社区协商共治新机制，如武侯区晋阳社区的445"三社"协同即是如此。

四是竞争性的服务供给机制。成都武侯区推行竞争性的服务购买机制，其包括常规购买方式和应急购买方式（竞争性谈判和委托）。前者购买社会服务项目预算金额确定，主要涉及公开招标、竞争性谈判、比选和委托四种不同方式；后者是指因发生自然灾害、事故灾难、公共卫生和社会安全事件及其他由区业务主管部门认定，经分管业务部门和财政的区领导审定的临时突发性事项可实施应急方式购买社会服务，涉及竞争性谈判和委托两种方式。详见表2-4-1。

竞争性公共服务供给方式　　　　　　　表2-4-1

类别		购买方式	预算金额（万元）	备注
竞争性公共服务供给机制	常规购买方式	公开招标	>100	—
		竞争性谈判	>20，≤100	—
		比选	>1，≤20	街道办事处自行组织比选，实施购买
		委托	≤1	由街道办事处授权社区，社区委托社会力量承接
	应急购买方式	竞争性谈判	≥20	紧急项目
		委托	<20	应急项目，由街道办事处以"委托"方式组织实施，可直接委托或授权社区委托社会力量承接

在此，结合武侯区浆洗街道购买服务实践来阐述武侯区的社区服务购买方式。详见表2-4-2。

武侯区浆洗街道购买服务实践　　　　　　表2-4-2

项目		A包	B包	C包
合同签约主体	甲方	武侯区浆洗街街道办事处	武侯区浆洗街街道办事处	武侯区浆洗街街道办事处
	乙方	成都PY物业管理有限公司	成都市TX社会工作服务中心	成都市武侯区XFRS社工服务中心
	丙方	武侯区浆洗街街道洗面桥社区	武侯区浆洗街街道凉水井社区	—
项目基本情况		洗面桥社区面积0.6平方公里，东邻洗面桥街，南邻一环路南四段，西邻武侯祠横街，北邻洗面桥横街。社区含单位宿舍区及纯居民院落31个，常住人口5980户、16341人	凉水井街社区面积0.27平方公里，东以南门大桥浆洗街为界，南以武侯祠大街为界，西以一环路大石东路为界，北以府南河为界。社区含居民院落18个，常住人口5800户、11880人	武侯区浆洗街道辖区总面积2.35平方公里，地处成都市区西南，为成都市武侯区委、区政府所在地。下辖洗面桥横街社区、洗面桥社区、大石东路社区、凉水井街社区、蜀汉街社区、常住人口28479户、73079人，流动人口29062人
项目服务内容与范围		①人口计生服务；②残疾人事务服务；③公共教育服务；④公共文体服务；⑤住房保障服务；⑥民政事务方面；⑦公共卫生服务（社事）；⑧公共卫生服务（城管）；⑨城市管理事务服务（城管）；⑩城市管理事务服务（综合执法大队）；⑪劳动保障服务；⑫社会保障服务；⑬平安创建服务；⑭司法事务帮扶服务；⑮信访投诉这方面；⑯流动人口管理服务；⑰安全生产事项服务；⑱食品药品管理事项服务；⑲文明城市创建事项服务		协助搞好辖区文化体育事业发展，提供必要公共文体基本服务。①积极参加街道及以上各级文化体育活动；②策划、组织"浆洗大舞台·月末喜相逢""市区文化惠民演出"等活动；③策划、组织开展"运动成都·活力武侯""走进四季·太极武侯"等活动；④组织文化体育志愿者服务活动；⑤设立文化体育培训点，开展文化体育活动；⑥策划文化活动中心的发展思路，配合街道搞好文化活动中心的日常管理与服务；⑦开展公益讲座、放电影、办展览、征文比赛、演讲比赛等活动

资料来源：根据调研资料整理而得。转引自：原珂."三社"协同的社区治理与服务创新：以"项目"为纽带的协同实践［J］.理论探索，2017（5）：48.

合同签约主体方面。一般为甲、乙、丙三方，甲方是街道，即发包方和直接委托方；乙方是服务供给方，即接包方；丙方是社区，即委托执行方。依据《中华人民共和国合同法》《中华人民共和国政府采购法》与项目行业有关的法律法规，以及成都市武侯区人民政府浆洗街街道办事处公共服务及其他公共服务采购项目（项目编号：WHPGSC2015-0203-13）的《招标文件》，乙方的《投标文件》及《中标通知书》（该本项目的《招标文件》、《投标文件》、《中标通知书》等均为合同的组成部分）①，甲、乙、丙三方自愿同意签订合同，并履行相应的权利与义务。

合同期限。合同服务期限通常为三年，合同一年一签。

服务内容与质量标准。如表2-4-2所示，服务内容主要是依据武侯区政府下发的《关于印发武侯区社区纳入政府购买政务服务事项的基本指导标准的通知》（下文简称《通知》）中的139项政务服务事项划定，其质量标准也是按照这一《通知》中的规定要求进行提供与验收。

服务费用及支付方式。通常以一年或一季度为单位进行支付。具体服务费支付方式为：按照乙方在季度测评中的考评情况，经丙方作为监管主体鉴注意见后，根据各社区分配购买经费的实际金额，甲方按季度以转账方式拨付购买经费；签订合同乙方进驻后（通常为10日内），甲方将预拨付当季度首付款，下一季度将根据上季度该组织绩效考评得分，视情况补扣上度预拨付经费。

履约保证金及质量考评经费。通常，乙方按服务费用的5%缴纳履约保证金，乙方完全履行协议约定的项目要求后，甲方一次性无息退还履约保证金。

服务费用的10%作为质量考评经费，乙方完全履行协议约定的项目要求后，甲方根据绩效考评结果，按考评办法发放质量考评经费。

人员配置及要求。乙方如调整工作人员岗位及数量，须保证不影响工作秩序和质量。乙方还应保证每个进驻社区至少派驻一名专职管理人员（助理社会工作师及以上）。乙方保证半年内不违反劳动法律法规自行开除相关工作人员，相关工资待遇应保持不变，社保、公积金等按国家政策调整。

---

① 详细技术说明及其他有关合同项目的特定信息由合同附件予以说明，合同附件参考武侯区政府发布的相关文件。

　　另一方面，在具体服务流程方面，大致遵循"居民个体/社会组织提出申请—服务项目申请评估—提供服务—服务绩效评价—后续跟踪反馈"的服务流程。如图2-4-3则是以玉林东路社区①社会组织居民服务中心为例，对其服务流程进行概述。

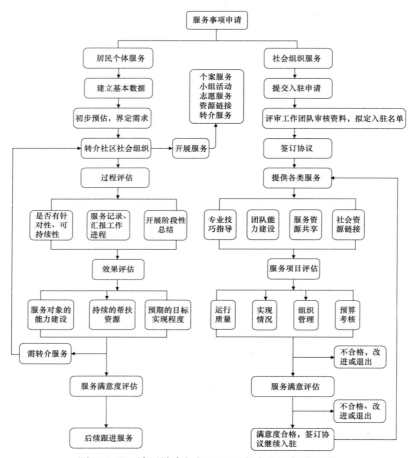

图2-4-3　社区社会组织居民服务中心服务流程图

资料来源：成都市武侯区民政局提供。转引自：原珂."三社"协同的社区治理与服务创新：以"项目"为纽带的协同实践［J］.理论探索，2017（5）：49.

---

① 武侯区玉林街道玉林东路社区成立于2001年12月，区域面积0.45平方公里。现有居民院落51个、常住户6000余户，常住人口11000余人，流动人口5000余人。

五是经费保障与监督机制。在购买社会服务经费方面，武侯区根据社区实际户数、院落性质等情况核定政府购买网格内政府服务经费①，其标准为：按照社区自治院落100元/户，单位院落50元/户，物管院落60元/户，涉农社区散居院落70元/户的核定标准。同时，在经费监督方面，武侯区以合理放权社区，增强社区发展活力，提高社区治理水平为目标，加强区、街道两级对购买社会服务资金的"全过程、多方位"监管。其中，"全过程"监管主要包括对购买服务资金的前期审核、中期发放与后期绩效考核等阶段的监管；"多方位"监管涉及区、街道、社区及社会组织等不同主体在资金使用过程中各个维度上的监管。

六是持续学习机制。现阶段我国"三社"联动整体尚处于实践探索阶段，武侯区在先行先试的过程中，一直保持开放学习的姿态，以不断提升其协同治理绩效。2014年成都市成立了由党委、政府主导的村政学院、社会组织学院、城市社区学院，加强培养党政干部、基层工作人员、社会工作者的针对性和系统性，初步形成有成都特色的基层治理人才教育培训体系。

四、主要成效与存在问题

公共服务合同外包与购买是新时期、新常态下政府公共服务提供方式变革的有效工具。成都武侯区"三社"联动的实践与探索，不仅丰富多彩，而且成效显著。但也必然存在一些不足，有待进一步探析。

（一）主要成效

社会化的参与平台与空间得到充分拓展。社会组织、专业社会工作服务机构通过社区这一平台有效承接起政府购买服务项目，广泛参与社区公共服务，并继续以此为平台，进一步延伸服务链条，丰富服务内容，提升服务水平，初步形成了政府购买引导、社会多元参与、专业组织服务的社区服务供给新格局。如在实施社区公共服务和社区公益创投项目方面，2014-2015年成都市投入1290万元支持开展367个社区公益创投项目；举办"三社"联动公益洽谈会，为社会组织参与社区治理创造展示空间，搭建供需对接平台；建立成都12349

---

① 武侯区将"三社"联动与社区网格化治理机制改革创新结合起来协同建设与推进，其在强化社区网格治理机制改革工作方面的经费保障标准为：5000户（含5000户）以下2万元/年，5000户至10000户3万元/年，10000户（含10000户）以上4万元/年。而购买社会服务经费的标准则是根据社区网格治理机制改革工作运行的情况，适时适当调整政府购买网格内政务服务经费标准。

居家养老服务信息化平台和成都96118家庭服务平台家政服务信息平台，促进"三社"联动网络化、信息化。

社会多元主体参与得到快速发展。通过培育扶持、带动提升等举措，本土社会组织得到了快速发展，截至2016年3月武侯区社会组织总数达到了1127家，位列全市第一。全区社会工作者人数总量近1500人，其中通过全国社会工作者职业水平考试的人数逐年递增，累计达285人。在2015年度成都市社区公益创投活动中，共有58家社会组织申报了88个项目，参加申报的社会组织数量比上一年度增加了1倍，申报项目总数同比增加了107%。如在实施社会工作服务项目方面，2013年以来成都市级财政拨付专项资金1100万元，资助城市社区重点开展针对老年人、未成年人、外来务工人员、残疾人和低收入家庭的专业社会工作服务，实施项目100余个。特别是近两年，成都各区（市）县投入4000多万元购买社工实务项目。此外，在实施社会组织扶持和发展项目方面，建立了成都市社会组织培育发展专项资金，每年投入2000万元，重点支持行业协会商会类、科技类、公益慈善类、城乡社区服务类社会组织开展公共服务和社会治理项目。据相关统计资料显示，自2014年以来成都市社会组织开展各类社会服务公益项目达1万余项。

分级培育稳步推进，社会组织规模成倍扩大。在市区层面，支持有发展潜力的备案社会组织登记转化为专业性强、运作规范的社会组织。积极动员社会力量兴办城乡社区服务类、文化类、公益慈善类社会组织和行业协会，分级培育行业类和公益性社区服务类社会组织，分系统构建社会组织服务平台。目前，成都市直接登记的社会组织达667个，城乡社区服务类社会组织达2537个。

社工专业人才队伍建设和志愿者参与有力推进。在市区层面，成都市建立了社区专职工作者职业水平补助制度，对获得社工职业水平证书者分等级按月给予200-800元不等的职业补贴；探索社工员考试认证制度，提升基层社会工作者专业水平；推行"社工＋志愿者"运作模式，探索建立志愿服务激励回馈机制。

社区治理活力得到充分激发。通过实施政府购买服务，成都市武侯区成功将政务服务从社区"两委"剥离，从制度上斩断了社区的行政化依赖。通过梳理《社区党组织履行职责事项》、《社会居委会依法依规履行职责事项》、《社区居委会依法依规协助政府工作事项》三份清单，进一步厘清了政社边界，促进了政社分离，推动了社区"还权"、"赋能"、"归位"，使社区自治活力得到充分激发，为"三社"联动社会化参与机制建设奠定了基础。

（二）存在问题

第一，长效机制建设有待观察。"运动式治理，活动式服务"的长效机制有待观察。从根本上说，项目式治理具有运动式、活动性的特征，而当前成都市武侯区通过政府推动的"项目式""三社"联动社区治理模式，虽取得很大成效，但其规范化、制度化、常态化的长效机制还有待观察。

第二，社会组织民间性、草根性缺失与发育不足。武侯区"三社"联动中的绝大多数（社区）社会组织一旦成为"正式组织"后，其民间性、草根性等则会相继出现"弱化"现象。为此，要逐步探索一种有效预防原有或新成立的（社区）社会组织成为"正式组织"就缺乏民间性和草根性特征的"治疗"机制。此外，还存在社会组织主体相对较少、规模较小、类型相对单一，且自生能力相对较弱、发育相对不充分等问题，这些都是影响社会组织参与"三社"联动乃至社区治理的重要约束变量。

第三，社会工作人才队伍专业性有待加强。武侯区的大多数社会工作者还都较为年轻，实战经验与人生阅历尚不丰富，在面对基层社区纷繁复杂的种种问题时还不能完全胜任。为此，社会工作者在与基层社区、社会组织等合作时，一方面是如何找准其与基层社区、社会组织多方的利益结合点，寻找合作空间，另一方面是如何保持自身做事的独立性和空间等问题，这些都需要社工及其机构负责人和同事进行积极面对。此外，社区工作从特定人群服务到推动社区组织，再到整体社区环境营造，对社工及其组织等都提出很高要求，社会工作者需要具备从协助群体改变到推动社区乃至社会系统改变的思维和能力。

第四，推广复制性有待商榷。武侯区"项目式""三社"联动的一大特色就是大力度地将政府部分公共事务通过购买服务的方式"转嫁"给社区、社会组织等多元社会主体，这需要地方党委和政府具有改革创新的魄力、决心以及对具体推动过程的高度支持。此模式能否在其他地方推广复制，有待商榷。

第五章　社区养老与社区照护

党的十九届四中全会提出，要"满足人民多层次多样化需求，使改革发展成果更多更公平惠及全体人民。"当前我国已经进入人口老龄化高速发展时期，持续增加的庞大老年人口之养老问题愈发成为当前党和政府、社会及家庭亟待解决的热点与难点问题。然而，如何满足老年人美好生活需要的目标，努力实现"老有所养、老有所依、老有所乐、老有所安"，让老年人更有获得感、幸福感、安全感，是新时期社会各界亟待破解的难题之一。

第一节　社区养老

习近平总书记曾深刻指出，"我国是世界上人口老龄化程度比较高的国家之一，老年人口数量最多，老龄化速度最快，应对人口老龄化任务最重"，"我们的政策措施、工作基础、体制机制等还存在明显不足，同广大老年人过上幸福晚年生活的期盼差距较大"。党的十九届四中全会提出，要"积极应对人口老龄化，加快建设居家社区机构相协调、医养康养相结合的养老服务体系"。实践中，医养结合作为当前我国正在兴起的一种社区养老方式，是新时期推进我国养老服务事业高质量发展的重要保障。

一、社区养老概念及内涵

社区养老（Community-based elderly care），通常是指以家庭为核心，以社区为依托，以老年人日间照料、生活护理、家政服务和精神慰藉为主要内容，以上门服务和社区日托为主要形式，并引入养老机构专业化服务方式的居家养老服务体系。社区养老的最大特点是让老人住在自己家里，在继续得到家人照顾的同时，由社区的有关服务机构和人士为老人提供上门服务或托老服务。

这种意义上，社区养老有别于家庭养老和社会养老，而是将机构养老中的服务引入社区，实行社区的在家养老。实践中，社区养老的内容涉及诸多方面，如设立养老、敬老、托老福利机构；设立老人购物中心和服务中心；开设老人餐桌和老人食堂；建立老年医疗保健机构；建立老年活动中心；设立老年婚介所；开办老年学校；设立老年人才市场；开展老人法律援助、庇护服务等。

二、人口老龄化背景下的社区养老创新实践：医养结合

人口老龄化是经济发展、社会进步、生活水平提高、医疗卫生条件改善的重大成果，但同时引发了劳动年龄人口比重下降、社会赡养比上升、社会结构性矛盾等一系列问题，是社会发展的一个严峻挑战。根据世界卫生组织的有关标准规定，一个国家或地区60岁以上的人数占总人口的10%及以上，或65岁以上的人数占总人口的7%及以上，那么这个国家或地区就已经进入了"老龄化"社会。我国第六次全国人口普查显示，全国60岁以上人口数占人口总数的13.3%，证明我国已经迎来了老龄化社会。2019年1月，国家统计局发布的最新人口数据显示：截至2018年底，我国60周岁及以上人口24949万人，占总人口17.9%，其中65周岁及以上人口16658万人，占总人口11.9%。由此可知，当前我国面临着巨大的养老压力，养老问题解决不好，对我国的经济发展，社会权利的有效转移都会造成巨大的影响，甚至会阻碍和谐社会的建设。特别是近年来我国人口老龄化问题日益突显，传统的居家养老和机构养老模式越发不能满足高龄、失能、空巢、患病等老人的养老需求，养老服务有效供给明显不足。党的十九大报告提出"积极应对人口老龄化，构建养老、孝老、敬老政策体系和社会环境，推进医养结合，加快老龄事业和产业发展"的要求。2019年3月《国务院办公厅关于推进养老服务发展的意见》中也提出要"持续完善居家为基础、社区为依托、机构为补充、医养相结合的养老服务体系"，并明确要求推进医养结合，提升医养结合服务能力，促进养老服务高质量发展。实际上，自20世纪90年代以来，联合国就将"以社区为单位为老年人提供必要照顾"作为全球解决人口老龄化问题的奋斗目标，而"医养结合"的社区养老又恰好符合"原址安老（Aging in Place）"的国际趋势和CCRC持续照料（Continue Care of Retirement Community）的国际原则与经验，这本身是一种将现代

医疗服务技术与养老保障模式有效结合的创新型养老模式，理论上应该能够解决我国当前的养老问题，但实践中，由于规划的滞后、科技与管理的落后、法规间的矛盾、公众的偏见等种种原因，"医养结合"的社区养老遭遇发展挑战，甚至在部分城市出现民众出于空气污染、医疗垃圾、老人丧葬等问题的考虑而抵制"医养结合"的极端案例。

三、医养结合：推进新时代养老服务高质量发展

为解决上述问题，持续推进新时代社区养老服务高质量发展，要进一步优化与完善"医养结合"的体制机制建设，建议从以下三个方面着手努力[①]。

首先，从社区养老的设计上看，应做好源头规划，保障社区养老尽快落地。当前，我国社区养老用地和设施建设匮乏，尤其是在城市老旧小区以及农村地区，新建社区也存在养老设施不足的现象。为解决这一问题，老旧社区的公共福利设施多由政府公共财政出资购置或租赁，新建社区则由开发商通过配套社区用房的方式解决。但真正的难点不在于设施的建设难而在于设施的落地难，排除居民的认知不足外，引起这一问题的原因归根结底在于规划的滞后。很多小区在规划设计时，没有预留社区养老等公共福利设施用地，给后续补建带来了很大的被动，也增加了诸多不必要的财政成本。因此，相关部门应提升规划意识，将社区养老场所等社会福利设施纳入城市建设规划，对护理、康复、自理、托养、居家及文体等各类养老服务机构建设数量和布局统筹考虑、分步实施，从源头上解决社区养老设施建设的布点问题，从而助力社区养老项目尽快落地。实践中，北京市住建委相关负责人在2017年市人大养老设施建设专题座谈会上明确表示，北京副中心通州区将试点建设"职住一体、多代共住、医养结合、持续照料的新型适老社区"，并将其纳入市保障性住房建设范畴[②]。

其次，从社区养老的模式上看，应以社区为平台，实现养老模式的"三位一体"。当前我国养老规划的主要目标是建立"以居家为基础、社区为依托、机构为补充"的"9073"养老模式，即90%居家养老，7%社区养老，3%机构养

① 郭薇. 推进"医养结合"的社区养老模式需要抓好三个方面 [N]. 中国社会报.2017-7-3（4）.
② 吴迪. 北京城市副中心将试点建设新型适老社区 [EB/OL]. 新华网. 详见网站：
　http://politics.people.com.cn/n1/2016/0908/c1001-28699449.html

老。从全球经验来看，居家、社区和机构三种养老模式本身符合国际惯例，但问题在于当前我国这三种养老模式相对"割裂"，各自为政，尚未实现资源信息互通有无，更未形成一体化的平台。结合市场需求，当前的养老模式供给侧改革应该从社区养老入手，将居家养老和机构养老有效对接起来，形成"居家养老、机构养老、社区养老"的"三位一体"。可以考虑的做法是由"社区养老"走向"养老社区"，如常州、萧山等地涌现出的颐养中心、养老公寓等以地产为基础的养老模式创新正是对"三位一体"养老模式的实践探索。

最后，从社区养老的运营上看，应创新运营方式，放宽社会资本进入社区养老的政策限制。从社区养老的专业性、便利性和低成本等方面考虑，应加强资源整合和利用，进一步鼓励社会资本投资建设和运营养老机构，考虑推广公办民营、公建民营模式，将社区养老设施的建设、移交、管理等工作交由社会力量运营，一方面增加养老服务产业的市场活力，一方面节约政府成本，避免由于入不敷出导致的社区养老服务中心运营不畅问题。同时，尽快建立健全医养结合社区养老的政策体系、行业标准及管理规范，并加快培育一批兼具医疗卫生和养老服务资质与能力的养老机构，促进社区养老规范发展。此外，还要根据社区养老的发展实际，尽快放开对于社区养老机构的场地、规模、经营主体等的政策限制，使更多的家庭化服务机构、小微企业甚至外资企业具备合法服务资质，以缓解社区养老服务的市场供给缺口，实现政府、社会和投资主体的共赢。

四、延伸案例：精确方向、精细需求、精心服务——中山市石岐匠心打造医养结合的社区居家养老服务精品模式

党的十九大报告提出了"积极应对人口老龄化，构建养老、孝老、敬老政策体系和社会环境，推进医养结合，加快老龄事业和产业发展"的要求。2018年，中山市石岐区有60岁以上户籍老年人口34128人，占全区17.9万户籍人口的19.2%，占全市25.67万老年人口的13.3%。石岐区老龄人口总量多，比例高，且人口老龄化日益严重。为此，石岐区党和政领导高度重视，相关职能部门深入探索，以满足人民养老服务需求为目标，积极落实《关于深化改革推进中山市社区居家养老服务从量到质提升的实施方案》。根据中山市民政局"1＋2＋N"

社区居家养老改革要求，石岐区以居家养老服务中心为依托，坚持开展上门家政和送餐助餐两项兜底养老服务，积极拓展康复护理、日间照料和安全援助等多样化服务，全方位为石岐老人提供休闲学习、康复保健、文体康乐等医养结合的一体化养老服务体系，有效辐射了石岐区长者三万余人。

（一）精确方向全覆盖，全面摸查石岐区老人的具体情况

在当前养老资源有限的情况下，石岐区居家养老服务中心原来场所较小、人员配备不足，存在服务内容单一，重失能老人的帮扶工作，轻健康老人的关心服务，没能全面让石岐区所有老人都享受到石岐区经济发展和社会进步带来的养老福利。为此，石岐区对60岁以上对老人情况进行了全面摸查和具体分析，以完善居家养老服务体系建设，提供不同层次服务，让广大老年人拥有更多幸福感和获得感。2018年，石岐区有60岁以上老人34128人，老龄人口总量较大，在总人口和全市老年人中的比例也比较高。其中，60-79岁的老人28689人，占比84.06%；80-89岁的老人4870人，占比14.27%；90-99岁的老人556人，占比1.63%；100岁以上的老人13人，占比0.038%；80岁以上高龄老人共占比15.9%。由此可知，老龄化趋势较为严重。另一方面，石岐区有经济困难老人98人（其中符合政府兜底重点困难老人49人），孤寡老人188人，残疾老人786人，失独老人61人，重点优抚老人158人，空巢老人1172人，整个重点关注老人群体2463人，约占石岐区老年人总数的7.2%。总体上失能、半失能以及空巢老人的比例较高，石岐区社区居家养老服务的形势较为严峻。

（二）精细需求深调研，深入分析不同群体的需求差异

老年人的经济情况、健康状况、居住类型等因素会显著影响老年人对不同服务的需求，有效开展社区居家养老服务应该对各群体老人的需求进行精细区分和深入调研。2018年石岐区对60岁以上的经济困难老人，失能、半失能老人、独居老人和健康老人这四类老人分别开展了居家养老服务需求深调研。调研结果发现，一是对于经济困难的老年人，需要侧重于帮扶救助政策的宣传和落实，重特大疾病的及时医疗救助；二是对于失能半失能老年人，需要侧重于送餐助餐、家政服务、日间照料等服务，以减轻家属照顾老人的负担，并积极探索医养结合之路；三是对于独居、空巢、孤寡老年人，需要侧重于拓展老人

社会活动内容，如开设长者饭堂，集中就餐，引导参与社区活动、兴趣班学习等；四是对于能自理的健康老人，需要更多地侧重于满足老人文化娱乐、康体运动的服务需求。总体而言，经济状况和生活自理能力较差的老年人，对生活照料和心理慰藉等方面的服务需求高；而健康和经济状况好的老年人，对健康服务、文化娱乐和提升自我兴趣等方面的需求高。

（三）精心服务暖人心，匠心打造医养结合的精品模式

一是完善石岐居家养老服务中心服务的软硬件建设。2018年，石岐区将居家养老服务中心扩建搬迁工程纳入了区十件民生实事之一，并顺利完成了中心场所的扩建和搬迁。新建成的中心面积扩大到1556平方米，根据石岐区老年人的康复保健、休闲学习和文体娱乐等不同需求配置了医疗康复室、日间托养休息室、长者饭堂、阅览室、书画室、舞蹈室、多功能培训室等功能齐全的场室。此外，根据石岐区老人反映的中心原来场所小、人员配备不足，服务内容单一，覆盖面不广等问题，石岐区在新建中心通过购买服务增加了服务人员，添置了先进的养老康体设施，壮大了居家养老服务队伍，完善了养老服务功能，由单一不专业的服务转向专业多元化的服务，实现了由原来的重点老人帮扶转变为全区老年人服务全覆盖。同时，新居家养老服务中心将成为石岐区居家养老服务的示范点，并探索建立标准化服务模块，逐步在各社区推广、复制建设社区级的居家养老服务分站，实现辖区居家养老服务硬件的全覆盖。

二是落实上门家政、送餐助餐两项兜底服务，实现有服务需求的政府兜底重点困难老年人服务100%全覆盖，并逐步扩大服务对象，满足全区有服务需求的老人。从2013年起，石岐区在全市率先开展了家政上门服务，主要为石岐区经济困难、孤寡等失能老人提供无偿的家居环境清洁，煮饭洗衣，个人卫生护理，陪同就医，代购生活用品和物品维修等家政服务。2016年8月，石岐区又拓展了"关爱老人工程"的服务，为石岐区失能、半失能、高龄老人根据经济状况分无偿、低偿、有偿提供家政服务和送餐助餐。特别是政府兜底服务重点困难中有服务需求的老年人，做到服务100%全覆盖。并根据家庭经济情况，通过无偿、低偿、有偿的形式，逐步将服务对象扩大为全区有家政服务和送餐助餐需求的每一个老人。

　　三是拓宽"N"种养老服务内容，满足老年人多样化的养老服务需求。石岐区以新建成的居家养老服务中心为依托，积极拓展日间照料、康复护理和安全援助等多样化服务，全方位为石岐老人提供休闲学习、康复保健、文体娱乐等医养结合的一体化养老服务体系。在日间照料服务方面，针对老年人的健康情况差异，石岐区采用三种不同方式开设日间照料服务；在康复保健服务方面，针对老年人患病率高，特别是高血压、糖尿病、冠心病、中风、风湿等老年慢性疾病的多发的情况，石岐区在新建成的居家养老服务中心将购置一批医疗保健器材并设置医疗保健室，同时为广大老年人提供康复护理及老年期营养、心理健康等咨询以及上门指导老年人正确执行医嘱，测量体温、脉搏和血压等服务；在安全援助服务方面，石岐区从2012年起开始为60岁以上本区户籍的老年人免费安装并使用爱心铃，为长者在遇到危急情况时，通过系统平台连接110、119、120紧急求助，并通知其家属。同时还为长者提供就诊预约挂号、煤气配送、粮油代购、天气查询、家政服务、送药上门、卫星定位、电器维修、老人娱乐等资源链接服务。目前，石岐区有爱心铃用户7600多户，下一步，石岐区还将拓展爱心铃的服务功能及扩大其需求用户使用面，确保应装尽装，全面惠及每一个有需要的老年人。

　　此外，石岐区还将建立石岐区居家养老服务信息系统，进一步开拓"互联网＋"养老服务，同时发展为老服务志愿队，积极动员社区党员、热心人士和低龄健康老人等志愿者通过结对子、活动探访、生活服务和物质支援等方式无偿为老人提供多种公益性服务，进一步提高石岐区社区居家养老服务的多元化、专业化、智能化和社会化水平。未来，石岐区将继续以满足老年人美好生活的需要为目标，努力实现"老有所养、老有所依、老有所乐、老有所安"，让石岐老人更有获得感、幸福感、安全感。

第二节　社区照护

　　社区照护（community care），通常是指社区提供适当程度的干预和支持，以使人们能获得最大的自主性，掌握自己的生活。其是相对于居家照护和机构照护的一种以社区为依托的新型照护方式（详见表2-5-1）。严格来讲，社区照护源自西方，且在西方国家被广泛运用。完整意义上的社区照护包括"社区内照护（care in community）"和"由社区来照护（care by community）"。在社区内设定社区照护有两层含义：一是不使老年人脱离他熟悉的社区；二是动员社区资源，运用社会人际关系即社区支持体系开展服务[①]。某种意义上，社区作为联系家庭和社会的服务平台，既能提供老人相对熟悉的生活环境，行动和生活方式自由度高，又避免了单纯依靠子女的家庭照护的局限性；同时，社区照护服务的覆盖面大，可以为社区内绝大多数需要护理的老年人提供服务，并且能够有效地利用社区资源，合理配置并充分利用各类服务设施。在此基础上，还应建立连续性的居家、社区和机构的长期照护服务，特别是建立健全"就地养老"（aging in place）的长期照护服务体系。"长期照护"的概念亦来源于英文"Long-TermCare"，其作为现代社会对于高龄失能老人的一种制度性的全面安排，与传统意义上所提到的家庭照护有本质区别。其对我国即将到来的老龄化社会来说，则更为实际和重要。换言之，即长期照护服务的居家化和社区化，意指让失能老人尽可能地留守家庭的生活范畴之内，也可享受到有效的照护服务，这样不但有利于提升失能老人的生活质量，也能有效地降低政府和家庭的照护成本[②]。

长期照护模式现状比较　　　　　　　　　　表2-5-1

特征＼类型	社 区 照 护	居 家 照 护	机 构 照 护
使用的普遍性	起步阶段	主要类型	具有一定规模
照护软件主体	服务内容与人员结构缺乏多元性；服务队伍专业化、职业化程度弱，服务水平低下	成年子女（尤其是女性）就业压力增加，照护时间减少；服务队伍素质有待提高，需专业护理人员	养老机构专业服务人员严重短缺；服务人员录用、考核等专业标准缺乏

---

① 唐咏. 去碎片化：中国老年长期照护政策的整体化路径 [J]. 深圳大学学报（人文社会科学版），2012（5）：84.
② 唐咏. 去碎片化：中国老年长期照护政策的整体化路径 [J]. 深圳大学学报（人文社会科学版），2012（5）：85.

续表

类型 特征	社区照护	居家照护	机构照护
照护硬件主体	资源动员与整合能力差，资源利用效率低下；与医疗设施与服务的连接性差	老年人居住方式空巢化；覆盖面有限，提供服务的数量不足	机构数量不足；设施设备质量不齐，因陋就简养老机构服务质量不合格
资金压力	缺乏市场培育机制，融资渠道单一	经费筹集的渠道较单一，限制发展	老人支付能力有限，无法独立承担机构长期照护费用
发展问题	社区基础设施薄弱，服务经费投入不足；民间组织发育缓慢，缺乏社会力量的参与	需建立长期社会与家庭合作照护机制；城乡差异较大，农村面临更大的供需矛盾	城乡差异、区域差异显著；长期照护服务机构存在结构性矛盾

资料来源：周春山，李一璇.发达国家（地区）长期照护服务体系模式及对中国的启示［J］.社会保障研究，2015（2）：89.

　　21世纪以来，与我国高速城市化紧密伴随的是人口老龄化和高龄化问题，且这一现象在城市更为突出，特别是城市失能老人对照护服务的需求愈发呈现出不断增长的态势。大量研究表明，当前我国的城市社区照护服务尚处于起步阶段，还存在诸多不足，如社区照护的服务内容不完善、社区照护的管理体制不健全以及社区照护服务队伍专业程度低等。很大程度上，其缘由在于家庭照顾依旧是目前中国多数老人的生活方式，且这一现象是中国传统文化不断积淀的结果。同时，发达国家与地区的实践经验也表明，即使在人口已经老龄化的社会，也没有哪个国家老年照护机构的老年人口超过这个国家老年人口总数的5％。为此，结合实际，兼顾社会经济效益等多维度考量，当前我国应对以社区为依托的养老照护（即社区照护）予以更多的关注。

　　然而，尽管现实中社区照护作为一种新型照护方式日渐兴起，但值得注意的是，社区照护的主要服务提供者是社区内外的专业人士、家人、邻里等非正式的社会支持网络，往往缺少相应的照护知识和技巧以及支持性服务。其次，全面性的社区照护需要不同的服务种类和设施，仅仅依靠社区力量难以实现，必须有政府的政策和资源配套①。为此，一方面，应积极探索形成以政府为主导，多元主体协同参与，通过不同主体结构、功能的复合和优化，实现全社会的护理资源在社区的有效集聚，推动"全民护理"的老年人长期护理服务格局的形成和发展，真正实现"老有所护"。另一方面，还应积极探索发展"混合照护经济"，构建以社区为基础的老年人长期护理服务模式，亦是未来我国尝试与探索的新制度。此外，还应逐步完善社区照护服务的非正式支持系统。非正式照护是指家庭、亲戚、朋友等非照护机构和人员提供的照护。这一照护方式可以弥补社区正式照护的不足，提高照护服务的可及性。政府应积极动员社区组织、非政府组织、志愿者等社会组织和个人，为非正式照护服务提供有力支持，如社会工作者、志愿者以及社区居民等为失能老人居家照护提供帮助，以形成多主体的共同参与的社区居家照护服务的非正式支持系统②。

---

① 唐咏. 去碎片化：中国老年长期照护政策的整体化路径［J］.深圳大学学报（人文社会科学版），2012（5）：85.
② 肖云，邓睿，刘昕.城乡失能老人社区居家照护服务的差异及对策［J］.2014（5）：31.

第六章 社区时间银行

如上一章节所述，当前我国已经步入老龄化社会，养老问题愈发成为一个非常严峻的社会问题。为此，探索创新性的养老模式亦越发成为当务之急。"社区时间银行"作为一种新型的公益养老模式，近年在我国悄然兴起，且备受推崇，短短几年时间内已迅速在国内很多城市落地生根。

第一节 社区时间银行及其发展

社区时间银行（community time bank）源于20世纪70～80年代美国的社区互助实践。当时美国正经历"经济滞涨"，许多人失业赋闲在家，这为社区时间银行出现提供了条件。这种银行旨在将个人闲置时间与他人服务需求连接起来，在自身需要帮助时反之可以让其他闲的人来帮忙。在此过程中，受助方并不需要支付任何费用，他需要"支付"的只是之前所存的服务时间。在倡导者埃德加·卡恩（Edgar S. Cahn）的定义中，时间银行（Time Bank）很简单，指志愿者将参与公益服务的时间存进时间银行，当自己遭遇困难时就可以从中支取"被服务时间"。通俗来说，对别人一个小时的善举可以赚到一个单位的时间货币，这可以换来他人一个小时的帮助。

在我国，上海于1998年最早出现与时间银行类似的养老服务。为应对人口老龄化带来的挑战，缓解人们养老的巨大压力，当时上海下属区县积极探索民间互助养老。其中，提篮桥街道晋阳委员会的"时间储蓄式为老服务"最为有名，很多省市曾"上门取经"。随着生活水平不断提高，医疗条件持续改善，我国现已整体进入老龄化社会。这些老年群体有两大特征：一是因退休而拥有大量闲暇时间；二是因肌体老化而需要被照顾，且这两个因素共同推动了近年

"时间银行"养老模式的快速发展。在此过程中，时间银行也在内容更多的社区服务中得到推广，如涵盖了理疗康复、电器修理、网络代购等基本日常生活所需服务，但其核心服务对象是老年人。在现有模式中，只要老人或其家人提供志愿服务，即可换取时间货币以备不时之需。

　　不难发现，将社区时间银行与为老服务结合是我国的一大创新。它是老龄化背景下的一种有益探索，其不仅提高了老龄人口的生活质量，也减轻了千万家庭的养老压力。鉴于益处显见，各地时间银行大多都经历了从社区探索到地方政府制度支持的发展历程。2011年《浙江省老龄事业发展"十二五"规划》中就明确提出要建立时间银行制度，规范其中志愿者组织建设，加强志愿者注册和培训工作等。随后，广州、成都、太原、淄博、九江等地也都积极尝试试点社区时间银行。2015年江苏省出台《江苏省养老服务条例》明确提出"鼓励、支持发展相关养老服务志愿组织，建立志愿服务时间储蓄等激励机制"。2017年全国两会上，全国人大代表黄细花同志专门提交了《关于推动"时间银行"应用于社区服务的建议》，以期引起全社会关注。2018年民政部开始将时间银行纳入全国居家社区养老服务改革试点范围，并争取在试点的基础上建立全国推广的运行模式。当前实践中，较为具有代表性的地方如广州南沙、太原杏花岭等地的社区时间银行。

第二节　广州南沙时间银行实践：社区养老服务的第四条道路

　　目前我国养老服务的提供主要有三条途径：依靠政府、依靠市场、依靠志愿服务。其中，政府购买养老服务的方式一方面面临资金的限制，另一方面相比市场途径缺乏灵活性；居民自主购买养老服务的方式也不适合低收入者；而志愿服务因其资源有限和连续性相对无保证等问题在面对我国巨大的养老服务缺口上也显得力不从心。而时间银行采取服务交换的模式，一方面避免了市场模式的资金短缺问题；另一方面，服务提供者在服务完成后可以获取积分或时间币，换取他人服务，避免了志愿模式缺乏激励的问题。这种意义上，时间银行作为养老服务供给的第四条道路对于补充原有模式的不足，对应对当下我国的就地社区养老压力具有现实价值。然而，当前北京、上海、苏州、广州等地的诸多时间银行广泛存在着"空有概念、名不副实"的共性问题，即其只是单纯地记录服务提供者的服务时间或积分，而并没有发生实际的兑换行为。而若无兑换，时间银行也就类似于志愿者组织，形同虚设，失去了存在的独特价值。当然，也有极少数的时间银行进行了相应的兑换行为，如广州南沙时间银行。本节主要对其成立概况和旨在"打造服务交换帝国"的兑换行为进行简要介绍。

广州南沙时间银行成立于2013年年底，目前已初具规模，注册会员达到3万名。相较于传统时间银行，南沙时间银行最突出的差异是前者是由年轻老人照顾年老老人以存储服务时间，待年轻老人年老需要他人服务时提取服务时间接受他人服务，而后者（南沙时间银行）为服务者提供的时间币既可以兑换服务或实物，还可以通过时间币折算现金在淘宝等电子支付平台购物[1]，目前约一半服务者选择了兑换实物的方式，而选择兑换服务的人也往往在发生服务不久即进行兑换。由此可以推知，南沙时间银行较少发生时间币储蓄。这则涉及一个核心问题，既然南沙时间银行的时间币可以折算现金，那和市场交易有何差别？如上文所述，我国绝大多数时间银行都遭受着"名不副实、类似于志愿者组织"的尴尬，那么南沙时间银行是否在另一个维度遭遇了等同于市场交易的尴尬？为此，需要说明的是，虽然南沙时间银行在当前高度流动的社会背景下难以实现传统时间银行跨时兑换的理想，但仍是一个有意义的尝试，而非变相的市场交易。

首先，南沙时间银行中服务兑换的比例从建立之初一直处于上升态势，目前已经占到一半，这与完全兑换现金的市场交易有显著差异，带来鼓励和扩大社区中公民互助网络的契机，更有利于促进居民之间的良性互动，构建社会信任。其次，南沙时间银行可以在一定程度上弥补社区养老服务中"市场失灵"的问题。比如南沙退管办对高龄独居老人居住安全的定期探访工作，如果通过市场就很难推进，因为这是一项"琐碎耗时且缺少利润"的工作。反过来，这

---

[1] 南沙时间银行时间币折算现金的方式是5分钟服务累积1时间币，1时间币折合人民币3.5元，该数值通过广州市最低工资和平均工资的平均数测算，每3年重新核定一次。该折算方式是否合理，还有待实践进一步检验。王莹.我国社区时间银行的实践与启示[N].中国社区报，2018。

项工作如果交由时间银行来做则就有很大优势，因为对于邻里之间而言，上楼"敲个门儿"只是举手之劳。所以，尽管南沙时间银行作为经过管理精英（刘先生）本土化改造的新型时间银行与传统意义上的时间银行有诸多差异，但其仍在养老服务的供给中具有独特地位，并不完全等同于市场交易。

由上可知，时间银行作为就地养老在政府模式、市场模式和志愿者模式之外的第四条道路选择，对解决当前我国巨大的就地养老需求有重要现实意义。广州市南沙时间银行作为新型时间银行，是本土环境下互助养老制度化的有益尝试，具有区别于市场模式和志愿者模式的独特价值。但遗憾的是，受限于社会高度流动性等因素，当前广州市南沙时间银行也难以实现传统时间银行跨时兑换的理想。为此，在未来发展的探索方面，建议将时间银行的时间币计入居民的养老保险账户，依托养老保险建构居民对时间银行的信任，进而实现大规模的跨时兑付，让时间银行真正将互助养老制度化，成为家庭养老的重要补充。

第三节　新时期社区时间银行发展建议

近年我国社区时间银行在实践中取得较快发展，但也遇到诸多问题，如人们对"时间银行"认识不够，参与的人数不够多；各地的社区"时间银行"各自为政，没有使"时间银行"形成规模；志愿者的服务水平还比较低等。除此之外，还面临着一些深层挑战。首当其冲的便是时间银行的功利导向。在有的地方，社区服务积分已经可以用来兑换消费品。倘若这种做法得到政府大规模的推广，或许将会影响社区银行良性发展。因为功利导向会推动人们最大可能地计算自己服务的价值，比如一小时的医疗康复与卫生打扫是否等值？沿着这种逻辑，挑肥拣瘦自然成为人们最佳行为选择。这不免会导致有高难度服务需求的老人被落下。如果政府将制度设计的重点放在服务价值衡量上，这将是一项成本很高的工作。人的需求种类非常繁多，将其中服务逐一归类和准确衡量将付出高昂成本。政府注意力是稀缺的公共资源，制度设计和执行必须要考虑成本问题。更重要的是，社区时间银行原本就是社区互助的产物，也就是说，公益精神是社区时间银行的精神内核。功利导向不免将此精神内核掏空。也正因如此，埃德加·卡恩认为相同时间内所有人的服务都是等值的——志愿者不会计算自己服务的实际价格。为此，我国政府在大力鼓励、倡导社区时间银行发展的同时，也一定要坚持其公益事业的本质属性，并坚持用公益精神来助其发展。在日常生活中，人们通过长期密切接触本来就可以建立良好互助关系，我国向来也有"远亲不如近邻"的互助传统，这些都属于公益互助的范畴。政府应该通过社区时间银行来发扬这些公益精神，因为这些精神必然会反过来推动社区时间银行更好地发展。因此，让社区时间银行回归公益本身，回归社区互助本身，不仅有助于更好地发展社区时间银行，也有助于培养公益精神，有助于降低政府成本。这也是十九大报告强调社区治理体系要"实现政府治理和社会调节、居民自治良性互动"的题中之意[1]。结合实际，新时期我国社区时间银行应从以下方面着手努力。

一是不断加强宣传力度。尽管当前我国很多地方已经开始推行"时间银行"，但广大民众对此认知还远远不足。这就要求相关政府、企业和志愿者等进一步担负起宣传责任，加强宣传力度。实践中，政府部门可以运用新闻媒体、互联网平台等媒介对"时间银行"进行科普宣传，使人们对这种养老模式有清晰的认识，并出台相关的辅助政策，比如"时间银行"储户的权利、义务、使用方法、法律制度保障等等，增强人们对"时间银行"养老的认同度。一些相关企业要担负起应有的社会责任，对社区开展"时间银行"的宣传活动提供资金上的支持，使其在宣传过程中能够运用各种有效手段达到宣传的目的。志愿者则要以身作则，主动加入"时间银行"养老模式的宣传中，并以其切身体验让更多身边的人认识了解"时间银行"养老模式。

二是持续提升志愿者的服务水平。社区"时间银行"主要采取低龄老年人和高龄老年人结对的方式开展养老服务，然而低龄老年人志愿者是否具有一些专业的护理知识，对于被照顾人来说是非常重要的。为此，持续提升志愿者的护理水平是极其重要的。这则要求"时间银行"必须吸纳一些专业的护理人员，对志愿者进行日常护理的培训，把志愿者与专业护理人员结合起来，保证志愿

---

[1] 石绍成. 用公益精神推动社区时间银行更好发展［N］. 中国社区报，2018-01-12（3）.

者队伍的专业服务水平。另外，"时间银行"除护理外，还要根据老年人的实际需要细化养老服务项目，如购物、娱乐、户外活动等，以有针对性地提供养老服务。这就要求"时间银行"既要对社区的老年人的需要进行实际调查，精准了解其需求，也要与高校社工专业的老师进行合作，委托其制定详细的项目服务表，使志愿者能够根据自身实际情况提供服务，且在这一过程中要对这些细化的服务项目实行"时间币"的差额存储制度，即多劳多得，以避免出现不同工而同酬的现象，影响志愿者的积极性。

三是实现"时间银行"跨区域联结。随着交通的便利，户籍制度的松绑，人口的流动越来越频繁，而现实中为数众多的社区间并没有建立起一个共享的网络体系，导致很多信息无法共享，从而使得作为"时间银行"重要媒介的"时间币"不能像银行的货币一样能够在任何时间、任何地点自由"兑现"了，这则严重有碍于"时间银行"的规模化发展，因此必须使"时间币"能够跨区域"取现"才能使"时间银行"实现互联互通，为规模化发展提供必要的条件。例如，可以由相关政府主管部门牵头，将社区"时间银行"与现有公安、民政等系统的相关社会公共资源对接，构建社区"时间银行"信息管理系统。通过该系统，每一位志愿者能够实名注册，在任何一个社区的"时间银行"服务后，他的时间币能够在政府认证的权威网站上查询到，这样无论他更换到任何一个社区，"时间币"皆可继续存储和提取。也就是说，只有实现了社区时间银行志愿者档案体系全国联网，才能够有效保证社区"时间银行""时间币"存储和支取的便捷，才有利于社区"时间银行"实现规模化发展。

总之，社区时间银行作为新时代我国养老模式的一大有益探索，是适应时代发展的一种新型养老模式，其发展过程肯定会遇到很多问题，但未来只有因地制宜、不断探索[1]，就一定能够摸索出一条适合我国实际的新型就地养老之路。

---

[1] 有研究认为，时间银行是一项复杂的社会治理创新产品，不可能在荒芜的土壤中开花结果，只有具备合适的生存土壤，才能真正发挥"与时间为友，为养老纾困"的作用。在此，何为"合适的生存土壤"，本书认为只有通过不断地探索，才能找到其合适的生存土壤。许芸."时间银行"：如何更好开花结果［J］.群众，2019（20）：33.

第七章 智慧社区

现代社会是信息社会。党的十九大报告曾提出建设"智慧社会",并将其与建设科技强国、质量强国、航天强国、网络强国、交通强国、数字中国一起确立为建设创新型国家的重要组成部分。党的十九届四中全会则进一步明确提出要"完善党委领导、政府负责、民主协商、社会协同、公众参与、法治保障、科技支撑的社会治理体系"。一方面,随着近年科学技术尤其是"互联网+"及5G技术的迅猛发展,科技日益改变着人们的生产生活及对社会的认知方式。另一方面,全球化、信息化与城市化已日渐成为重塑现代社会的三大力量。在此大背景下,推进以科技力量为支撑的社区治理现代化和智慧社区建设,是党和政府立足于我国智能社会建设和新型城镇化发展实际,为提升基层社会治理和城市管理服务水平而作出的重大决策。

第一节 智慧社区及发展

2013年,中国将智慧城市建设提升到国家战略地位。2013～2015年间,我国住房城乡建设部和科技部连续三年评出300多个智慧城市试点。自此开始,智慧城市的建设在全国各地如火如荼展开。根据《2019年中国智慧城市发展研究报告》显示,截至2016年底,中国智慧城市的发展数量已接近600个,居全球之最。同年(2016年),我国又提出"新型智慧城市",到2017年7月,全国338个地级以上城市中有249个城市启动新型智慧城市指标数据的填报工作,也就是说,届时全国已有73.68%的地级以上城市启动了新型智慧城市建设工作[1]。

---

[1]《2019年中国智慧城市发展研究报告》。详见网站: https://www.iyiou.com/intelligence/.

在此背景下，"智慧社区"伴随着智慧城市的推进在全国大小城市遍地开花。这种意义上，智慧社区作为新时期社区治理的一种新理念、新模式，致力于实现居住智能化、服务智能化，是智慧城市发展不可或缺的组成部分。

所谓智慧社区（smart community），主要是指通过运用移动互联网、物联网、大数据、云计算、信息智能终端等新一代信息技术，整合社区内的客流、土地、房产、物流、服务、消费等信息，以及社区周边的商家资源、服务生态圈，实现新型、智慧的社区治理和社区服务创新模式，为社区居民提供全方位的智能化服务和更智慧的生活环境。具体来说，是指以更好地服务于社区居民为核心，借助物联网、云计算、移动互联网、信息智能终端等新一代信息通信技术的集成应用，将社区内的楼宇、道路、安全设施等进行智能化，并经由大数据对小区内全部信息进行判别和挖掘，以实现社区居务管理、独立业务管理等的智慧化过程。在这个过程中，社区网站、微信公众平台、APP等作为智慧社区实现的端口，充当了各界沟通交流的平台，建立了居民利益表达与调解机制以及居委会在线对话服务功能，最终实现居民在社区内的智慧化生活。例如，北京东城区永建里社区搭建事务办理生活圈的微信平台，朝阳区街道建立了街道层面的网上服务平台"空港南竹网"，顺义石园街道北社区开发了志愿服务的智能平台"微盟（APP）"等。由此可见，智慧社区这种全新模式不仅将QQ、论坛、微博、微信等互联网要素有机融合起来，充分发挥出新时期信息整合及交互传播的优势特性，而且还有效于"无形"中把居民"成功"拉进社区服务管理系统内，缩短了政府与民众间的距离，提升了公共服务信息的传播速度与受益面，延伸了基层社会管理神经末梢网络。

其实，早在2013年，民政部、国家发展改革委、工业和信息化部、公安部、财政部就曾联合发文要求"推进社区公共服务综合信息平台建设"[①]，共织社区信息治理网。社区公共服务信息化及居民信息服务终端的应用，不仅可以使社区服务需求表达和反馈更为通畅，而且还直接方便了社区居民的生活，有

---

① 社区公共服务综合信息平台是依托信息化手段和标准化建设，整合公共服务信息资源，采取窗口服务、电话服务和网络服务等形式，面向社区居民提供基本公共服务的平台。社区公共服务综合信息平台原则上在市（地、州、盟）层级建设和部署，主要在街道（乡镇）层级统一应用，坚决避免区（市、县、旗）以下层级分散投资、重复建设。参见:《关于推进社区公共服务综合信息平台建设的指导意见》。

效提升了社区业务的高效协同，为现代城市社区的建设插上了一双"智慧双翼"。2014年，住房城乡建设部出台了《智慧社区建设指南》，其中明确提出"到2015年在全国建100个智慧社区试点、到2020年50％的社区智慧化"，在此背景下，各省市也纷纷出台了相应的政策，助推智慧社区项目落地。实践中，智慧社区建设涉及社区基础网络设施建设、社区网格化管理、社区地理信息、社区电商、智慧家居、智慧物业服务、智慧社区养老、社区金融等诸多领域。但本质上，智慧社区是应用信息技术规划、设计、建造和运营社区基础设施，促进公共服务和便民利民服务智能化的一种社区管理和服务的创新模式，是新型智慧城市建设的重要转手，亦是提升居民生活质量、促进社区和谐、实现新型城镇化发展目标的重要举措[①]。在这种意义上，智慧社区的建设与发展依托于智慧城市[②]，反之其也是建设与发展智慧城市的关键。

　　党的十九届四中全会首次提出，要"完善党委领导、政府负责……科技支撑的社会治理体系"和"提高社会治安立体化、法治化、专业化、智能化水平"。在当前"互联网＋"的大背景下，科技尤其是信息技术如5G等日新月异的发展将会在现代城市社区建设、发展与治理中发挥越来越重要的支撑作用。同时，信息作为一项重要资源，已经可以与物质、能源一样成为使拥有者获得自身最大化利益的重要博弈资本。现如今，加快社区信息化建设，"让数据多跑路，让百姓少跑腿"的信息化管理已为现代社区治理与服务创新提供了这样的可能和便利。据相关数据统计显示，目前全国60％以上的城区都建有社区管理服务信息网络，大大提高了社区服务效率和质量，使居民能更方便快捷地享受到政府提供的公共服务。为此，新时期的现代城市社区建设，更应充分利用现代信息技术，有效整合各类服务信息和管理资源，逐步推进劳动保障、社会救助、医疗卫生、就业培训、计生、养老等领域在社区层面的数字化管理和整合服务。例如，2014年北京市大兴区各个街道积极推进的智慧社区建设，就是利用信息化服务公众，使居民通过大兴社区服务网的手机客户端就可以反映各类

---

① 汪碧刚. 一元多核 融合共治——2016年中国智慧社区发展报告［M］. 北京：中国社会出版社，2017：2.

② 2017年，我国智慧城市的市场规模为5700亿元，并以20％以上的年增长率的在持续扩大，到2020年预计将突破一万亿元。未来，智慧城市的市场规模会更大，这则必将加快智慧社区的发展进程。

诉求，从而有效提升了社区居民的幸福指数。现如今的北京智慧社区建设，已远远超越了当初以为居民提供诉求渠道的手机客户端发展阶段，而迈向集视频监控、人脸识别、可视对讲、消防感知、周界报警、电子巡更、家庭报警以及物业服务等智能化的一体化建设阶段。总之，随着以大数据、物联网、云计算、人工智能和移动通信网络技术的迭代发布为特征的第四次工业革命浪潮的加速演进，特别是以"云、大、物、智"为核心代表的数字经济的强势崛起，智慧社区及其相应的智慧治理则将在基层街区层面有着更为广阔的发展、应用及完善空间。

第二节　智慧社区服务及系统

智慧社区及其建设乃是以提供更优质的社区服务为核心旨向。智慧社区服务是个系统工程，其涉及服务范畴、用户及其相关产业链等。

首先，就服务范畴而言，智慧社区涵盖社区内部和社区周边的各项服务，社区内主要包括智慧家庭、智慧物业、智慧照明、智慧安防、智慧停车、智慧楼宇等基础设施服务，社区周边主要包含智慧养老、智慧医疗、智慧教育、智慧零售、智慧金融、智慧家政、智慧能源、智慧水电、智慧政务等民生服务（详见图2-7-1）。不论内部还是外部服务，智慧社区最终要为居民提供更安全、更高效、更舒适、更便捷的居住环境，为社区居民提供全方位的智能化服务，全面满足新时期居民群众的高质量生活和发展需求。

其次，就社区用户而言，智慧社区除了服务于核心用户社区居民外，还服务与政府和企业等其他用户。其中，政府、企业和个人的智慧社区服务的三大类主要用户，各方对智慧社区的功能需求均不相同。政府以"居民信息管理"为核心，更关注社区信息收集、处理和响应以及社区环境建设；企业更关注与居民生活相关的新产品、新服务推广与运营；居民主要关注的是居住环境和提供服务的安全性、便捷性、舒适性等。详见图2-7-2。

图2-7-1　智慧社区服务范畴示意图

资料来源:《2019年中国智慧城市发展研究报告》。
详见网站: https://www.iyiou.com/intelligence/.

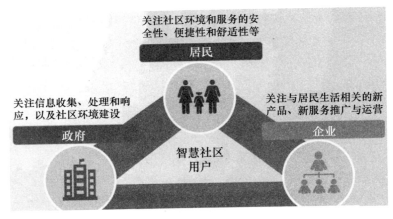

图2-7-2　智慧社区三大类主要用户

资料来源:《2019年中国智慧城市发展研究报告》。
详见网站: https://www.iyiou.com/intelligence/.

再次,就智慧社区服务的相关产业链而言,目前智慧社区产业链已逐渐形成各方参与、互利共赢的局面。产业链上下游涉及设备提供商、软件/算法供应商、电信运营商、系统集成商、解决方案提供商、地产开发商、物业运营商等多个角色。其中,设备提供商、系统集成商、电信运营商位于产业链上游环节,业务提供商、房产开发商、物业运营商、社区运营商则分布在产业链中下游环节，产业界限划分较为模糊，各方更多以合作方式参与到智慧社区的建设中。详见图2-7-3。

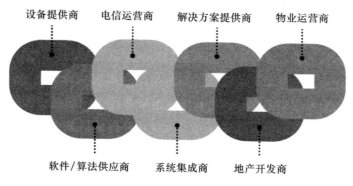

设备提供商　电信运营商　解决方案提供商　物业运营商

软件/算法供应商　系统集成商　地产开发商

图2-7-3　智慧社区产业链

资料来源：《2019年中国智慧城市发展研究报告》。
详见网站：https://www.iyiou.com/intelligence/.

最后，由上可知，智慧社区服务及其相关产业链建设是个系统工作。从系统的服务功能出发，智慧社区服务系统主要分为信息服务系统、物业管理服务系统、安防服务系统等。其中，信息服务系统是为社区居民、社会组织提供集咨询服务、事项服务、交流互动、娱乐休闲于一体的综合便民信息服务；物业管理服务系统是为物业部门提供社区公共设施管理、维修与保养服务，社区综合监管、停车场管理及保洁服务信息，也可发布水、电、燃气、电话等账单查询和代缴费服务等；安防服务系统通过整合社区的视频监控、入侵报警、门禁控制、楼宇对讲等多类子系统的动态感知数据，实现社区内实有人口管控、人车轨迹研判、异常告警处置、潜在风险预控等应用，为公安和政府部门的人口管理、案件侦查、综合治理、态势研判提供有利的信息和技术支撑（详见图2-7-4）。但现实中，鉴于当前我国大多数智慧城市及社区建设中，三大系统服务用户的差异性，故三者尚处于分离状态。

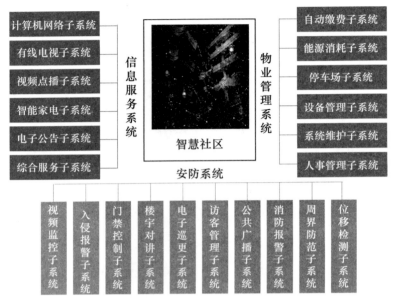

图2-7-4 智慧社区服务系统

资料来源：《2019年中国智慧城市发展研究报告》。
详见网站：https://www.iyiou.com/intelligence/.

第三节 智慧社区实践：国安社区

国安社区是通过运用互联网、云计算及大数据等创新技术，以社区及社区居民为服务对象的"一站式"智慧社区共享服务平台，基于平台体系之上的产品和服务资源标准化整合输出，实现了社区生活的全面数字化、智能化和网络化[①]。

一、服务目标和规划

（一）服务目标

国安社区以"让社区生活更丰富、更便捷"为使命，以"诚信、创新、开

---

① 汪碧刚. 一元多核 融合共治——2016年中国智慧社区发展报告［M］. 北京：中国社会出版社，2017：200-206.

放、共享"为价值观，通过线上平台、线下门店、微超、服务联盟、内容体系，以及金融、大数据、供应链和会员管理这九大基础服务体系的建设，围绕购物、物业、生活、信息、交互和公共服务六个方面，为社区居民提供15分钟生活圈、1小时快周边、全年365天每天24小时全天候和随时预约的全面社区服务，通过线上线下融合平台的发展，解决社区配送、取件、配销、运输等众多难题，真正实现了优质的"最后一公里"上门服务。

（二）服务规划

国安社区线下门店在2016年以北京核心城区为主，在五环内布局110家月店、150家星店，选择性地入驻上海、沈阳城市的重点区域；2017年计划进入广州、天津、重庆等其他一线城市，全国范围内计划开设超过1000家门店；2018年年底完成全国29个城市布局，2020年年底完成全国100个城市布局。

国安社区依托线下门店体系扎根社区，以服务为主，在社区中经营国安社区品牌的诚信。2017年计划注册用户突破250万人，5年内实现6000万个注册家庭用户。

二、建设架构及运行机制

简要来说，国安社区的架构体系及运行机制可以概述为：一个平台、两大支撑、六大板块及在此之上无线商品和服务。

（一）一个平台

国安社区的主要表现形式是网络化的平台。它经营的对象是数据，经营的手段是服务，服务的对象是社区，即采用互联网、物联网以及云计算的方法以数据来指导服务。换言之，国安社区是一个以社区为中心的"一站式"服务平台，以满足社区生活中不同群体的各类需求。同时，国安社区作为一个开放共享平台，在社区线上线下都有共享空间（包括商业和公益），与社区相关的任何事情都可以在国安社区上共享。

（二）两大支撑

1. 大数据：CIDM、CSDM体系

国安社区自主研发的CIDM（Community Information Data Model，社区信息数据模型）及CSDM（Community Service Data Model，社区服务

数据模型）是基于社区资源及服务行为的真实、动态的数据模型。CIDM是描述社区内服务资源和服务对象的信息数据模型，可用于对社区物理信息价值的分析和挖掘。CSDM是描述社区服务对象动态行为的数据模型，可用于对社区服务指数价值的分析和挖掘。两套数据模型为社区门店的选取提供了科学的解决方案，并为线上平台的数据运营提供了强有力支撑。

2. 线下平台支撑：星月店为核心的线下服务体系

国安社区线下服务体系由社区门店及社区专员组成，通过门店和服务人员为社区居民提供一个身边的值得信得过的、24小时的服务保障。社区门店体系分为区域级的中心店、社区级的月店、小区级的星店以及末端级的智能终端店。社区门店既可作为社区的共享空间、国安社区粉丝经营的体验店，又可作为社区的服务门户，同时还能有效组建平台下的高效同城物流配送体系。

中心店通常设立在城市中各主要城区内，门店面积在1000平方米左右，主要功能包括智能菜市场、智能超市和智能仓储。中心店作为国安社区物流体系中的核心枢纽，承担着平台物流的仓储和中转功能，并且智能超市和便利店里的所有商品和线上平台同步销售，提高中心店周边居民的日常生活采购体验感。

月店设立在城市中各个社区内，面积在150至250平方米之间，分为产品展示及体验区、休闲活动区、智能微超及智能阵房。月店是社区生活服务的体验中心，结合线下服务团队可以为社区居民提供产品展示、产品体验、产品销售、休闲、活动、健康及养老等服务。

星店设立在小区内，面积在200平方米左右，门店的功能包括员工宿舍及智能库房。星店可以辅助月店完成小区内的商品配送及社区专员服务。

智能终端店是通过将公司自主研发的生活宝智能终端机设立在社区内的不同场景中，方便社区老年人通过智能化的设备随时随地采购生活必需品。

（三）六大板块

国安社区作为社区服务共享平台，通过自身的优势整合服务资源，力争为社区居民提供全品类的生活服务产品，在平台内容架构上分为社区物业、社区购物、社区服务、公共服务、社区信息及社区交互六大板块。

1. 社区物业平台

为社区居民提供居家类的生活服务。平台下设洗衣、保洁、维修、出行、快递和绿植等频道。物业服务项目中的保洁、洗衣以及维修产品均由国安社区自主研发和运营，保障了平台服务的质量。

2. 社区购物平台

为社区居民提供便捷的网上购物服务。通过网上搜索、浏览等功能，居民可以及时、快捷地选择生活消费品，包括蔬菜、水果、零食、服装、酒水、咖啡、饭菜、甜点等。平台上创新的社区E店商业模式，让每个人都可以经过审核后成为社区平台的网上商家，利用平台及邻里优势，实现商品及服务价值的共享。

3. 社区服务平台

为社区居民提供多样性的生活服务。包括金融、养老、医疗、健康、亲子、社区农场及文化旅游等服务，平台通过联合专业的第三方服务机构，为社区居民提供高品质的服务资源。

4. 公共服务平台

致力于打造一个集公共服务的内容、流程、服务为一体的综合服务平台。平台包括婚姻家庭、生育收养、交通出行、考试就业、社会保险、租房住房、户籍身份、生活保障、司法公证等十大主题的1000余项服务，并且从用户需求出发，设置了去办事、看解读、找问答、大讲堂、爱活动、在社区和志愿者服务平台7个板块，分别从7个角度为百姓提供快捷、方便的服务。

5. 社区信息平台

社区的专属自媒体平台。提供的信息服务主要以社区生活为主，包括社区内的新闻、信息视频、图片、知识等。在让社区居民获得信息的同时，促进居民之间的信息交流和共享。

6. 社区交互平台

基于社区的地域优势，为社区居民搭建一个以兴趣为核心的线上交流平台。通过建立平台上信息发布与交流的渠道，让社区居民能够第一时间发现与自己兴趣相同的活动。

（四）无限商品和服务

国安社区是一个共享开发平台，在基础体系搭建上，向社会各类优质服务资源开放，通过各个业务专业频道的运营，对接无限的商品和服务，帮助优质资源进入社区市场。

总之，国安社区通过线上平台、线下门店、微超、服务联盟、内容等基础服务体系的建设，围绕购物、物业、生活、信息、交互和公共服务六个方面，为社区居民提供全天候全方位优质服务，在解决社区服务"最后一公里"难题方面进行了有益尝试。其主要成效可总结如下：国安社区深入扎根于社区之中，将互联网整合资源推动落地；以"国安侠"（国安社区工作者）为主体提供的管家服务，搭建了社区居民与外界的桥梁和纽带，实现公共服务真正走进千家万户；丰富多彩的社区活动，提高了社区居民生活质量及社区居民之间的信任感，重塑了邻里间的和睦关系。

第八章 学习型社区

党的十九届四中全会明确提出，要"构建服务全民终身学习的教育体系"。诚然，21世纪是一个知识经济的时代。知识经济新时代要求与之相匹配的学习化社会，亦要求有应对不断变化的经济与社会环境所需的学习型社区。社区教育作为终身学习与学习型社区建设的有效抓手和重要载体，既是新时期我国学习型城市和学习型社会建设的出发点与落脚点所在，也是未来社区可持续发展的不竭动力所在。

第一节 学习型社区及内涵

关于学习型社区（learning community）的概念，比较具有代表性的界定是OECD对其的阐释，即学习型社区是为个体和群体提供正规和非正规学习机会的地区，目的是使他们获得知识、技能、态度，形成价值观，从而促进经济的可持续发展并增进社会的整合和凝聚力。它还提出了学习型社区概念架构模型，如图2-8-1所示。

关于学习型社区的内涵，可以从以下四个方面把握：① 学习型社区是一个运用终身学习的理念并把其视为组织原则和社会目标的社区；② 学习型社区是一个以社区学习者为中心的社区，是围绕保障社区成员学习基本权利和满足社区成员终身学习需求的社区；③ 学习型社区是一个正规学习、非正规学习、非正式学习等所有学习资源实现充分整合的社区；④ 学习型社区是一个促进社区成员素质和生活质量提高，以及实现可持续经济发展与社会聚合的社区。

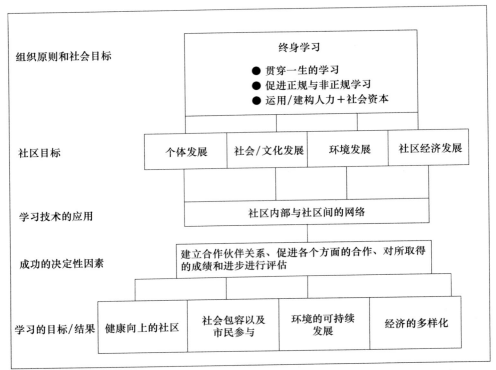

资料来源: Ron Faris, *Sculpting A Learning Community on its Own Terms: The Upper Skeena*, July 13, 2001.
详见网站: http://members.shaw.ca/rfaris/docs/Skeena.PDF

图2-8-1 OECD关于学习型社区概念的架构模型

　　某种意义上，新时代的学习型社区既可以是一个城市，也可以是一个城镇或地区，其是以学习作为促进社区建设、发展和治理的核心手段，以完善的社区教育体系和普遍的学习型组织为基础，社区居民广泛参与多样化的社区学习活动，从而有效地提高社区居民的素质和生活质量并促进社区持续发展的创新型社区。其具有学习机会广延性、学习资源共享性、学习参与主动性、学习行为互动性等特征，且在弥补正规教育、丰富闲暇教育、拓展文化教育、提升道德教育、拓展职业教育（技术经济），以及推进城市化等方面具有积极功能，是学习型城市与学习型社会建设的基石。

第二节　新时代的学习型社区建设

学习型社区是学习型社会建设与形成的基本构成单位。综观全球，世界各国在向学习型社会迈进的过程中都首先将目光关注在学习型社区的建设上。因为以学习为中心的方式能够为社区的各种投入带来潜在的回报。换言之，学习型社区能够为所有公民学习机会提供积极支持，并通过寻求各种方式从而使人们在人生的各个阶段都可以获取知识和发展技能①。

首先，积极发展社区教育，推进学习型社区建设。在我国加强社会建设和推进基层社会治理创新的进程中，社区教育已愈发成为社区治理创新和社会建设的重要组成部分。2017年6月，中共中央国务院《关于加强和完善城乡社区治理的意见》中明确提出要积极发展社区教育，建立健全社区教育网络，推进学习型社区建设。社区教育作为学习型社区的基石，是建设学习型城市与学习型社会的关键抓手与有效途径，完善终身教育体系的重要举措。为此，要重视社区教育"以人为本"发展理念，通过健全一系列制度拆除制约市民学习的围墙，并出台一系列政策为市民搭筑起终身学习的桥梁。社区教育是以服务社区所有居民的学习需求为第一要务。而正规教育长期难以摆脱精英教育的束缚，"求学""读书"也成了人们为获取"资格"和社会地位的一种追求。某种程度上，如何彻底摆脱精英主义的桎梏，使教育切实关注平民需求、走进平民生活，并成为任何人在需要时都触手可及的活动，是新时代社区教育发展与学习型社会建设的巨大挑战。此外，发展社区教育，推进学习型社区建设也是建立终身学习制度，形成学习型城市和社会的重要基础和途径。

其次，持续推进终身教育，倡导居民终身学习。终身学习是后工业化、后现代、后福利时代出现的教育新理念。在学习型社区建设中，一条明确而统一的思路就是将终身学习应用为实现经济复兴、民主参与、社会包容与整合的关

---

① [英]迈克尔·奥斯本等.学习型城市——发展包容、繁荣和可持续的城市社区[M].苑大勇译，北京：教育科学出版社，2016：124.

键资源。学习型社区提倡每一个人及群体在生命的所有阶段都进行学习①。实践中，学习型社区利用场地联结能够辐射范围内的个体成群聚集，整合学习资源，搭建社区网络中心，对推动学习氛围、增进社区认同感和归属感将发挥重要作用。例如，日本建设省为确立以终身学习为核心的生活模式，构建了推进典型的学习型社区—"终身学习村"，这一社区将住宅设计与建设紧密相连，致力于打造使居民安心生活、利于三代交流的居住和学习环境②。某种意义上，终身教育与终身学习的变革可能经常发生在与日常生活密切相关的社区层面，而非省级或国家层面上。学习型社区是达致学习型城市与学习型社会的有效路径。特别是在我国构建终身教育体系和建设学习型社会的进程中，学习型城市与社区教育已日渐成为一种区域性的全民终身教育。

第三，注重社区文化内涵建设，促进学习型社区走向纵深。"书籍和阅读是人类文明传承的主要载体。"当今全民阅读已成为时代潮流，不仅是人民群众普遍的精神需求，也是一个国家、一个区域或一个单位内强素质、外树形象的基本方式。然而，根据2015年的一项全国调查发现，中国人平均每年阅读4.56本书，远低于邻国韩国（11本）和日本（9本）。为此，新时代要注重社区文化内涵建设，深入开展"书香社区"计划，积极营造"全民阅读"氛围，力争将阅读作为一种生活方式，把它与工作方式相结合，这样不仅会增加社会发展的创新力量，而且还将增强社会的道德力量。某种意义上，新时代的社区愿景或价值应是通过社区文化、社区精神的重塑而进行一次有意义的社会实验。当人们成为新型邻里关系的塑造者、和谐社区的参与者、美丽社区的建设者，也一定会是城市文明的呵护者，公共事务的积极参与者等。

第四，充分运用互联网思维，探索学习型社区数字化建设。当今世界，科技进步日新月异，互联网、云计算、大数据等现代信息技术深刻改变着人类的思维、生产、生活和学习方式，推动着教育的变革和创新。为此，要充分运用互联网思维，不断探索在新的经济社会发展条件下，如何更好、更体贴、更周

---

① [英]迈克尔·奥斯本等.学习型城市——发展包容、繁荣和可持续的城市社区[M].苑大勇译，北京：教育科学出版社，2016：123.
② 吴忠魁.当今日本建设终身学习体系的经验与措施[J].比较教育研究，2000（5）：48-53.

到地服务于百姓需求，进而推动学习型社区数字化建设和社区居民数字化学习工作的广泛开展。实际工作中，实现社区居民数字化学习的关键有两点：一是要建设好优质的学习资源。这里不仅仅是学历教育资源，也包括非学历教育资源，还有休闲教育资源。二是要不断创新服务模式，把适合百姓学习的资源送到他们身边，逐步实现人人皆学、处处能学、时时可学。

第三节　学习型社区创新实践：共生网络下高校社区互嵌式实践教育的三种模式

实践中，学习型社区的实现方式多种多样，如学习型街道（社区）、学习型楼组、学习型楼宇以及学习型商圈、驻区学习型单位、学习型企业等。在此，以大学所在街区为例，从共生理论视角探讨当前大学正在如火如荼开展的创业实践教育与其所在社区之间共建学习型社区的多元互嵌模式。

从发展的眼光看，高校创业实践社区系统内的主体单元能够通过互相联系结网共生促进相互尊重、互相学习，进而提升彼此间的共生度和关联度，并进一步提升高校与社区互嵌式实践教育开放网络的资源整合功能，推动双方主动参与社区教育资源开发与建设，整合行业、企业、职业院校和社区等教育资源的积极性，为学习型社区的可持续发展奠定基础。在这一过程中，通过增进校社双方的资源建设决策能力，提高资源整体规划科学性，提供优质教育资源，推动开放式"大学—社区"网络共同体建设。共生理论提出"根据共生单元的组织程度和行为方式，以共生度和关联度两种维度，实现由'低级到高级'从'简单到复杂'为标准的提升"。因此，相比螺旋模式中的注重区分实践教育创新合作主体的边界性和各自运行模式不同，共生网络模式更加强调合作主体界面的交互性和能量关联紧密度，注重通过内部循环能力的建构所形成的"共生单元—共生结构—共生网络"能级发展阶段性提升的可能性。实践中，以高校社区互嵌式创业实践系统共生体为代表的创新性学习型社区建设，依据现实的合作程度和阶段特征，大致可划为分利共存模式、融合共利模式和共存共生三种基本模式。

一、分利共存模式

这是基于"差异性偏利"合作理念基础上的一种初级共生模式，主要特点是合作的共生界面已经初步成型，为双方的合作行为搭建起基本的活动平台。但是由于共生界面尚未成熟，导致合作系统内部要素之间的联结比较松散，多种介质共同影响，呈现出较强的随机性，界面结构框架也稍显松软，共生界面的合作呈现某种断续的，间歇的特征。高校与社区的最初合作，往往是试探性的，通常是在既有的制度性框架内，比如地方政府和相关教育部门的创业项目基金分配政策、校企合作实践基地培育政策等，借助互助互利型契约联结起双方的权责关系。合作方式主要是通过双方共同举办项目交流会议，项目推介会等渠道达成初步合作意向，如高校与社区共建创业孵化基地项目的磋商，院系实践基地的社区培育意向的达成等，这一过程，双方可通过设施共建，成本共担，资源共享的途径，实现各自的利益诉求。由于这种模式的共生界面的多介质影响，合作双方利益的波动较为明显，合作动机主要是基于自身的利益考量，因此这种合作在时间上带有不连续性和间歇性。

二、融合共利模式

这是基于"非对称互利"共生合作理念建构起来的中度共生模式。在分利共存模式共生界面框架初步搭建的基础上，融合共利模式的界面进一步推进了共生单元同共生环境的融合度，建构了更加稳定的共生结构，为促成更稳定、长期的合作提供了更加成熟的平台。高校与社区，科研所及企业之间在经过前期的接触洽谈后达成了合作意向，接下来，为深入参与双方的项目，加强合作过程中的组织沟通和资源、技术及人员协同，双方会举办比如融资协议及各类合作论坛，技术和经验交流洽谈会，合作体内部定期沟通、通气和协作谈判等活动。相比于偏离共存，融合共利更注重利益互惠性，高校与社区双方从最先的创业实践项目合作方案的拟定，活动策划和组织实施，中间管理过程的成本分担，后续的项目综合收益的分利，都是基于共赢为出发点展开，但由于受到共生界面功能分布的非对称影响，该合作模式存在利益非均衡的缺陷，当然这与高校与社区的地方性主体地位差异性、隶属关系层级及区域影响力有着不可分割的关系。如果以上偏离要素能够均衡控制的话，互动合作水平有可能进入

"对称互惠"共生合作程度。

三、同存共生模式

这是体现合作双方最高程度共进性的共生模式，该模式的特点是合作全过程性管控，双方深度嵌入彼此的组织结构，以合作事务的流程性为关注重点，实施项目开展的全环节嵌入和全时段融入，这一过程中，逐步实现共生界面介质的交流更加趋于稳定和规律性，互动机制出现某种程式化特征，从而达到了共生单元和共生环境和谐共处的目的。在这一模式下，高教实践创新各类公共主体以强有力的引导和推动将合作项目，资源和平台纳入一体化的制度框架，超越了界域阻隔和空间差异的局限性，校企社在完全信任的基础上深入沟通交流，在频繁的协商洽谈和更多互利层面上展开全面、深入和持久的合作，使共生合作体现出健康和良序的局面。可以说，"同存共生模式"是高校与社区互嵌式合作中着力培育的理想模式[①]。

某种意义上，上述不同类型的高校社区互嵌式创业实践系统共生体，既可以说是社区参与型学术（Community engaged scholarship，CES）[②]在新时期理论发展模式上的持续创新，也可以说是学习型社区在实践发展与探索中的创新性尝试。1990年，博耶（L. E. Boyer）在《学术水平反思：教授工作的重点领域》（Scholarship reconsidered: priorities of the professoriate）一书中对学术的反思促进了学术发展内部的自我更新。他认为学术研究除了创造或者发现新知识之外，更应该关注学术研究的整合，具备解决复杂紧迫社会问题的能力，避免理论和实践的脱节，鼓励教师成为"反思的实践者"，呼吁学术界接受社区参与型学术的理念，鼓励高校参与解决大众社会问题和社区问题[③]。结合当前我国学习型社区建设实际，高校社区互嵌式创业实践的三种不同模式

---

① 李志强，原珂. 新时期地方高校与社区实践教育共生网络体的构建［J］. 阅江学刊，2019（5）：81-83.

② 社区参与型学术，根据美国卡内基基金会（Carnegie Foundation）的定义，是指高校与社区（本地、州、全国或者国际）通过知识和资源的共享而形成互助互利的合作伙伴关系，其目的是促进学术研究和创造性活动开展，加强课程建设，丰富教学类型，培养具有较高素质并参与社区服务的公民。E. Ward，S. Buglione，E. D.Giles，et al.The Carnegie classification for community engagement//P. Benneworth，*university engagement with socially excluded communities*，Dordrecht: Springer Netherlands，2013: 285-308.转引自: 杨秀芹，William Lan，戢锐.社区参与型学术的理论溯源与推进路径［J］. 高校教育管理，2019（6）：77.

③ L. E. Boyer. The Scholarship of engagement, *Bulletin of the American of arts and sciences*, Vol. 49(7), 1996. pp.18-33.

亦是驻区高校与社区、社会经济发展具体问题的相互融入与融合过程，体现了社区多元主体间的资源共享、优势互补、合作共赢，是学习型社区可持续发展路径的一种有效尝试。